Marietheres Waldbott

Es steht ein Berg in Afrika

Reisen auf den Spuren meines Vaters

Mit Farbfotografien von Gary Rogers

UEBERREUTER

CIP-Titelaufnahme der Deutschen Bibliothek

Waldbott, Marietheres:
Es steht ein Berg in Afrika : Reisen auf d. Spuren meines Vaters /
Marietheres Waldbott. Mit Farbfotogr. von Gary Rogers. –
Wien ; Ueberreuter, 1988
ISBN 3-8000-3270-8

J 1697/1

Umschlagbild und Farbfotografien von Gary Rogers
Schwarzweißbilder von Eduard Graf Wickenburg
Karten von Monika Gaugusch Krokodakl Design

Gesamtherstellung: Carl Ueberreuter Druckerei Ges. m. b. H.,
Korneuburg
Printed in Austria

Meinem Mann Pali, der meinen Reisen mit großer Skepsis, aber noch größerer Toleranz gegenüberstand

Mein Vater, Graf Eduard Wickenburg, hat in den Jahren 1901–1902 einen Marsch von Djibuti (damals französisches Gebiet) bis Lamu (Britisch-Ostafrika) unternommen. Dieser Marsch dauerte viele Monate, die zurückgelegte Strecke betrug zirka dreitausendsiebenhundert Kilometer.
Ich, Marietheres Waldbott, seine Tochter, folgte achtzig Jahre später seinen Spuren, soweit es die örtlichen und politischen Gegebenheiten erlaubten. Meine Begleiter waren Flight Captain Fiona Alexander, mit der ich zum ersten Mal aus der Luft den Mount Wickenburg erleben durfte; Gary Rogers aus Neuseeland, der den größten Teil dieser Reisen mitmachte und die Photos zu diesem Buch beigesteuert hat; Tesfaye Tadesse, ein Amhare, der Chauffeur und Fremdenführer in Äthiopien war; Monty und Ken Brown, die mir die kenianischen Nordprovinzen in all ihrer Wildheit und Schönheit erschlossen; John Millard, der große alte Mann mit seinem unendlichen Erfahrungsschatz und seiner großen Liebe zu Afrika, und Tony Dyer, mit dem ich zum Tana River flog; Terry O'Meara, mit dem ich auf der »African Queen« den Fluß entdeckte, und Lindi Kalnoky, meine Freundin, die die Endphase meiner Reisen mitmachte.
Ich möchte meinen Weggefährten danken und ihnen sagen, wie wichtig es für mich war, daß gerade sie dabei waren.
Gleichzeitig möchte ich meinen Helfern und Beratern beim Entstehen dieses Buches danken: Frau Emilie Beck, die mit großer Geduld und Präzision mein Manuskript ins reine geschrieben hat; Karlheinz Böhm, der mir seine Liebe zu Äthiopien weitergegeben hat; Tibor Gaál, mit dem ich meine ersten afrikanischen Reisen plante; Arega Galla aus dem SOS-Kinderdorf in Harar, der uns ein bezaubernder Gastgeber gewesen ist; dem in der Zwischenzeit so tragisch verunglücklichten Herbert Hamersky, der mich mit den richtigen Leuten zusammenbrachte; Michael Habsburg-Lothringen, der interessante Briefe meines Vaters in einem Archiv entdeckte und mir zugänglich machte; Dagmar Henne, die Freundin, die mitgeholfen hat, das Buch zu verwirklichen; Lyduska Hornik-Piotto, bei der ich in Kenia ein Zuhause fand; Harold und Lori Platt, die mir Mut und Kraft gaben, meine Pläne auszuführen; Paul Robinson, der mir seine Arbeit über den Stamm der Gabbra zur Verfügung stellte; Sabine Schwartz, die Freundin, mit der ich an endlosen faszinierenden Abenden

über Kenia diskutieren durfte; Botschafter Dr. Georg Seyffertitz, ohne dessen Intervention ich nicht nach Äthiopien gelangt wäre; Dr. Friederike Spitzenberger vom Naturhistorischen Museum Wien, die mir hilfreich zur Hand ging; Herbert Tichy, der allzu früh Verstorbene – unsere gemeinsame Liebe zu Kenia entwickelte sich zur Freundschaft; Botschafter Dr. Herbert Traxl, der mir liebenswürdiger Rat- und Gastgeber in Addis Abeba war; die Brüder Xaver und Richard Tyroller, die Padres in Marsabit und die beiden Kapuzinerpadres in Harar, die mir durch ihre Menschenliebe und ihren tiefen Glauben viel Kraft gaben; Ilse Walter, Freundin, Lektorin, die mir unschätzbare Hilfe und Ermutigung gab; Eddie Wickenburg, mein Bruder, der mir sein großes Wissen über Afrika mitgeteilt und der verstanden hat, wie wichtig dieses Buch, diese Reisen für mich waren; Botschafter Dr. Gregor Woschnagg, der mir in Nairobi behilflich war.
Danken möchte ich auch allen Afrikanern, denen ich auf meinen Reisen begegnen durfte. Von ihnen habe ich viel gelernt, mit ihnen viel gelacht; ihr Humor, ihre Gastfreundschaft, ihre Würde, ihre Lebensphilosophie haben mich tief beeindruckt.

Die im Buch verwendeten Zitate meines Vaters stammen aus verschiedenen Vorträgen, die er in der k. u. k. Geographischen Gesellschaft Wien und in Geographischen Gesellschaften anderer Länder gehalten hat, aus Beiträgen für Dr. A. Petermanns Geographische Mitteilungen sowie aus seinem Werk »Wanderungen in Ostafrika«, erschienen 1899 bei Gerold & Cie in Wien.
Die Schwarzweißfotografien wurden von meinem Vater während seiner Expeditionen 1897–1902 aufgenommen.

Inhalt

Prolog: »Wenn du groß bist, dann mußt du nach Afrika«

Mein Vater starb, als ich sechs Jahre alt war – und doch, die Erinnerung an glückliche Kindertage ist immer noch klar und lebendig. Für mich war er die Verkörperung von Sicherheit und Geborgenheit, der Garant der glücklichen Atmosphäre, in der mein älterer Bruder und ich aufwuchsen.

Er war ein Riese – so sah ich ihn wenigstens. Sein Gesicht war scharfgeschnitten, ja kühn, es war sommers wie winters gebräunt, das Auge grau und klug, das Haar dicht und kurz geschnitten. Das Faszinierendste aber war sein Gang: weit ausgreifend, dabei lautlos, elastisch, wie von innerer Ungeduld getrieben, der Gang eines Jägers, eines Verfolgers, aber auch eines Verfolgten. Erst viele Jahre später habe ich diesen Gang wiedererkannt: bei den Nomaden im nördlichen Kenia, die auf Wassersuche sind. Am Horizont auftauchend, vorüberziehend und sich mit dem Horizont vereinend, die Lanze über der Schulter, der Schritt nicht eilig, aber unglaublich raumgreifend.

Mein Bruder und ich verbrachten unsere Kindheit inmitten einer Fülle von wunderbaren und geheimnisvollen Gegenständen, die in unserem Haus in Gmunden aufgestellt waren oder auf dem Dachboden herumlagen. Da war der große Buddha mit dem Stein auf der Stirn, der große Ruhe ausstrahlte, der goldene Buddha mit den vielen Kronen in der Vorhalle, geschnitzte indische Altäre, japanische Masken, Samurai-Schwerter, Lanzen, Kopfschmuck aus den Federn exotischer südamerikanischer Vögel, Dolche, Tempellampen, riesige afrikanische Schilde und Trinkgefäße, Elefantenschädel und Antilopengehörne, Leoparden- und Bärenfelle, vergiftete Pfeile und ein grausig aussehendes Richtschwert.

Zum Mittagessen rief der dröhnende Ton eines großen bronzenen Gongs, der von unserem alten Diener mit einem weißen Lederklöppel, der einen rotlakkierten Griff hatte, geschlagen wurde.

Das war Gmunden, der Sommer – aber dann war da noch der Winter in Mähren, auf dem Schloß meiner Großeltern mütterlicherseits. Ich weiß nicht, was ich mehr geliebt habe: die strahlenden Tage im Gebirge, im Salzkammergut, die Kinderjausen und »Landpartien« – oder die Winter am Land in Pullitz.

Unsere Zimmer lagen hoch oben, und der Wintersturm fuhr heulend um die Ecken, stürzte sich in die Kamine und brachte das Feuer zum Flackern. Die großen Kachelöfen waren glühend heiß und luden zum Anlehnen ein, um so kälter waren die offenen Arkadengänge, auf denen oft feuchter Schnee lag, den der Wind hereingeweht hatte. In einer Ecke des Schlosses befand sich das Arbeitszimmer meines Vaters, in das ich in den Unterrichtspausen (ich erhielt eine Art Vorunterricht) kommen durfte. Immer waren Tische und Pulte von Papieren übersät, die die große lila Schrift seiner unförmigen Schreibmaschine trugen. Briefe und Manuskripte mit fremden Marken und in fremder Sprache lagen umher und gaben mir das Gefühl, daß sich hier etwas abspielte, das mit unserem kleinen Leben zwischen Mähren und dem Salzkammergut nichts zu tun hatte.

In der Pause war eine Geschichte fällig – und so saß ich höchst gemütlich auf Vaters lederbehosten Knien und hörte phantastische Erzählungen von Tigern und Löwen, von wilden Stämmen in Australien, von den Frauen in China, denen man schon als Kind die Füße schnürt, damit sie klein und zierlich bleiben (so ein Paar Puppenschuhe befand sich in Vaters Sammlung und flößte mir ungläubiges Entsetzen ein), doch mein liebstes Thema war und blieb Afrika. Wir blätterten gemeinsam in Vaters Buch und bewunderten die Bilder, von denen mir natürlich das, wo er von hinten von einem Löwen angefallen wurde, und das, wo er eine Riesenschlange mit einem Stock erschlug, am meisten imponierte, und er erzählte mir, daß es in Ostafrika einen Berg gibt, der seinen Namen trägt. Einmal sagte er ganz eindringlich: »Wenn du groß bist, Baby, dann mußt du nach Afrika. Und wenn du einmal dort warst, wirst du es immer vermissen!« Doch für eine Fünfjährige lag Afrika auf einem anderen Planeten, und so sollte es auch viele Jahre bleiben.

Meine Großeltern pflegten den Winter in Meran zu verbringen. Zeit meines Lebens haben die Eltern meiner Mutter ein Gefühl der Scheu, der Unvertrautheit in mir ausgelöst. Man sah, daß das Leben ihnen keine wirkliche Freude bereitete. Zu groß war der Schmerz gewesen, als ihr einziger Sohn, der letzte dieser sehr alten böhmischen Familie, kurz nach Ausbruch des Ersten Weltkriegs fiel. Als sein Offiziersbursche – ich kannte ihn viele Jahre, denn er war mittlerweile bei uns Jäger geworden – mit Onkels Pferden und seinem Hund aus dem Feld zurückkam, soll das ganze Dorf geweint haben. Die Erstarrung im Schmerz wurde zur Versteinerung, und oft hatte ich den Eindruck, daß die Großeltern uns Kinder und meine Eltern gar nicht wirklich wahrnahmen.

Wie herrlich waren die Winter in Mähren! Die klirrende Kälte, der tiefe Schnee, der strahlend blaue Himmel, das Rodeln über sanfte Hänge, die ersten Schiversuche mit langen, spitzen Schiern, an die primitive Lederbindungen angebracht waren, die Eishockeyschlachten, für die zuerst das Eis auf den Dorfteichen vom Schnee gesäubert werden mußte: Mit Schneebrettern wurde der tiefe Schnee an die Ränder geschoben und mit Reisigbesen das Eis vollkommen glatt gekehrt. Die ganze Familie und die Hausangestellten rückten

Eduard Graf Wickenburg

aus. Wir Kinder bekamen die ortsüblichen Filzschuhe, wie sie die Bauern im Winter trugen – schwarz, mit dicker weißer Sohle und vielen kleinen runden Knöpfchen –, übergezogen und hatten niemals kalte Füße. War der Platz präpariert, dann lieferten wir einander wilde Kämpfe. Da waren meine Mutter, das Fräulein Mick und der Herr Klettner, beide unsere Lehrer, und die Missi – unsere heißgeliebte englische Erzieherin –, mein Vater, der Gärtnerbursche Otto, Franta, der junge Kanzlist, Jenda und Mirko, die Söhne des Wirts, wir Kinder und wer eben sonst noch Lust hatte mitzutun. Eine Schlüsselposition wurde von der jungen Frau unseres Forstverwalters Konir eingenommen: Mit dicker Wollhaube über den Ohren stand sie im Tor und stieß gellende Warnschreie aus, wenn jemand sich anschickte, ein Goal zu schießen. Einmal traf der »Puck« meinen Bruder mitten auf die Stirn, so daß er wie ein Stein zu Boden stürzte. Mein Vater trug ihn auf den Armen ans Ufer des Teiches, bettete ihn auf seinen alten Tweedmantel und wartete, bis er wieder zu sich kam. Nach nicht allzu langer Zeit spielten beide weiter, und das Kopfweh und die Beule am Abend waren nicht von großer Bedeutung.
Wenn es dunkel wurde, schloß man im Haus die Türen der Kachelöfen, damit sich die Wärme über Nacht halten konnte. Johann, der alte Diener, zündete

unten in der Lokaina – dem Zimmer, in dem Silber und Schuhe geputzt und die Pferdedecken und Fußsäcke aus Pelz aufbewahrt wurden – eine Petroleumlampe nach der anderen an und trug dann je zwei davon die vielen Treppen hinauf in die oberen Zimmer. Der Schein der Lampen gab seinem hageren Gesicht etwas Diabolisches. Licht und Schatten wechselten, als er vorüberging, auf den großen, fast bis zur Unkenntlichkeit nachgedunkelten Ahnenbildern, man vermeinte, Augen rollen zu sehen, Körper schienen sich zu bewegen. Der Anblick erschreckte mich so sehr, daß ich manchmal in panischer Angst durch die dunklen Gänge lief und erst aufatmete, wenn ich ein hell erleuchtetes Zimmer – die Nähstube, den Salon meiner Mutter oder das Arbeitszimmer meines Vaters – erreichte.

Unsere Abende waren angefüllt mit Laubsägearbeiten und Malereien. Wir entwarfen gemeinsam große Modelle von Bauernhöfen, Mühlen, Puppenhäusern, statteten sie bis ins kleinste Detail aus – selbst winzige Puppen wurden als Müller oder Bauer gekleidet, und winzige Säcke wurden mit echtem Mehl gefüllt. Einmal in jedem Winter führten wir ein gemeinsam geschriebenes Theaterstück auf, zu dem alle Gutsnachbarn eingeladen waren. Wir malten an den Kulissen mit, halfen die Bühne aufstellen, und natürlich fungierten mein Bruder und ich meist als Prinz und Prinzessin, mit goldenen Kronen aus Papier, gekleidet in Damast und Seide – bezaubernde alte Kleider der Groß- und Urgroßeltern, die aus Kisten auf dem Dachboden geholt und uns angepaßt wurden. Von der Köchin Marka bis hin zum Verwalter hatte jeder eine Rolle, ein Kostüm, eine Funktion, die mit viel Gelächter und noch mehr Eifer ausgeführt wurde.

Wenn die Schneeschmelze begann und man mit den Gummistiefeln tief im Schlamm watete, waren die Wälder um unser Haus übersät mit Millionen von Schneeglöckchen, die wir pflückten und damit das ganze Haus schmückten – es roch dann intensiv nach Frühling.

Zu Ostern kehrten die Großeltern aus Italien zurück, Ostereier wurden auf der Terrasse in den Buchsbaumhecken versteckt und kleine Geschenke zwischen den Ästen der Spalierbäume aufgehängt. Tanten und Onkel erschienen zu einem kurzen Besuch und blieben viele Wochen, das Gras wurde lang, und allmählich rüstete man sich zur Übersiedlung nach Gmunden. Die großen Schiffskoffer wurden vom Dachboden geholt und gefüllt, und wurstartige Gepäckstücke, die die Bezeichnung »Wurmbrandsack« (nach einem Vetter meines Vaters) trugen, wurden prall mit unseren Utensilien angestopft. Die Hausangestellten, die zum Haushalt meiner Mutter gehörten, wurden einige Tage vorher auf die lange Reise geschickt, und wir folgten dann mit Hauslehrern, Tieren und der Mama auf unendlich langsamen Wegen, in unendlich langsamen Zügen mit vielen mühsamen Umsteigereien – es war eine Weltreise! Einmal verloren wir unsere englische Missi in Grein an der Donau, als sie

beim Würstelessen die Abfahrt des Personenzuges übersah. Wir weinten bis Gmunden und noch zwei volle Tage, weil wir glaubten, sie endgültig verloren zu haben, und waren ein bißchen gekränkt, als sie uns später quietschvergnügt in die Arme schloß – der Greiner Stationsvorsteher, ein fescher Mann, hatte sie unter seine Fittiche genommen.
Die Ankunft in Gmunden war ein echtes Schauspiel: Der Personenzug der Strecke Lambach–Gmunden rollte gemächlich in Richtung Seebahnhof. Wir Kinder standen schon seit einer halben Stunde weit aus dem Fenster gebeugt und ließen uns trotz aller Warnungen glühende Rußstückchen ins Auge fliegen. Ganz zum Schluß der Fahrt bog der Zug um eine scharfe Ecke und passierte unser Haus, wo am Vordach alle unsere Angestellten – die Kammerjungfer Maninka, die Köchin Marka, der Diener Johann, die neu aufgenommene Wäscherin Luisi und die Büglerin – standen und winkten. Es war ein herrlicher Empfang, und erst in diesem Augenblick wußten wir, daß die Ferien begonnen hatten. Soweit ich mich erinnere, ersparte sich mein Vater meist diese umständliche Übersiedlung mit Hund, Katz und Kanari, der es an Krisen nicht mangelte. Er verschwand nach Wien und kam einige Tage später mit dem Schnellzug.
Meine Eltern liebten die Berge, ihre Flora und Fauna, und sie liebten Bergtouren. Als wir größer und »geländegängiger« wurden, durften wir mit. Ich weiß gar nicht mehr, wie wir den langen Anmarsch, den man jetzt mit dem Auto zurücklegt, schafften – aber es muß wohl zu Fuß gewesen sein: zum Laudachsee, auf den Katzenstein, aufs Hochleckenhaus. Für mich war das eine Wonne, denn ich thronte hoch oben auf den Schultern meines Vaters, halb schwindlig, halb stolzgeschwellt und ein kleines bißchen schadenfroh, wenn ich das verschwitzte Gesicht meines Bruders sah. In Aluminiumdosen, in denen der Proviant verpackt gewesen war, wurden Alpenblumen gesammelt. Schon damals wußten wir, was Petergstamm, Seidelbast, Trollblume oder Schwalbenschwanzenzian war. Alle diese Blumen wurden in einem sogenannten Alpinum eingepflanzt und ihr Gedeihen sorgfältig überwacht.
Es gab Bergtouren, bei denen mein Vater uns nicht mitnahm, auch meine Mutter nicht. Manchmal ging er mit Sepp Bergthaler, einem befreundeten Bergführer, doch meistens verschwand er allein in den Bergen. Sie schienen ihn magisch anzuziehen, denn er war oft tagelang vor einer Tour unruhig, zerstreut. Dann sahen wir ihn seinen großen Rucksack packen, die »Genagelten« anziehen, seinen alten verwitterten Hut und den Kleppermantel hervorholen, und wir wußten, daß wir ihn erst nach Tagen, dann aber braungebrannt, vergnügt und mit glänzenden Augen wiedersehen würden. Etwas Fremdes ging von diesen Alleingängen aus – etwas, zu dem wir keinen Zutritt hatten, das uns verwirrte und ein bißchen ängstigte. Ich erinnere mich, daß ich eines Tages über die Traunbrücke lief, meine Mutter oder die Köchin hatten mir eine

Besorgung aufgetragen. Es war ein schöner, stürmischer Tag, und die Gmundner Schwäne wiegten sich auf den unruhigen Wellen des Sees. Auf halbem Weg über die Brücke stieß ich fast mit einer hochgewachsenen Gestalt zusammen und erkannte erst im letzten Augenblick meinen Vater. Er jedoch ging an mir vorüber, ohne mich zu erkennen – er bemerkte mich gar nicht. Ich wollte ihn rufen, die Arme nach ihm ausstrecken und ihm sagen, wie glücklich ich war, daß er wieder da war – aber ein plötzliches Gefühl der Fremdheit, des Ausgeschlossenseins ließ mich stumm bleiben, und so trottete ich in einiger Entfernung hinter ihm her, bis wir zu Hause angelangt waren.
An einem Junitag, knapp vor seinem siebzigsten Geburtstag, brach er zu einer Tour ins Höllengebirge auf. Als er nach einigen Tagen nicht zurückgekommen war, rief meine Mutter Sepp Bergthaler und die Bergwacht zu Hilfe. Im Hause herrschte eine schreckliche Stimmung der Angst und der bösen Vorahnungen. Unsere Lehrer, unsere Angestellten standen beisammen und flüsterten miteinander – keiner wollte mit uns reden, niemand unsere Fragen beantworten. Ich weiß nicht mehr genau, wer uns schließlich sagte, daß er tot war. Ich glaube, es war Maninka, die Kammerjungfer meiner Mutter und ihre enge Vertraute, bei der wir gerne in der sonnigen Nähstube saßen. Man brachte uns weg, hinauf nach Wolfsegg zu den Verwandten, und dann war das Begräbnis. Mein Bruder und ich trugen etwas Fremdes, Schwarzes, und als sich der Trauerzug formierte, führte man uns zu unserer Mutter, die wie eine fremde schwarze Puppe in dichte Schleier gehüllt vor uns stand – ich erinnere mich, daß ich versuchte, durch die Schleier hindurch ihr Gesicht zu sehen, aber das Gewebe war so dicht, daß es nicht möglich war. Wut und Verzweiflung packten mich und ein schreckliches Gefühl der Verlassenheit.
Viele Menschen waren gekommen, Verwandte meiner Mutter, die sich bemühten, ihr beizustehen, Professoren und Museumsdirektoren, hohe Offiziere, Bergsteiger und einfache Soldaten, die mit meinem Vater die mörderischen Schlachten am Isonzo durchgemacht hatten. Reden, Gebete, Blumen, Glokken, das alles zog wie ein Traum an mir vorbei, und ich hatte nur eine Sehnsucht, in das sonnige Kinderzimmer in Gmunden zurückkehren zu dürfen und seine Stimme zu hören: »Komm, Baby, ich erzähl dir eine Geschichte . . .«
Und dann, viele Jahre später, fuhr ich zum ersten Mal nach Afrika. Ich verbrachte mit Freunden einen Urlaub an der kenianischen Küste und erlebte staunend die Sonne, die wie ein wildes Tier war, die ungeheure Vielfalt der Flora, die Fülle der Meerestiere, die wie ein Blumengarten unter Wasser wirkten. Staunend betrachtete ich das alte Fort in Mombasa und entdeckte – wie seinerzeit mein Vater – das Habsburgerwappen mit dem Doppeladler hoch oben auf der rötlichen Mauer.
Einer Eingebung folgend hatte ich das Buch mitgenommen, in dem mein Va-

ter seine Wanderungen in Ostafrika beschreibt. Da waren die Bilder vom angreifenden Löwen und von der Riesenschlange, da waren die Abenteuer, die ich vor vielen Jahren, auf seinen Knien sitzend, erzählt bekommen hatte. Ich verließ meine Freunde und begab mich auf meinen ersten Ausflug in den Busch.

Es war, als hätte ich das alles schon einmal gesehen – durch die Augen meines Vaters: die riesigen Sterne am Nachthimmel, all die Geräusche der afrikanischen Nacht und ihrer wilden Tiere, das Flüstern des Windes in den trockenen Bäumen, den schaurigen Schrei der Hyäne, den Ruf des Glockenvogels und die geliebte Stimme der kleinen Taube mit ihrer traurigen Tonskala – auf swahili heißt ihr Lied: »Mein Vater ist tot, meine Mutter ist tot, alle meine Brüder und Schwestern sind tot – oh oh oh oh oh.«

Es war, als würde ich mit jedem Schritt meine Kindheit, die Zeit mit meinem Vater wiedererwecken, ja es war, als würde ich meinen Vater selber wiederentdecken ...

Von einem Augenblick zum anderen stand mein Entschluß fest: den Berg meines Vaters zu finden. Dieser spontane Vorsatz erfüllte mich mit unbändiger Freude und so viel Kraft, daß ich sicher war, alle Schwierigkeiten überwinden zu können.

»Es gibt einen Berg in Afrika ...«

Nachrichten der k. u. k. Geographischen Gesellschaft in Wien 1897, XL. Band:

Am 26. März l. J. trat unser Mitglied, Graf Eduard Wickenburg, k. k. Kämmerer und Oberleutnant im 6. Husarenregiment, eine auf ein bis eineinhalb Jahre berechnete Forschungsreise nach Ostafrika an. Auf ausgedehnten Reisen in Ostindien, Kaschmir, Siam, China, Japan und Australien geschult, gedenkt sich Graf Wickenburg zunächst nach Abessinien zu begeben, um von Kaiser Menelik II. die Erlaubnis zur Erforschung des Omo-Laufes zu erlangen, und diesen entlang zum Rudolf- und Stephanie-See vorzudringen, das Westufer des Rudolfsees zu erforschen und sich dann nach Uganda und von da an die Küste des Indischen Ozeans zu wenden. Er hat Vorsorge getroffen, eventuell von Harar aus direct an den Abbala- oder Abbaya-See zu dringen und von diesem aus den Omo zu erreichen. Auf das beste geschult und ausgerüstet langte Graf Wickenburg am 6. April in Aden ein und trat am 13. April an der Spitze seiner Karawane die Reise von Zeila nach Harar und Addis Ababa an.

Mein Vater hatte zwei große Reisen nach Ostafrika unternommen. Bei der ersten scheiterte sein Vorhaben, durch Äthiopien an den Omo-River zu wandern, daran, daß er keine Erlaubnis zur Durchquerung des Landes erlangte. Er mußte daher seine ursprünglichen Pläne ändern und reiste statt dessen in das heutige Somalia, Tansania und Kenia.
Bei seinem zweiten Versuch einer Reise durch das Land Abessinien gelang es ihm, die Genehmigung hierfür von Kaiser Menelik persönlich zu erhalten. Sein Weg führte ihn von Djibuti über Harar an den Hawasch-Fluß, nach Addis Abeba und von dort entlang der Großen Seen in den Konso und zum Stephaniesee, weiter entlang der heutigen äthiopisch-kenianischen Grenze zu den Huri Hills und zum Forole, der später auf Landkarten häufig als Mount Wikkenburg bezeichnet wurde; dann über Marsabit und Laisamis zum Tana River und von dessen Mündung per Dhow nach Lamu.
Den ersten Hinweis auf die Reise meines Vaters von Djibuti bis Lamu fand ich in Peter Beards berühmtem Buch »Eyelids of Morning«, der den Rudolfsee – heute Turkanasee – beschreibt. Da stand sein Name, und im Index wurde ein von ihm verfaßter Bericht zitiert, der aus dem Jahre 1901 stammt und bei der Royal Geographic Society in London aufliegt.

Fast gleichzeitig entdeckte ich auf dem Dachboden unseres Hauses in Gmunden alte Landkarten von Ostafrika: Auf Karte IV war das Profil eines Berges gezeichnet; darunter stand: »Forole – Wickenburgberg, circa 2 000 m, von Osten.« Die Position des Berges war fast genau nördlich von Marsabit, unmittelbar an der kenianisch-äthiopischen Grenze. Da hatte ich nun meinen langgesuchten Berg, der mich bis in meine Träume zu verfolgen begann.
Ich konnte es kaum erwarten, nach Kenia zu reisen und dort nach Möglichkeiten zu suchen, in den sogenannten NFD, den Northern Frontier District, zu gelangen, eine Region, die weit abseits der üblichen Touristenrouten liegt, unwegsam, immer noch geheimnisvoll und schwer zu erreichen.
Meine Freunde im Lande selbst versetzte mein Vorhaben, in den Norden zu reisen, in helle Aufregung. Sie fanden den Plan gefährlich, kostspielig und fast nicht durchführbar, da es sich um Grenzgebiet handelt, in das man nur mit polizeilicher Sondergenehmigung einreisen kann.
Ein Freund und Kenner dieses Gebiets gab mir den Rat, doch wenigstens die Bekanntschaft meines Berges vom Flugzeug aus zu machen und gleichzeitig Straßen, Wasservorkommen, Siedlungen und nicht zuletzt die Situation an der äthiopischen Grenze festzustellen. Er erreichte auch, daß ich wie durch ein Wunder einen Platz in einer Maschine bekam, die mit Archäologen nach Koobi Fora startete.
Koobi Fora, die Fundstelle des berühmten, drei Millionen Jahre alten »Homo habilis«, den Dr. Richard Leaky entdeckte, liegt östlich am Ufer des Rudolfsees. Ich war dem Berg schon ein beträchtliches Stück näher gekommen.
Das Archäologenteam plante, drei Tage zu bleiben, und so war für mich die Möglichkeit gegeben, einen ganzen Tag mit dem Flugzeug den Wickenburg-Berg zu suchen. Mein besonderes Glück war, daß die Pilotin meines Flugzeuges, Flight Captain Fiona Alexander, diese Region kannte und liebte und mir ungefähr sagen konnte, wo wir uns auf die Suche machen sollten.
Nachdem wir unsere Mitpassagiere abgeliefert hatten, überquerten wir den See und landeten am Ferguson-Golf, bei einer Lodge, die für Fischer und Liebhaber dieser ausgefallenen Landschaft einen idealen Stützpunkt bildet.
Ich kann die Atmosphäre dieses riesigen Sees, der mitten in einer Wüste aus Lava in allen Schattierungen liegt, nur schwer beschreiben. Die fast schmerzhaft durchsichtige Helligkeit, die absolute Vegetationslosigkeit der Ufer, die hochgewachsenen Turkanas, die tausend Geräusche und Schreie der Wasservögel, die ihren Schlafplatz suchen, der starke, heiße Wind am Abend. Der grandiose Sonnenuntergang in allen Farben des Regenbogens, die darauffolgende windlose und erstickend heiße Stille der samtschwarzen Nacht, die mit riesigen Sternen, die zum Greifen nah erscheinen, förmlich angefüllt ist: das alles waren so überwältigende Eindrücke, daß sie mich meine Aufregung über die bevorstehende Begegnung mit dem Berg fast vergessen ließen.

Am nächsten Tag – der Himmel ist flamingorot und der See glatt und ruhig wie ein tiefblauer Spiegel – starten wir nach mühsamem Auftanken vom holprigen Flugplatz nach Osten. Wir überqueren den See und seine Inseln und befinden uns über einer beklemmenden gewaltigen Urlandschaft, die einem fast den Atem nimmt.
Ein Sandsturm treibt uns höher und läßt ein flaues Gefühl im Magen aufkommen, denn wir befinden uns in gefährlicher Nähe der äthiopischen Grenze. Wir fliegen wie durch einen dicken gelben Nebel, der sich plötzlich teilt – der Kurs stimmt, und mein Herz scheint für einen Augenblick stillzustehen: Am Horizont taucht blau, fast durchscheinend die Silhouette eines hohen, einsam aus der Ebene ragenden Berges auf. Je näher wir kommen, um so dunkler und deutlicher hebt sich das Profil des Forole mit seinem auffallenden steilen Horn an der Nordseite vom Himmel ab. Er wirkt mächtig und geheimnisvoll und ist von ebenmäßigen, viel niedrigeren Vulkankegeln umgeben, die ihn wie Satelliten zu umkreisen scheinen. Seine Felsen sind rot, mit einem schwarzen Schimmer, von fast keiner Vegetation bedeckt. Unterhalb des Gipfels, der immer wieder von vorüberziehenden Wolkenfetzen verdeckt wird, stehen zwei merkwürdige, fast menschenähnliche Felsengebilde, wie riesige, zu Stein gewordene Puppen.
Fiona nennt ihn einen »handsome and desolate mountain«. Wir entdecken zwei Gabbrasiedlungen am Fuße des Berges, die verlassen wirken, zwei Fahrwege, von denen einer sich durch die Huri Hills schlängelt, keine Spur von Mensch und Tier – keine Anzeichen einer Quelle oder eines Wasserlochs. Wir stellen fest, daß die Grenze gut gekennzeichnet am Kamm des Berges verläuft und daß es keine Grenzbewachung gibt.
Dreimal umkreisen wir den Forole, um ihm unsere Reverenz zu erweisen, und wenden uns dann nach Westen, zurück über die endlose dürre Wüstenlandschaft zu den Ufern des Sees.
Mein Plan steht fest: Ich will zu diesem Berg reisen, auf denselben Wegen, die mein Vater vor so vielen Jahren gegangen ist ...

Reise in die Vergangenheit

Geographischer Monatsbericht aus »Petermanns Mitteilungen« 43/1901:

Schließlich ist ein österreichischer Offizier, Graf Eduard Wickenburg, eine Forschungsreise nach Schoa angetreten, um über Kaffa nach dem Rudolfsee vorzudringen und damit das Rätsel über den Verbleib des Omo zu lösen. Möglicherweise ist diese Aufgabe bereits der zweiten Expedition des italienischen Kapitän Bòttego geglückt, welcher sich jedoch bei Baro im Gallalande (nach anderen Nachrichten in der Nähe von Lugh) mit einer Streitmacht der Abessinier, die auf einem Eroberungs- oder richtiger Plünderungszuge mit Sklavenjagd sich befand, in einen Kampf einließ und dadurch die Vernichtung seiner Expedition herbeiführte.

Da sitzen wir nun endlich in der Maschine der Ethiopean Airlines nach Addis Abeba, Gary Rogers, Photojournalist aus Neuseeland, und ich, Marietheres Waldbott, geborene Wickenburg. In unserem Gepäck befindet sich eine Kostbarkeit: die Kamera meines Vaters, hergestellt im Jahr 1897, eine der ersten »Portables« von Kodak – ein Kunstwerk aus Mahagoni, Messing und Elfenbein. Sie hat die ganze Expedition meines Vaters mitgemacht, funktioniert tadellos, ist mit neuen Filmen versehen, und mit ihr wollen wir versuchen, interessante Aufnahmen zu machen.

Als sich der Ärger über mich selbst gelegt hat – denn ich bin nie imstande, mir während eines Langstreckenfluges einen angenehmen Platz zu ergattern –, als das regelmäßige Brummen des Flugzeugs, das einschläfernde Murmeln der Passagiere allmählich das Gefühl der Entspannung auslöst, lehne ich mich zurück und beginne darüber nachzudenken, wie das alles angefangen hat.

Seit dem Erkundungsflug zum Berg meines Vaters sind einige Jahre vergangen. Mein schnellgefaßter Plan erwies sich weit weniger leicht durchführbar, als ich vorgesehen hatte. Immer wieder stand ich vor schier unüberwindbaren Hindernissen.

Zunächst einmal wurde unser Visumantrag kurzerhand abgelehnt, dann aber gab es diplomatische Empfehlungen von österreichischer Seite, und plötzlich ebneten sich die Wege. Wir mußten unzählige Impfungen über uns ergehen lassen, und um allen Eventualitäten zu begegnen, wurde ich mit einer großen Schachtel voll Medikamenten ausgerüstet. Dann gab es das Problem eines ge-

eigneten Schlafsackes, das gar nicht so einfach zu lösen war, denn in Europa scheinen die Schlafsäcke vornehmlich für Nordpolexpeditionen oder Hochgebirgstouren mit extremen Kältegraden gedacht zu sein. Ich sah mich schon, zwar geschützt vor allem nächtlichen Unbill, aber schweißgebadet die brütend heißen Nächte der äthiopischen Lowlands durchleiden.
Und bis jetzt haben wir keinerlei Bestätigung, ob wir uns in Äthiopien frei bewegen dürfen!
Doch allen Schwierigkeiten zum Trotz sind wir nun also unterwegs in das geheimnisvolle Land Ophir, von dem man schon in der Bibel liest. Kindheitserinnerungen steigen in mir auf, Erzählungen werden lebendig, längst vergessene Namen nehmen plötzlich Gestalt an: die Königin von Saba, Kaiser Fasilades, Kaiser Menelik und die böse Kaiserin Taitu, Ras Makonen, Haile Selassie.
Der Flug ist ermüdend, die Maschine vollgestopft mit Menschen, die Luft stikkig und verbraucht. Lediglich der Anblick der äthiopischen Stewardessen, die ihre Uniformen durch traditionelle Gewänder ersetzt haben und fremdartig schön durch die Maschine schweben, bietet ein faszinierendes Bild, in dem sich alte Überlieferung mit modernster Touristik verbindet.
Ankunft in Addis Abeba. Mein erster Eindruck: Wie schön sind diese Menschen, wie selbstbewußt bewegen sie sich, mit welcher Anmut grüßen sie einander.
Ich wohne in der Residenz der österreichischen Botschaft, die für mich zu einem Stück Zuhause werden soll.
Vom staatlichen Touristikbüro (NTO) haben wir tatsächlich einen »Fahrplan« ausgearbeitet bekommen, der ungefähr mit unseren Intentionen übereinstimmt, wir dürfen aber von der vorgeschriebenen Route nicht abweichen. Außerdem werden uns ein Geländewagen, ein Guide und alle nötigen Papiere und Passierscheine zur Verfügung gestellt.
Unsere erste Fahrt soll nach Harar gehen. Dort wollen wir auf die Route meines Vaters stoßen. Die Einreise in Djibuti, wie ursprünglich geplant, war uns nicht bewilligt worden, und so müssen wir auf etwas verlängerten Wegen versuchen, die Spuren meines Vaters aufzunehmen.
Aber ist es nicht wunderbar, endlich so nahe am Ziel zu sein, im Land des Löwen von Juda, des Negus Negesti, im Reich des roten Herrschers Mengistu Haile Mariam?
Der Tag der Abfahrt nach Harar: Frühstück mit Karlheinz Böhm, der ebenfalls in der Botschaft wohnt und von dem noch ausführlich die Rede sein wird. Er soll mit Angehörigen der UNO zwei Umsiedlungslager im Westen besuchen. Ich breite die schlechten Landkarten auf dem Tisch aus, um noch einmal festzustellen, daß viele Punkte, die wir berühren sollen, auf ihnen gar nicht verzeichnet sind. Ansonsten erfüllt mich solch ein Gefühl der Aufre-

gung, der Erwartung, der unbändigen Freude, daß ich ganz durcheinander bin.
Dann rollt der Geländewagen in den Hof der Botschaft, Gary springt heraus und stellt mir unseren Guide vor: Er ist klein, zierlich und tiefschwarz. Sein Name ist Tesfaye Tadesse, was auf amharisch »meine Hoffnung« heißt. Wenn das kein gutes Vorzeichen ist!

Eduard Graf Wickenburg, »Wanderungen in Ostafrika«

Der erste Marschtag brachte recht unerfreuliche Schwierigkeiten beim Packen der Tragthiere mit sich, so daß wir, obwohl fast den ganzen Tag unterwegs, kaum weiterkamen. Schon am frühen Morgen wurde mit der Arbeit begonnen, doch ging dieselbe nicht vonstatten, denn kaum war ein Tragthier beladen, so schlug es heftig aus, machte die tollsten Sprünge oder legte sich nieder, kurz, es entledigte sich seiner Last. Alles war in Gefahr, zertrümmert zu werden, und meine Leute verloren auch selbst schon den Mut.
Endlich, um zehn Uhr, schienen wir bereit zu sein, und ich ritt daher, von einigen Leuten gefolgt, voraus, doch machte ich nach etwa einer Stunde halt, um zu warten, bis die Karawane kommen würde. Stunde um Stunde verging in endlosem Warten, bis endlich Achmed auf meinem Schimmel dahergaloppierte und berichtete, gleich nach dem Abmarsche sei eine heillose Confusion entstanden, einige Maulthiere seien durchgegangen und hätten dabei ihre Lasten abgeworfen, von denen viele in Brüche gingen, und zwei der neu aufgenommenen Abessinier seien davongelaufen ...

Da sitze ich nun neben Tesfaye Tadesse, wir rollen durch die überfüllten Vororte von Addis Abeba, und ich bin fasziniert, wie auf der großen Ausfallstraße riesige Lastwagen kreischend bremsen, wenn eine Gruppe von Eseln oder Ziegen gemütlich über die Kreuzung wandert.
Als ich nach dem Haltegriff rechts über mir greife, bleibt er mir gleich in der Hand, das Sonnenschild, das bei der grellen Sonne von großer Bedeutung ist, hängt schief und funktionslos in die Windschutzscheibe – aber sonst scheint alles bestens zu sein.
Knapp fünfundvierzig Kilometer nach Addis Abeba beginnt der Wagen ganz fürchterlich nach heißgelaufenem Metall zu stinken. In Debre Zeit wird ein Experte aus seinem Haus geholt. Er schraubt ein bißchen an den Rädern herum, und Tesfaye meint, wir sollten weiterfahren, der Mann verlange zuviel Geld ... Nach weiteren zwanzig Kilometern biegen wir in einen großen staatlichen Bauhof ein, und dort werden bei glühender Hitze ein, zwei, drei, vier Räder unseres Vehikels abmontiert, es wird geschliffen und geschraubt, und nach zwei Stunden kann die Fahrt endlich weitergehen. Wie sehr erinnert mich dieser erste Tag an die Beschreibung meines Vaters, wo er erzählt, wie

lange es dauert, bis man endlich unterwegs ist. Dabei ist unser Team im Vergleich zu seinen Karawanen winzig: ein Fahrzeug, ein Führer, Gary und ich.

Eduard Graf Wickenburg, »Wanderungen in Ostafrika«

Endlich, nachdem wir einen niederen Höhenzug erklommen hatten, erspähten wir uns gegenüber, auf einem flachen Hügel gelegen, ein Meer von Häusern, von einer hohen Mauer mit Thürmen und Thoren umgeben, eine mächtige, imposante Stadt, es war Harar, der Sitz Ras Makonens. Am 24. April hatten wir die Stadt erreicht. Am Thore der Stadt, zu dem ein jäher Anstieg führt, stand eine starke Wache von Soldaten, die uns anstandslos einließen. Ich verlangte von einem derselben, zum Ras geführt zu werden, und wir nahmen hierauf unseren Weg durch eine steile, enge, überaus schmutzige Gasse. Plötzlich, als wir um die Ecke bogen, sahen wir uns einem Zuge Bewaffneter gegenüber, in ihrer Mitte Ras Makonen auf einem weißen Maulthiere mit rother Schabracke reitend, in einen schwarzen Mantel gehüllt, einen grauen Filzhut am Kopfe. Ich hielt an, grüßte und machte durch meinen Diener Gombi, so gut es eben ging, klar, wer ich sei und woher ich käme.
Auch der Ras hielt sein Reitthier an, grüßte freundlich, indem er seinen Hut abnahm, und nun entspann sich eine kurze Conversation, nach welcher er einen Soldaten beauftragte, mir das für mich bestimmte Haus zu zeigen . . .
Nachdem ich den Formalitäten des abessinischen Zollhauses entsprochen hatte, wurde mir meine Wohnung gezeigt. Dieselbe, obwohl für durchreisende Europäer bestimmt, glich eher einem Augiasstalle als einer menschlichen Wohnung, und ich mußte sie vor allem erst einmal gründlich reinigen lassen, was aber noch immer nicht genügte, um die Millionen Fliegen zu verscheuchen, die den Aufenthalt daselbst ganz unerträglich machten. Es sei hier gleich erwähnt, daß es in Harar nicht gestattet ist, sein Zelt außerhalb der Stadt aufzuschlagen und darin zu lagern, weil dann die Behörden, wie es heißt, nicht für das Eigenthum und die Sicherheit des Betreffenden garantieren können.

Nach einer langen, faszinierenden Fahrt rollen wir bergab, der Stadt Harar entgegen. Unter hohen Bäumen, die die Straße säumen, liegt rechter Hand das SOS-Kinderdorf. Nicht weit davon entfernt, nach einer großen Kreuzung mit dem prächtigen Reiterstandbild Ras Makonens, ein weißgemauertes, mit Bougainvillea überwuchertes Portal. Eine recht sauber wirkende Halle, eine Rezeption, an der eine einheimische Dame steht und mit gelangweilter Miene mittels einer Nagelfeile ein außer Kontrolle geratenes Tonband zurückzuwikkeln versucht – unser Hotel! Voll Optimismus verlangen wir unsere Zimmerschlüssel, denn wir sind staubbedeckt und haben einen unbändigen Durst. Noch ahne ich nichts Böses, als wir eine Treppe, dann eine zweite, nicht ge-

rade appetitlich aussehende, hinuntersteigen. Ein stockdunkler, enger Gang, schmale Eisentüren, abgestandene Luft. Ich öffne die Tür mit der Nummer eins und pralle zurück: ein winziger Verschlag ohne Tür – das Bad –, die Wanne dunkelbraun verdreckt, das Klo nur mehr in seiner Form als solches zu erkennen. Das Zimmer hat ein winziges, hoch oben gelegenes Fenster, vor dem ein dreckiger Lappen hängt, der Boden starrt vor Schmutz, und als ich mit einer gewissen Vorsicht die Bettdecke hebe, blicken mir ein dunkelbraun glänzender Kissenüberzug und ein fleckiges Laken schadenfroh entgegen.
Ehe ich meine Empörung laut werden lassen kann, packt mich Gary, der dieselbe Erfahrung auf Nummer drei gemacht hat, am Arm und sagt: »Hier bleiben wir nicht!« Als er mein ratloses Gesicht sieht, sagt er: »Gehen wir doch ins Kinderdorf! Erinnere dich, was der Leiter des Kinderdorfes in Addis Abeba gesagt hat: Wenn ihr Probleme mit der Unterbringung in Harar habt, dann wendet euch an das Kinderdorf, dort gibt es Gästezimmer!«
Wir rennen die schmutzigen Treppen hinauf, legen unsere Schlüssel vor die Dame, die immer noch mit dem Tonband kämpft und uns kaum einen Blick schenkt, und steigen in den staubbedeckten Geländewagen. Bergauf geht's durch die Einfahrt des SOS-Kinderdorfs und zum Büro des Leiters oder »Vaters«, wie er hier genannt wird. Arega Galla ist jung, sympathisch und ein bißchen erstaunt über unsere dringende Bitte um Asyl, das er uns nach einem winzigen Zögern lächelnd gewährt.
Unter Holzarkaden ein kühles, dunkles Zimmer mit dem Bild Professor Gmeiners über dem Bett, eine saubere Dusche, saubere Handtücher – und ein ganz normales Klo!
Es bleibt keine Zeit mehr zum Waschen, wir steigen wieder ins Auto, nachdem wir Wasser getrunken haben, und fahren hinunter in die Altstadt, um vor Sonnenuntergang noch zu photographieren.

Eduard Graf Wickenburg, »Wanderungen in Ostafrika«

Die Stadt, die, von den gegenüberliegenden Höhen gesehen, so malerisch und imposant daliegt, ist aus der Nähe keineswegs sehenswert, ein Labyrinth von engen, schmutzigen Gassen. Einige davon sind geradezu mit Felsblöcken übersät. Sie führen ganz unregelmäßig oft steil bergab vom Hauptplatze nach den vier Thoren und werden von langen Reihen brauner Steinhäuser mit flachen Dächern, deren viele halb oder auch ganz verfallen sind, gebildet. Am Hauptplatze steht die Kirche, ein großer Bau mit Minaretten, der vor der Eroberung der Abessinier eine Moschee gewesen, dahinter, noch im Bau begriffen, der neue Palast des Ras, ein ziemlich stilloses, weißgetünchtes Haus, welches mit ganz entsetzlichen Figuren, die aus der Hand eines indischen Künstlers herrühren sollen, geschmückt ist. Der Kirche gegenüber, auf der anderen Seite des Platzes, gelangt

man durch einen hohen Thorbogen, der mit Elephantenschwänzen decoriert ist, zunächst in einen großen Hof, in dem die Gerichtsfälle entschieden werden, und dann zu der aus mehreren, meist recht verwahrlosten Häusern bestehenden Wohnung Makonens, wo eine größere Anzahl mit modernen Gewehren bewaffneter Soldaten Wache hält.
Erwähnenswert ist vielleicht auch noch der Bazar, der auf einem viereckigen Platze, nahe dem Hauptplatze, abgehalten wird und wo sich besonders in den Morgenstunden eine nach Tausenden zählende Menge herumtreibt. Man bekommt dort neben allen Producten der Gegend auch fast alle europäischen Erzeugnisse, die nur irgendwie von Nutzen sein können, zu kaufen; so sieht man allerhand Stoffe, Blech- und Porzellanwaren, Gewehre, Revolver und Munition, dann Conserven, Cognac, Bier usw.

Wir erreichen das Tor mit sehr arabisch anmutenden Zinnen und betreten eine fremde Märchenwelt. Eine schmale, mit Menschen vollgepackte Straße, die auf einen offenen Platz mündet, der Hauptplatz mit Kirche und Moschee im Hintergrund. Gary will noch auf den Markt, denn das Licht ist von einer durchsichtigen Klarheit. Der Markt ist ein großer, L-förmiger Platz, auf der einen Seite befindet sich eine Art Markthalle mit plumpen Arkaden. Das Bild, das sich uns bietet, ist überwältigend in seiner Farbigkeit, Lebendigkeit, seiner faszinierenden, fast beängstigenden Fremdheit. Hunderte und aber Hunderte von Menschen lagern unter Matten, sitzen in Verschlägen und bieten ihre Waren an: Gemüse und Gewürze, Obst, Stoffe und Körbe, Sorghum (eine hirseähnliche Pflanze), Mais, Kaffee, Bohnen, farbige Erde zum Färben des Gesichts, Butter in grünen Blättern zum Fetten des Haares, Ziegen und Schafe, Hühner, die mit dem Kopf nach unten an langen Stangen befestigt sind und mit offenem Schnabel nach Luft ringen.

Eduard Graf Wickenburg, »Wanderungen in Ostafrika«

Die Bevölkerung Harars setzt sich aus den eigentlichen Harari, den ursprünglichen Bewohnern, die semitischer Abstammung und wahrscheinlich mit Gallablut gemischt sind, dann aus Galla Somal und den erst in letzterer Zeit eingewanderten Abessiniern, größtenteils Schoanern, zusammen. Erstere sind der Hautfarbe nach die lichtesten, tragen eine der arabischen ähnliche Tracht und bekennen sich, wie auch die Somal und der größte Theil der Galla, zum Islam, doch gehen die Frauen unverschleiert. Die Galla und Schoaner gleichen sich in der Physis sowie in der sehr dunklen Hautfarbe, so daß man sie leicht verwechseln könnte, doch unterscheiden sie sich wesentlich in ihrer Kleidung und Haartracht. Während erstere meist nur ein kurzes Lendentuch und langes, struppiges, reichlich mit Fett beschmiertes Haar tragen, durch welches oft eine Feder oder ein Holzstäb-

Oromokind und Amharin

chen gesteckt ist, sind letztere malerisch in ihre weiße Schama, die ein breiter rother Streifen ziert, gehüllt, unter der sie ein Paar kurze Beinkleider tragen. Ihr Haupthaar ist kurz geschnitten. Die abessinischen Weiber, von denen einige recht hübsch sind, tragen ein langes Gewand mit Ärmeln, welches, um die Mitte mit einem Bande zusammengehalten, einen faltenreichen Rock bildet, und eine eigenthümliche Frisur aus unzähligen flachen, von der Stirne zum Nacken verlaufenden Zöpfen, die in einem kleinen Knoten enden. Auch sie haben die schlechte Gewohnheit, ihr Haupt reichlich mit Fett zu salben, und da sie stets ohne Kopfbedeckung herumgehen, so wird dieses unter dem Einflusse der tropischen Sonne flüssig, rinnt über Nacken und Schultern, infolgedessen diese Damen einen ganz entsetzlichen Geruch nach ranzigem Fett verbreiten.

Was für Gestalten! Frauen in allen Schattierungen der Haut, Frauen von einer madonnenhaften Schönheit, Frauen in kühn gerafften Gewändern, in Grellrosa, Hellgrün, Azurblau, Dottergelb, in Farbzusammenstellungen, wie sie kühner und vollendeter nicht sein könnten. Lächelt man sie an und beugt sich

zu ihnen, die auf dem Boden sitzen, so greifen sie nach den Händen, lachen und sprechen und fragen, und die Berührung ihrer kühlen, glatten, harten Hände ist angenehm, fast schwesterlich.
Wie ganz anders ist die Begegnung mit den Männern! Es gibt viele Bettler – aber wie unterscheiden sie sich von Bettlern, die wir gewohnt sind! Hohe, selbstbewußte Gestalten, die sich bewegen wie Löwen, prachtvolle, verwüstete Gesichter.
Sie betteln mit einer solchen Grandezza, sie blicken dir tief in die Augen, sie fassen deine Hand und küssen sie zart, und sie flüstern Worte auf italienisch, französisch und englisch, deren Inhalt man besser nicht zur Kenntnis nimmt.
Auf dem Boden liegen überall Bündel einer giftgrünen Pflanze, »Quat« genannt. Man kaut ihre zarten Blätter und Triebe, sie bringen Vergessen, Euphorie und vor allem einen gänzlichen Mangel an Hunger.
Die Pflanze wird rund um Harar angebaut, die Plantagen sehen aus wie wohlgehaltene Buchsbaumhecken. Der Handel mit ihr blüht und ist staatlich erlaubt. Jeden Morgen fliegt eine Maschine mit frischem Quat von Dire Dawa nach Nordjemen.
Ein riesiger alter Mann liegt an die Wand gelehnt, halb bewußtlos, mit einem Büschel Quat in der Hand. Als Gary ihn photographieren will, springt er schnell wie ein Raubtier auf die Beine, rafft mit beiden Händen Staub und Steine zusammen und schleudert sie Gary ins Gesicht.
Wir wollen Körbe und Schmuck sehen, und Tesfaye führt uns durch viele Gassen bergauf und bergab. Endlich gelangen wir in einen kleinen Innenhof, der in einen prächtigen Raum mit Kissen, Teppichen und arabisch wirkenden Dekorationen mündet. Alles starrt vor Schmutz. Im Hof liegt ein schönes schwarzweißes Somalischaf inmitten seiner Exkremente und kaut geduldig an einem Zuckerrohrstengel – es soll geschlachtet werden.
Im Raum selbst stapeln sich Körbe in allen Farben und Formen, in einer europäisch aussehenden Vitrine liegt Schmuck von unterschiedlicher Qualität: Armbänder, Ketten, Kreuze. Auf einem erhöhten Podest liegt eine üppige, in Schleier gehüllte Frau auf den Knien, murmelt Gebete und verneigt sich gegen Mekka. Das stört niemanden und hindert die lautstarken Verhandlungen zwischen einem Freund von Tesfaye (den er listigerweise mitgebracht hat) und dem Vertreter der betenden Besitzerin nicht. Die Preise, die verlangt werden, sind unverhältnismäßig hoch. Endlich hat die Dicke ihr Gebet beendet, sie setzt sich mit lautem Stöhnen auf und streckt uns schmutzige weiße Socken vor die Nase. Sie weigert sich kühl, von ihren Preisen abzugehen. Nach langen Pausen und empörten Weggehmanövern einigen wir uns auf einen halbwegs vernünftigen Preis, doch habe ich das sichere Gefühl, daß unsere Fähigkeiten zu handeln überhaupt nicht ernst genommen werden.
Wir wandern wieder durch schmale gemauerte Gassen, die vor lauter Kalk-

tünche ganz weiche Formen haben; der Boden ist von den vielen tausend Füßen, die ihn begangen haben, glatt, aber von Unrat bedeckt.
Ein grünes Tor, ein kleiner Hof, ein großer dunkler Raum, in dem es intensiv nach Weihrauch riecht. Auf vielen, unendlich schmutzigen Kissen lagern, in Tücher und Schleier gehüllt, rauchend, aus einer hochmodernen Thermoskanne Kaffee trinkend, wie große bleiche Maden zwei Frauen, die uns aus dunklen, schwarzumrandeten Augen prüfend anstarren. Ich nehme ein paar Körbe von der Wand, und jedesmal huschen Hunderte von braunen Käfern heraus und verkriechen sich blitzschnell unter den Kissen, auf denen die Frauen liegen. Den meisten gelingt die Flucht ins Dunkel, doch einige erwischt es – sie werden lässig mit der Hand zerquetscht oder mit einem ekelhaft klingenden Laut zertreten. Schnell kaufe ich einen einfachen Korb mit Kaurimuscheln – viel zu teuer, aber der Geruch, die üppigen Frauen, die Käfer jagen mich in die Flucht!
Zurück zum Markt, der wie eine Woge von Farben, Geschrei, Gerüchen und Licht über uns zusammenschlägt. Inmitten der Menge bewegt sich mit sicheren, autoritären Schritten ein Offizier in dunkelgrüner Uniform und hohen Schnürstiefeln – sein gutgeschnittenes Gesicht ist kalt, und die Menge weicht ihm eilfertig aus.
Aufatmend steigen wir ins Auto. Mein Wunsch nach einem Bad oder einer Dusche ist groß – aber daraus wird nichts! Arega Galla, der Kinderdorf-Vater, unser liebenswürdiger Hausherr, erwartet uns zur Kaffee-Zeremonie. Es ist eine schöne, anscheinend uralte Sitte, mindestens dreimal am Tag die Familie um sich zu versammeln und gemeinsam Kaffee zu trinken – wie Arega Galla meint, »hält es die Familie zusammen«.
Blüten und Gras sind auf den Boden gestreut. Auf einem niederen Tischchen stehen winzige Tassen. Auf einem Holzkohlenbrenner eine Konservendose, in der die frischen Kaffeebohnen geröstet werden. Dann wird der Kaffee in einem Mörser zerstoßen und zubereitet. Er schmeckt herrlich würzig und ganz anders als der abgepackte, den wir in den Supermärkten kaufen – man könnte ihn fast ein anderes Getränk nennen. Die ganze Zeremonie wird von einem halbwüchsigen Mädchen ausgeführt, das die Augen fast immer niedergeschlagen hat und mit großer Anmut hantiert.
Als ich die ersten Kaffee-»Kirschen« am Markt von Harar sah, war ich völlig verblüfft. Sie waren hellrot bis schwärzlich und groß wie Hagebutten. Die Hararghi sollen die ersten gewesen sein, die Kaffee systematisch angepflanzt haben.
Die Urheimat des Kaffees liegt im Süden Äthiopiens, in den Provinzen Wollega, Guma Enarea und dem ehemaligen Sultanat Djimma. Es gibt eine hübsche Legende über die Entdeckung des Kaffeegenusses: Ein kleiner Hirte, der seine Herde im Wald weidete, bemerkte, daß seine Ziegen sich vollkommen

verrückt gebärdeten, wenn sie an bestimmten Büschen knabberten – sie sprangen herum, meckerten wie wild und waren höchst ausgelassen. Auch die Affen naschten von den Sträuchern, und da Affen nie etwas zu sich nehmen, was für den Menschen giftig ist, probierte man die roten Kirschen, die angenehm nach Vanille dufteten und eine belebende Wirkung hatten.

Die Kaffeekirschen werden gepflückt, wenn sie dunkelrot sind, und dann auf einer Art Tenne – hartgestampftem Lehmboden – in der Sonne getrocknet. Nachts werden sie mit Strohmatten oder Palmblättern vor der Kälte geschützt. Allmählich verwandelt sich Farbe und Konsistenz der Kirsche – sie wird fast schwarz und runzelig.

Nach dem Trocknen in der Sonne wird das Fruchtfleisch so knusprig, daß es wie eine Erdnußschale zerdrückt werden kann. Auch der Kern ist trocken. Der Kaffee kommt jetzt in einen hölzernen Mörser und wird mit einem Stößel zerrieben. Diese Arbeit versehen meist die Frauen. Manchmal kann das schiefgehen – Schale und Kern zersplittern, weil sie zu trocken sind, oder aber der Kern wird zerquetscht, weil die Frucht noch nicht trocken ist. Gelingt jedoch alles, dann wird der Kaffee auf flachen Körben in die Luft geworfen und die »Spreu« weggeblasen – die schwere Bohne bleibt liegen. Das getrocknete Fruchtfleisch wird keineswegs weggeworfen, sondern gesammelt und auf den Märkten verkauft – man kann daraus ein teeartiges, sehr würziges Getränk bereiten.

Früher wurde der Kaffee in Ziegenhäuten transportiert. Diese »Säcke« werden folgendermaßen hergestellt: Man schneidet der geschlachteten Ziege den Kopf ab, der Körper wird durch die entstandene Öffnung hindurchgezogen, Fleisch und Eingeweide werden entfernt, das Fell wird zusammengerollt und an einer warmen Stelle in der Hütte aufgehängt. Meistens fault das Haar des Fells schnell ab. Die Haut wird mit dem Fett des Tieres eingerieben und so lange getreten, bis sie geschmeidig ist. Die hintere Öffnung wird nun verschlossen und die Haut der Beine darübergelegt – der »Schiitsch« genannte Sack ist fertig.

Der Äthiopier bereitet den Kaffee ganz anders zu, als wir es gewohnt sind: Die Kaffeebohnen werden in Salzwasser gewaschen und dann auf einem flachen, gewölbten Eisenblech geröstet. Man rührt ständig mit einem kleinen Stäbchen um, damit nichts anbrennt. Dann werden die gerösteten Bohnen, die einen herrlich frischen Geruch verströmen, grob gemahlen und wie unser »Türkischer« zweimal aufgekocht. In Äthiopien wird der Kaffee gesalzen, was das Aroma hebt. Auch andere Gewürze werden beigefügt – häufig ist das ein frischer Zweig Minze. Der Kaffee schmeckt hervorragend! Auch Butter oder Honig wird gelegentlich in den Kaffee getan, nur die Milch dazu ist völlig unbekannt.

Kaffee ist seit vielen hundert Jahren der wichtigste Exportartikel Äthiopiens.

So wie bei uns im Burgenland die Bauern ihre Weinstöcke besitzen, hat in den Gegenden, wo Kaffee gedeiht, jedermann seine eigenen Sträucher – in den Wäldern wächst er sogar noch wild.
Arega Galla hat sein Wohnzimmer ganz europäisch und sehr bunt eingerichtet. Die Luft ist heiß und zum Ersticken mit Weihrauchduft erfüllt. Dazu laute äthiopische Musik vom Plattenspieler. Meine Müdigkeit, mein Hunger sind so groß, daß ich mich trotz des Kaffees kaum noch wach halten kann – Gott sei Dank gibt es zum Kaffee kleine, in Fett gebackene Krapfen, die ich gierig in mich hineinschaufle. Die Kaffeezeremonie dauert lange, weil sie dreimal wiederholt wird – inzwischen hat sich »nurse«, die Krankenschwester des Kinderdorfs, dazugesellt. Sie ist groß und hübsch, trägt weite Pluderhosen, einen Schal und den Kopf voll riesiger Lockenwickler.
Endlich ist es soweit – wir können uns waschen, in saubere Kleider schlüpfen und in der Kantine zum Abendessen antreten.
Vater Gmeiner schaut mitleidig auf mich herab, als ich wenig später ziemlich erledigt in mein Bett sinke.

Eduard Graf Wickenburg, »Wanderungen in Ostafrika«

Um vier Uhr begab ich mich zum Ras. Sein Haus unterscheidet sich nicht viel von den anderen Gebäuden Harars, auch der Audienzsaal ist keineswegs mit dem Prunke ausgestattet, den gewöhnlich orientalische Herrscher lieben. Er besteht aus einem leeren Zimmer, auf dessen Boden ein paar Teppiche liegen; in der Mitte stehen ein alter Tisch und mehrere Rohrstühle. Als ich eintraf, fand ich Makonen an der der Eingangsthüre gegenüberliegenden Seite des Tisches sitzen, umgeben von einer Anzahl Hof- und Staatswürdenträgern und seinem Dolmetsch. Er trug dieselbe weiße Schama mit rothem Streifen, die auch der gewöhnliche Abessinier trägt. Als er mich sah, erhob er sich, und nachdem wir uns begrüßt hatten, wurde mir ein Stuhl zu seiner Rechten angeboten, währen die übrigen sich am Boden niederließen, und ich hatte nun eine längere Besprechung, die mit Hilfe eines Dolmetsches in französischer Sprache geführt wurde. Makonen ist von mittelgroßer Gestalt, sehr zart gebaut, mit auffallend eleganten Händen und Füßen, hat hübsche, sympathische Gesichtszüge, obwohl seine Hautfarbe sehr dunkel ist. Im Umgange trägt er eine gewisse Liebenswürdigkeit zur Schau und macht fast den Eindruck eines Mannes von eher schüchternem Wesen. Ich muß gestehen, daß er auf mich bei dieser ersten Besprechung einen sehr günstigen Eindruck machte, obwohl er mir damals erklärte, er habe nicht das Recht, mir die Erlaubnis zum Weitermarsche nach Addis Ababa zu geben, doch werde er sofort mit Eilboten zum Kaiser senden, um dieselbe zu erwirken.
Zum Schlusse wurde mir noch Tetschbier und eine Art sehr starken Branntweines credenzt, und dann verabschiedete ich mich.

Tags darauf hatte ich wieder ein Interview mit Makonen und überbrachte ihm meine Geschenke: ein Gewehr, eine silberne Dose, eine Uhr und einen größeren Spiegel mit Spieluhr. Er selbst hatte mir zwei Schafe, einige Körbe mit abessinischen Broten und mehrere Krüge mit Tetsch gesandt. Auch heute war er sehr liebenswürdig und erzählte mir einige sehr interessante Episoden aus der Schlacht von Adua. Den Rest des Tages verbrachte ich damit, mir Harar anzusehen.
Trotz der liebenswürdigen Versicherungen des Gouverneurs von Harar, mir bald die Erlaubnis zur Weiterreise nach Addis Ababa zu erwirken, traute ich den Worten schon jetzt nicht und fürchtete sehr, alle meine Pläne durchkreuzt zu sehen, da ich schon von meinen früheren Reisen her wohl wußte, daß Versprechungen orientalischer Großer oft nur leere Phrasen sind und daß der Begriff Zeit in den Ländern der tropischen Sonne nicht so aufgefaßt werde wie bei uns. Ich beschloß daher, um die Zeit nicht unnütz mit Warten zu vergeuden, eine Jagdexpedition nach Dschig-Dschiga zu unternehmen, wo es, wie ich gehört hatte, viele Löwen geben sollte, und begab mich wieder zu Makonen. Auch diesmal war er ungemein liebenswürdig und versicherte mir, daß ich in seinem Territorium reisen könne, wie ich nur wolle, um Löwen und Elephanten zu jagen, und sagte, er werde selbst alle Vorbereitungen anordnen und mir seine eigenen Reit- und Packmaulthiere leihen, ja als ich, bevor ich ihn verließ, mich der Worte bediente, ich wolle ihn nun nicht länger stören, gebrauchte er sogar die schöne Phrase, ich störe ihn gar nicht, sein einziges Ziel sei gegenwärtig nur, mich zu unterhalten ...

Am nächsten Morgen soll es nach Erer gehen – doch dazu gibt es eine Vorgeschichte.

---

1 Frauen am Markt von Harar
2 Eine bunte Palette von Waren
3 Brennholzverkauf in Dire Dawa
4 Eine Oromo-Frau trägt von weit her glühende Kohle in ihr Dorf
5 Hauiwa-Mädchen auf der Wanderschaft
6 Ein Afar-Mädchen stellt sich bei den heißen Quellen im Hawasch-Nationalpark in all seiner Pracht zur Schau
7 Hirtenknaben aus dem Stamm der Itu treiben Kamele durch den reißenden Hawaschfluß
8 Das scharfgeschnittene Antlitz eines Kerejou

1

2

4

6

8

Die österreichische Botschaft in Addis Abeba hat einen Dauergast: Karlheinz Böhm, den bekannten Schauspieler, der vor einigen Jahren die Organisation »Menschen für Menschen« ins Leben gerufen hat. Ich hatte zwar darüber gelesen, aber es war mir nicht im entferntesten klar, wie das Ganze wirklich vor sich ging.

Das erste, was mir an Karlheinz Böhm auffiel, war seine große Rücksichtnahme, seine Bedürfnislosigkeit, seine Herzlichkeit. Wir pflegten am frühen Morgen miteinander zu frühstücken, verzehrten häufig miteinander ein einfaches Abendessen – manchmal brachte Karlheinz eine Wurst, die er geschickt bekommen hatte, ein Paket Butter, die man hier nicht bekam, ja sogar eine Flasche Rotwein mit. Oft hörte ich die herrliche Musik der europäischen Klassiker, gespielt von den Wiener Philharmonikern unter der Leitung von Karlheinz' Vater, dem berühmten Karl Böhm.

Karlheinz erzählte mir viel von seiner Tätigkeit, von den Gründen, warum er sich kopfüber in die Hungerhilfe für Äthiopien gestürzt hatte, von den Anfängen in Deutschland, vom Beginn in Äthiopien, von seinen Erfolgen und Mißerfolgen, von seiner Liebe zu den Äthiopiern und von seinem festen Entschluß, diese Aufgabe bis zu seinem Lebensende weiterzuführen. Ich empfand großen Respekt vor ihm, ja Bewunderung für ihn als Organisator, als Mensch, als fanatischer Verfechter von Gerechtigkeit, Frieden und der Verpflichtung, anderen zu helfen. Er hatte im Erertal, nicht weit von Harar, Menschen aus einem Hungerlager angesiedelt, und lud mich ein, die Farm N'gaya – das heißt Frieden – zu besuchen.

So kam es, daß ich an einem heißen, strahlenden Morgen Harar in Richtung Jijiga verließ. Auf denselben Wegen, auf denen mein Vater, ungeduldig über das ewige Hinhalten Ras Makonens, über das Ausbleiben einer Erlaubnis zum Weiterreisen nach der Hauptstadt, aufgebrochen war, um östlich von Jijiga Löwen zu jagen. Harar sah im grellen Morgenlicht mit seinen vielen Minaretten und Kirchen, mit den Mauern und Zinnen und den plump geformten Torbögen wie eine Stadt aus Tausendundeiner Nacht aus. Als wir das südliche Tor, »Sanga« genannt, passierten, stand vor mir das Bild meines Vaters, wie er zu Pferd, umgeben von einer kleinen Schar »seiner Somal«, gefolgt von schreienden Kindern und bellenden Hunden, ungeduldig, vielleicht ein bißchen mißmutig durch dieses Tor trabte, das Gewehr über dem Sattel – einem neuen Abenteuer entgegen.

Eduard Graf Wickenburg, in einem Brief an Professor Paulitschke vom 3. Juni 1897:

Da ich in Harar die Erfahrung gemacht hatte, daß überhaupt kein Europäer ohne specielle Erlaubnis nach Addis Ababa darf, und ich bald einsah, daß es

Somali schlagen eine Oryxantilope aus der Decke

lange dauern würde, mir aber der Aufenthalt in Harar nichts weniger als angenehm schien, so machten wir einen Ausflug nach Dschig-Dschiga, um Löwen zu jagen, und wir trafen nach dreitägigem Marsche ein, zuerst über den Erer (hier ein wildschäumender Gebirgsbach, der von hohen, fast senkrechten Felswänden umgeben ist, so daß man sich in unsere Gebirge versetzt fühlt) ziehend, dann über Daiambiro und den abessinischen Ort Ell alla mia, wo uns in Abwesenheit des dortigen Gouverneurs seine Frau (eine ganz liebenswürdige und hübsche Abessinierin) empfing, und endlich durch den Hadopaß in die weite Ebene der Maraprärie. Dschig-Dschiga, dieser Vorposten Abessiniens, ist ein von einem Erdwalle und einer Palisadierung umgebener Ort von circa zweihundert Schritt Durchmesser, mit einer Besatzung von mit Gewehren aller Systeme bewaffneten Soldaten unter dem Kommando eines Arabers namens Abdallah.
Ich blieb auch nur einige Zeit in Dschig-Dschiga, verlegte dann mein Lager zu den Makanishügeln (etwa fünf Marschstunden von ersterem entfernt), da dort kein Wasser zu finden ist und man dasselbe täglich mit Fässern abholen mußte. Die Maraprärie ist von vielen Hunderten von Hartebeest und Tausenden Antilopen bewohnt, und es gibt infolge dessen dort auch viele Löwen. Ich schoß zuerst

einen Löwen, der kurz vorher von sechs abessinischen Soldaten zwei getötet und einen verwundet hatte, seine Identität wurde an Säbelhieben, die er im Gesicht hatte, sichergestellt, dann nach weiteren vier Tagen einen Löwen und fünf Löwinnen; alle schoß ich vom Pferde aus mit dem Mannlicherkarabiner, indem ich sie meist in der offenen Prärie anpirschte, ihnen nachgaloppierte, bis sie sich mir stellten, worauf man nicht lange zu warten hatte. Hiebei kam es zu kritischen Situationen und wurde mein Pferd, das ich ritt, von einer Löwin auf der Croupe gefaßt und ihm zwei klaffende Wunden beigebracht, doch gelang es mir, die Löwin zu tödten. Außerdem schoß ich noch verschiedene Antilopen.

Wir fahren durch fruchtbares Land, überall wird uns Obst und Gemüse angeboten. Nachdem wir zwei Flußläufe überquert haben, biegen wir von der Hauptstraße nach Jijiga ab, passieren das Leprakrankenhaus Bisidema und fahren an endlosen giftgrünen Kaktushecken entlang. Als wir um eine Ecke biegen, liegt ein riesiger schokoladebrauner Acker vor uns, auf dem drei Steyrtraktoren in schöner Formation ihre Furchen ziehen – ganz wie zu Hause, schießt es mir durch den Kopf. Wir sind in Erer angekommen.
Die Farm N'gaya besteht aus zahlreichen großen Gebäuden, Scheunen, Ställen, einer Schule, einem kleinen Krankenhaus, Verwaltungsgebäuden, einer Kantine und einer unübersehbaren Menge von neugebauten Hütten, in denen die angesiedelten Hauiwas wohnen. Es gibt Wasserstellen, die eingezäunt sind, mit Wasserhähnen, die man beliebig auf- und zudrehen kann – in Afrika ein wahres Wunder.
Die Hauiwas sind großgewachsene, schöne Menschen, fröhlich und laut, mit einem unglaublichen Bedürfnis nach Körperkontakt. Karlheinz sagt, es seien Oromos, also ein Stamm, der zu einer der größten Völkergruppen gehört, die in Äthiopien leben, und der seine eigene Sprache, das »Orominja« spricht. Die Wissenschaftler sagen, sie seien Somali, doch davon wollen sie nichts hören.
Es ist sehr heiß und sehr still auf dem großen Gelände, denn alle sind auf den weit verteilten Feldern bei der Arbeit. Wir fragen uns bis zur Kantine durch und werden dort in ein kleines luftiges »Salettel« mit Strohdach verwiesen, bis Karlheinz von einer Besichtigung zurückkommt. Es dauert nicht lange, da fährt ein Geländewagen vor, und Karlheinz, sein Dolmetsch Berhanu und das Ehepaar Deyerling – die beiden stammen aus Berlin und sollen das Büro von Karlheinz in Addis Abeba übernehmen – steigen aus. Wir trinken kühles Bier, und Karlheinz erklärt uns kurz die Infrastruktur der Farm: Sie liegt achtundzwanzig Kilometer von Harar entfernt im Erertal, tausendvierhundert Meter über dem Meer, sechshundertvierzig Hektar werden bearbeitet, weitere zweihundert sollen neu gerodet werden. Die Farm wurde, da es in Äthiopien keinen Grundbesitz gibt, von der staatlichen Flüchtlingshilfeorganisation Relief

and Rehabilitation Commission (RRC) der Stiftung »Menschen für Menschen« zur Verfügung gestellt. Zweitausend Menschen vom Stamm der Hauiwas wurden hier angesiedelt. Sie kamen aus dem Lager Babile, einem Auffanglager für Menschen, die durch die Dürreperiode, aber auch durch den Krieg gegen Somalia ihre Existenzgrundlage verloren hatten.

Auf der Farm wird jetzt eine Fülle von Produkten wie Mais, Sorghum, süße und normale Kartoffeln, Tomaten, Paprika, Peperoni, Gurken, Wassermelonen, Papaya, Bananen angebaut sowie in kleinen Mengen europäisches Gemüse, das sehr beliebt ist. Es gibt eine Viehherde, die Allgemeingut ist. Der Plan besteht darin, jeglichen Ertrag aus der Farm in erster Linie zur Deckung der Lebenshaltungskosten zu benützen und außerdem einen Vorrat für mindestens sechs Monate (im Fall einer neuen Dürreperiode) anzulegen. Die Überschüsse werden verkauft – sie betragen achtzig Prozent.

Zwei Dinge scheinen mir erwähnenswert, die Karlheinz auf seiner Farm eingeführt hat: Erstens gibt es in den vier Dörfern, die die Gesamtfläche bearbeiten, gewählte Sprecher. Sie vertreten die Interessen der Dorfbewohner und entscheiden Streitfälle. In jeder Gruppe sind das vier Männer und vier Frauen (letzteres hat unter den Hauiwas großes Erstaunen ausgelöst). Und zweitens hat er ihnen beigebracht, daß sie, die nach ihrer Abstammung und Tradition nur für die unmittelbare Familiengruppe zuständig sind, sich gegenseitig helfen. Die frühen Siedler, zum Beispiel, bauten Häuser für jene, welche später nachgekommen sind.

Eran Ahmed, einer der Siedler, hat eines Tages gesagt: »Karl, bist du dir eigentlich im klaren darüber, was du da gemacht hast? Äthiopier arbeiten für Äthiopier!« So wird der Traum der Parole »Menschen für Menschen« vielleicht doch verwirklicht werden können.

Mittagessen in der Kantine. Es gibt eine Riesenschüssel Makkaroni, Bier und Fruchtsaft. Nach der von einem bildschönen Hauiwamädchen zelebrierten Kaffeezeremonie brechen wir zu einer Besichtigung der Farm und des Dorfes auf. Fuhrpark, Werkstatt, Miniklinik, die von einem äthiopischen Heilgehilfen betreut wird, Vorratsschuppen, Schule – alles ist in Ordnung und alles neu gebaut. Die Hütten mit je zwei Räumen sind nach der üblichen Struktur errichtet: Baumstämme und Äste, ineinandergeflochten und mit Lehm ausgefüllt, bilden die Hauswände, das Dach besteht aus Wellblech. Neben den Häusern stehen kleine Schuppen, die als Küche und Stall für das Kleinvieh, das sich jeder Siedler halten darf, verwendet werden. Jeder hat eine eigene Fläche, auf der er anbauen kann, was er will. Unsere Besichtigung dauert sehr lang, denn immer wieder kommen Menschen herbeigestürzt, umarmen und küssen Karlheinz und verwickeln ihn in eine lebhafte Diskussion – für einen Mitteleuropäer ist diese ewige Küsserei ein bißchen suspekt, aber hier ist intensiver Körperkontakt etwas ganz Selbstverständliches.

Auf meine Frage, wie die Siedler auf der Farm für ihre Arbeit entlohnt werden, erfahre ich folgendes: Die Menschen hier leben nach dem System »food for work«, also Essen für Arbeit. Sie erhalten kein Geld, sondern Naturalien, das heißt ihre Entlohnung besteht in Getreide, dessen Überschuß sie verkaufen können. Jeder einzelne bekommt für seine Arbeit fünfundsiebzig Kilo Sorghum (Hirse) und fünfundzwanzig Kilo Mais für sich und seine Familie. Doch auf die Dauer wird dieses System nicht bestehen können, man wird andere Lösungen suchen müssen.

Die Schatten werden länger. Nachdem wir Karlheinz adieu gesagt haben, überqueren wir den Erer, in dem Scharen von schwarzglänzenden Kindern im Wasser planschen, und treffen auf die Hauptstraße nach Jijiga. Ein Stückchen fahren wir noch in Richtung Osten, in Richtung Somalia, um einen Berg mit auffallender Formation zu betrachten, den mein Vater in seinen Aufzeichnungen erwähnte, doch dann kehren wir um, denn es wurde uns gesagt, daß es nicht gern gesehen wird, wenn sich Touristen in diesem Gebiet aufhalten.

Zurück nach Harar, das jetzt in der Abendsonne ganz vergoldet daliegt. Da es noch nicht spät ist, beschließen wir, eine »Sightseeing-Tour« zu machen.

Die Stadt hat heute noch ihre eigene Sprache, das Harari – die Einwohner nennen sie stolz »die Sprache der Stadt«, während zugereiste Oromo, Somali und Araber respektvoll von der »Sprache der Bürger« reden.

Die Hararghi sind große, schlanke und sehr würdevolle Erscheinungen, denen die Lust und das Talent am Handel aus den Augen blitzt. Die Frauen sind üppiger, hellhäutiger als die Amharinnen, ihre Augen sind sehr orientalisch, meist tiefschwarz umrandet, die Hände klein, gut gepolstert und zierlich. Die Frauen in Harar haben im Vergleich zu anderen Provinzen immer eine Sonderstellung genossen. Hier besaß die Frau volle Handlungsfreiheit, was die Finanzen der Familie betraf, und sie war unter den Galla- oder Oromofrauen gefürchtet, weil sie nicht davor zurückschreckte, ihre Dienerinnen vor Öffnung des Marktes vor die Stadt zu schicken und dort den Nomadenfrauen ihre Waren zu entreißen, um sie selber am Markt zu verkaufen.

Das Leben in Harar soll, was die Moral betrifft, sehr großzügig gewesen sein und sich oft nicht mit den Regeln des Islam vertragen haben. Doch scheint sich diese Einstellung günstig auf den Charakter der Bewohner ausgewirkt zu haben, denn sie sind fröhlich, sie singen gern und haben eine Reihe von überlieferten Liebesliedern, von denen ich hier zwei niederschreiben will:

»Ich sag dir nur eins: Dein Gesicht ist wie Seide, Aisa; ich sag dir's wieder und sage dir nichts anderes. Du bist schlank wie ein Lanzenschaft. Dein Vater und deine Mutter sind Araber; sie alle sind Araber, ich sage dir nur dies.«

»Deine Gestalt ist wie eine brennende Lampe, Ascha; ich liebe dich. Wenn du an der Seite Arahims verweilst, verbrennst du ihn mit dem Licht deiner Schönheit. Morgen werd' ich dich wiedersehen.«

Übrigens gehen die Frauen in Harar unverschleiert, sie tragen das Haar in zwei großen Knoten rechts und links im Nacken. Die Knoten werden von einem feinen schwarzen, oft goldverzierten Netz gehalten. Manchmal sieht man kleine goldene Knöpfe im Nasenflügel oder ein schwarzes, mit Straß verziertes Stirnband, das besonders attraktiv wirkt, oft tragen sie auch Blumen in den Haaren: Die Hararghifrauen schmücken sich gern.

Das Essen besteht aus gebratenem Fleisch – Hammel, Ziege, Rind, Huhn – und Gemüse, das sie in einer Art Ragout zubereiten. An Obst gibt es Bananen, Orangen, Zitronen und Granatäpfel. Das Quat spielt im Leben der Hararghi eine große Rolle und wirkt sich auf die Dauer auf den Organismus schädlich aus.

Beide Geschlechter werden beschnitten. Früher gab es einen recht schauerlichen Brauch bei den Mädchen, ähnlich wie bei den Somali: Nach der Beschneidung wurden sie »infibuliert«, d. h. die Scheide wurde zugenäht und erst knapp vor der Hochzeit wieder geöffnet. Das gleiche wurde bei einer Witwe vorgenommen. Wird in einer Familie ein Knabe beschnitten, so führt ihn sein Vater anschließend auf einem geschmückten Pferd durch die Stadt und läßt sich und seinen Sohn beglückwünschen.

Getrunken wird in Harar vor allem Kaffee, von dem es viele vorzügliche Sorten gibt – hier genießt man Kaffee mit Quat versetzt. Auch von Quat gibt es verschiedene Sorten: Arus (mild und fein), tagle (stark), walej (lange Blätter, die aus dem Itu-Land stammen) und gambat (die billigste und schädlichste Sorte). Aber auch Bier und eine schauerliche Sorte Wein sind beliebt.

Besonders begabt sind die Hararghi im Körbeflechten, im Herstellen von Silberschmuck, im Töpfern und Schnitzen sowie im Sticken, aber auch in der Buchbinderei, die nach Angabe von Experten ihresgleichen sucht.

»Sightseeing« in Harar: wieder das goldene Licht auf den ockerfarbenen Mauern und Toren, auf den Minaretten und Kreuzen der zahlreichen Kirchen. Wir parken wie schon gestern am Markteingang, neben einer Polizeistation, und wieder schlägt die Symphonie aus Farben, Gerüchen, Geräuschen über uns zusammen. Der Bettler flüstert wieder: »Ça va, madame«, der Offizier marschiert schweigend durch die zurückweichende Menge – es ist, als würden in einem Theaterstück dieselben Szenen gespielt.

Tesfaye meint, wir sollten die kleine Moschee und Koranschule am Südtor besichtigen, also machen wir uns auf den Weg. Aber es ist gar nicht so einfach, wie ich mir das vorgestellt habe: Dutzende und aber Dutzende von Kindern verfolgen uns und schreien mit schrillen Vogelstimmen im Chor: »Foreigner, foreigner, give bakshish!« Zuerst halten sie sich in einer gewissen Entfernung hinter uns, aber allmählich rücken sie immer näher und schließen uns zeitweise ganz ein. Es sind wilde kleine Gestalten, Jungen und Mädchen mit blitzenden Augen, zerlumpt, aber manchmal auch ganz manierlich angezogen, schmutzstarrend die einen, relativ gepflegt die anderen. Es ist für sie ein aufregendes Spiel, und sie wissen sich in der Überzahl. Wir gehen ganz eng nebeneinander, Gary und Tesfaye nehmen mich in die Mitte. Ab und zu macht Gary eine drohende Geste, und die Kinder stieben auseinander. Ab und zu kommt uns auch ein Stadtbewohner zu Hilfe, bückt sich, nimmt eine Handvoll Staub und Kies in die Hand und schleudert sie nach den Kindern, doch die Wirkung hält nur Sekunden an. Der Gang zur kleinen Moschee wird zum Alptraum für mich, denn die ersten Steine beginnen zu fliegen, treffen meinen Rücken, meine Tasche, sekundenlang zupfen und zerren kleine steinharte Kinderhände an meinen Kleidern, und böse, aber lustige Augen funkeln mich an.

Endlich sind wir im Hof der Koranschule, die Kinder bleiben zurück, aber immer noch fliegen Steine durch den Eingang. Im Hof selbst herrscht eine wunderbare Ruhe. Alte Männer sitzen mit jungen Knaben und lesen laut aus dem Koran – die Knaben wiederholen immer wieder den Text. Der ganze Komplex ist weiß gekalkt, mit dunklen geschnitzten Türen. Farben, Stille und das eintönige Gemurmel der alten Männer üben auf meine strapazierten Nerven eine herrlich beruhigende Wirkung aus. Die Angst, die ich für Augenblicke empfunden habe, löst sich.

In einer Ecke hängt ein geschächtetes Schaf. Es hat einen tiefen Schnitt an der Kehle, ein Mann löst vorsichtig die Haut vom Körper. Das Fleisch glänzt in einem bläulichen Rotton, als das Fell wie ein Mantel den Kopf des Schafes einhüllt.

Als wir aus dem Hof kommen, ist es still, die Kinder sind nicht mehr da. Tesfaye meint, daß die Polizei sie weggejagt hat. Wir gehen bergauf, und das Gewirr der vielen ineinandergeschachtelten Häuser und Gassen liegt wie eine Tapisserie vor uns – aus dem gleichförmigen Weiß, Grau und Gelb ragt ein dunkles, fast schwarzes gegiebeltes Haus. »Das schwarze Haus«, murmelt Tesfaye und erzählt von dem französischen Dichter Rimbaud, der in ihm gewohnt und den Sultan statt mit Gedichten mit Waffen, Rauschgift und Sklaven versorgt habe. Als wir oben sind, bietet sich uns ein Bild von morbider Schönheit: Dunkel ist das Holz, von Wind und Sonne verwittert, kunstvolle Schnitzereien, gedrechselte kleine Säulen, die modern und bröckeln. Die Fenster mit Papierfetzen verklebt, die Auffahrt halb verfallen, im Hof liegen Berge von Unrat. Die schön geschnitzte Tür ist versperrt, und als wir im Nebenhaus nach dem Schlüssel fragen, sagt man uns, daß in dem Haus Mieter wohnen, die nicht anwesend sind. Hühner wandern auf der Suche nach Futter im Hof herum, bis zum Skelett abgemagerte Katzen drücken sich ängstlich in die Ekken, sonst ist es still in der Residenz des Dichters Rimbaud.

Wir wandern weiter zum Haus des Ras Makonen – irgendwo in einem Buch habe ich gelesen, daß es »der Spitzhacke zum Opfer fiel«, aber Tesfaye versichert mir, das wäre der Palast des Gouverneurs! Es ähnelt in der Konstruktion dem Rimbaud-Haus – zweistöckig, anmutig, mit einem schönen Treppenaufgang und der gewissen Leichtigkeit in der Architektur, welche die fragilen Holzschnitzereien und die Giebel vermitteln. Aber auch hier ein Bild des Verfalls, der Zerstörung.

Für heute haben wir genug – wir müssen ja noch am Abend den einzigen Teil des vom staatlichen Reisebüro vorgeschlagenen Programms erfüllen: die Fütterung der Hyänen.

Auszug aus dem Programm der National Tourist Operation Ethiopia: »Morning in leisure. Afternoon a visit to the Museum (leider war es nicht offen). After an early dinner see the famous performance of the Hyena-man feeding his savage friends, the hyenas. Over night at Ras Hotel.«

Es gibt eine Legende im alten Harar, die da sagt: »Füttert die Hyänen eurer Stadt, denn tut ihr es nicht, werden sie eines Tages über euch herfallen – sie werden in die Stadt eindringen und alles Leben in blinder Wut zerstören!«

Es ist ganz still auf dem großen Platz außerhalb des Erer-Tores. Die Dunkelheit ist fast undurchdringlich. Im Hintergrund flackern in den Eingängen elender Behausungen, die sich an die Stadtmauer schmiegen, offene Feuer. Germa Stefanos, der »Hyänen-Mann«, stößt einen rauhen Ruf aus, der sich im Echo an den Mauern bricht. Die Stimme des Mannes, der da halbnackt, mit großen, unnatürlich glänzenden Augen in einem fast unheimlich hageren Gesicht, mit ausgebreiteten Armen steht, lockt und ruft immer wieder. Er nennt sie bei ihren Namen: Debebe, Taferra, Umar, Nanda, Triang. Seine Stimme hat einen beinahe hypnotischen Klang. Und plötzlich sind sie da! Grüne Augen leuchten in der Dunkelheit auf, nähern sich von allen Seiten. Graue Schatten gleiten über den Platz in unglaublich schönen, eleganten Bewegungen. Sie kommen näher, sie zögern, bleiben stehen, ziehen die Lefzen hoch, so daß man die riesigen, blendendweißen Zähne sehen kann. Der Mann wirft ein paar Fleischbrocken in die Finsternis – sie sind augenblicklich gepackt, man hört das Krachen von Knochen. Jetzt wirft er das Fleisch nicht so weit, und sie kommen in schnellen, weichen Bewegungen bis auf wenige Meter heran. Die großen Augen sind deutlich zu sehen, die kleinen runden Ohren, das fleckige Fell, die starke Brust und die abfallende Hinterhand. Ich habe nicht gewußt, wie groß sie sind – größer als Schäferhunde. Immer wieder und wieder ertönt die rauhe Stimme des Mannes, zärtlich fast, befehlend und lobend. Die grauen Gestalten verschmelzen mit der Farbe des Staubes. Die letzten Brocken werden aufgeschnappt, dann verschwinden die Tiere in der Dunkelheit. Man sieht noch leuchtende Augen, hört das haarsträubende Kichern – dann sind sie wie ein Spuk verschwunden. Es ist, als wären sie nie dagewesen.

Als es ans Zahlen geht, gerät Tesfaye in arge Bedrängnis, denn Germa Stefa-

nos ist sichtlich empört über die geringe staatliche Entlohnung für seine exquisite Vorführung. Er läuft – fast im Hyänentrab – mit unserem Wagen bis zum Hauptplatz mit, und seine Stimme wird immer schriller, sein Atem geht in Stößen, Schweiß rinnt von seinem hageren Gesicht. Am Hauptplatz versammelt sich sofort eine Menschenmenge um den Mann und unseren Wagen, die nach kurzer Zeit von Polizisten auseinandergetrieben wird – aber die Diskussion geht weiter! Als es mir zu dumm wird, schlage ich vor, daß ich mein Scherflein dazu beitrage, um den Streit zu beenden – was nach einigem Hin und Her auch gelingt. Germa Stefanos hört auf, schwer zu atmen und zu schreien, seine glänzenden Augen beginnen noch heller zu glänzen, und er zeigt ein fast ebenso prachtvolles Gebiß wie seine Schützlinge.
Als wir weiterfahren, kann ich mich des Gedankens nicht erwehren, daß das alles eine wohlinszenierte Komödie zwischen Tesfaye und dem Hyänenmann war – na wennschon, wir sind alle auf unsere Kosten gekommen!
Die Fahrt durch die nächtliche Stadt zeigt ein anderes Bild als am Tag: Verschwunden sind die Frauen, die Straßen sind voll mit flanierenden Männern. An den Wänden der Häuser liegen unsagbare Elendsgestalten in Fetzen gehüllt und schlafen. Scharen von Kindern ziehen schattengleich umher und suchen einen geschützten Schlafplatz. Als wir in einer Straße stehenbleiben, weil Tesfaye ein Geschäft abwickeln will, bemerke ich knapp neben meiner Autotür eine winzige Gestalt, in einen grauen Lumpen gehüllt, die mich mit riesigen, flehenden Augen anstarrt – kein Wort, kein Laut, nur diese großen, ausdrucksvollen Augen. Ich blicke das Kind an, nicke ihm zu, und aus den Lumpen löst sich eine winzige Hand, in die ich schnell einen Birr schiebe – wie ein kleines Gespenst ist das Kind verschwunden.
Nach einer angenehmen, kühlen Nacht – tatsächlich hört man Hyänenstimmen außerhalb des Kinderdorfes –, nach interessanten Diskussionen mit unserem Hausherrn und Gastgeber fahren wir an einem strahlenden Morgen zum letzten Mal hinunter in die Stadt Harar. Es ist Sonntag, und ich möchte eine katholische Kirche besuchen. Ich frage Tesfaye, wo es eine gibt, und er erzählt mir, daß am Stadtrand in der Nähe des Erer-Tores und des Leprakrankenhauses ein kleines Kapuzinerkloster, eine Kapuzinerkirche, zu finden ist.

Eduard Graf Wickenburg, »Wanderungen in Ostafrika«

Auch in der katholischen Mission machte ich meinen Besuch bei Monseigneur Taurin Cahagne, der den Titel »Vicaire Apostolique des Gallas« führt. Er ist ein würdevoller, sympathischer Greis, ein wahrer Märtyrer seines Berufes. Dreißig Jahre hat er als Missionär in Abessinien und den Gallaländern gewirkt, die letzteren zehn Jahre abgeschnitten von jeder Communication mit Europa verbracht; er weiß daher über diese Länder wohl mehr als irgend jemand, doch ist seine

Stellung infolge der Unbeliebtheit der Katholiken, deren Abneigung hauptsächlich von Meneliks Gemahlin Taitu ausgehen soll, eine sehr schwierige, und ich fand ihn daher auch in seinem Urtheile über die Abessinier sehr zurückhaltend . . .

Wir fahren wieder durch enge winkelige Gassen und bleiben vor einem Blechtor stehen. Tesfaye springt aus dem Auto und will das Tor öffnen, als plötzlich ein alter Herr in braunem Pullover und beige Hose vor uns steht und uns anlächelt. Sein Lächeln ist so hinreißend, so voll Güte und Heiterkeit, daß ich mich vom ersten Moment an unwiderstehlich zu ihm hingezogen fühle. Das Tor wird geöffnet, und wir befinden uns in einem kleinen Hof, an dessen einer Seite ein schmuckloses, aber frisch verputztes Haus zu sehen ist, ein großer, schattenspendender Baum und dahinter eine Kirche. Pater Joseph – er gehört zum Orden französischer Kapuziner – sperrt uns die Kirchentür auf, und augenblicklich fühle ich mich eingehüllt in die einfache, fromme Atmosphäre, die Kapuzinerkirchen an sich haben. Vieles ist aus dunklem Holz geschnitzt: der Altar, die schöne Christusstatue im Hauptraum, die Eingangstür. Pater Joseph hat seinen Mitbruder, Pater Emile, eiligst herbeigeholt – er befaßt sich mit der Geschichte von Harar und erweist sich als eine wahre Fundgrube an Wissen. Wir werden in das Kloster gebeten, und dort zeigt uns Pater Emile seine gesammelten Schätze über die Geschichte der Stadt Harar.
Beide Patres lachen schallend, als wir ihnen von unserem Besuch im Rimbaud-Haus erzählen, denn dort kann Rimbaud niemals gewohnt haben – das Haus ist fünfzig Jahre später gebaut. Aber wie sollen das die wenigen Touristen, die so selten auftauchen, beurteilen können? Ich erzähle ihnen, wie fasziniert ich von der Stadt bin und wie traurig, daß alles so verkommen ist – die Straßen voller Unrat, die vielen schrecklichen armen Gestalten, die nachts in ihre Lumpen gehüllt an den Hauswänden liegen. Die Patres nicken traurig. Ich beobachte, daß es Pater Emile ist, der das Sagen hat – immer, wenn er ein Statement macht, nickt Pater Joseph bewundernd. Die beiden verströmen so viel Menschenliebe, so viel Wärme, Bescheidenheit und echte Frömmigkeit, daß wir zutiefst beeindruckt sind. Wir sprechen von meinem Vater und seiner Begegnung mit Monseigneur Taurin Cahagne, dem Kaiserin Taitu, die Gemahlin Meneliks, das Leben zur Hölle gemacht hat. Die beiden Patres lächeln einander zu. Wir steigen eine kleine, steile Treppe in den ersten Stock. Ein sonniges Zimmer mit der riesigen Photographie eines weißbärtigen alten Mannes – das Arbeitszimmer von Monseigneur Cahagne! Viele Bücher an den Wänden – das Zimmer ist jetzt die Bibliothek des kleinen Klosters. Ich setze mich an den Schreibtisch und lasse die Atmosphäre des Raumes auf mich wirken. Über die schmale Treppe muß mein Vater gestiegen sein, und in diesem Zimmer ist er Monseigneur Cahagne gegenübergesessen.

Sehr ausweichend antworten die Patres auf unsere Fragen, wie sie mit dem neuen Regime zurechtkommen. Ich muß unwillkürlich die Parallele ziehen zwischen den Zeiten eines Menelik, wo eine mächtige Frau alle Katholiken haßte und verfolgte, und der heutigen Zeit, wo die Verfolgung vielleicht differenzierter, weniger sichtbar, aber doch vorhanden sein soll.
Der Abschied von den beiden alten Herren fällt mir schwer. Ob es deswegen ist, weil sie die gleiche Hautfarbe haben, weil wir dieselbe Sprache sprechen, obgleich mein Französisch mehr als schlecht ist? Nein, es ist das kindliche Lächeln, die Liebe zu den Menschen, die aus ihren Augen leuchtet, ihr Humor, ihre Einfachheit, die mich so anziehen.
Als wir die Stadt in Richtung Dire Dawa verlassen, rollen endlose Kolonnen von kubanischen Militärfahrzeugen an uns vorbei – auf den Kreuzungen stehen kleine gedrungene Gestalten mit gelben Gesichtern und großen schwarzen Schnurrbärten und regeln den Verkehr. Die Äthiopier stehen an den Straßen und beobachten das Treiben mit unbewegten Mienen – trotz der Waffenbrüderschaft und der Hilfe der Kubaner im Krieg gegen Somalia sind sie Fremde, die sich in abgeschlossenen Lagern isolieren, die keinen Kontakt mit der Bevölkerung haben dürfen. Die Äthiopier haben es nie ertragen können, fremde Truppen auf längere Zeit im eigenen Land zu tolerieren.
Ganz schnell noch ein Abstecher, um Arega Galla adieu zu sagen: Da stehen sie alle, die wir täglich gesehen haben – die Kinder, die Lehrer, sogar Nurse ist ausgerückt. Wie behütet leben diese Kinder gegen die da unten in der Stadt, und wie sehr zeichnet sich das auf ihren Gesichtern ab!
Der Weg nach Dire Dawa führt über den Alemaya- und den Adele Lake. Die Landschaft ist grün, die Straßen von riesigen Eukalyptusbäumen gesäumt, die kühlen Schatten geben. An den Seen tummeln sich unzählige Wasservögel, unter denen ich auch eine ganze Anzahl von Europäern entdecke – wie schön müßte es sein, hier einige Tage mit dem Beobachten dieser Vögel zu verbringen.
Eine große Kreuzung, blockiert von unzähligen riesigen Lastautos – in der Mitte sitzt gemütlich wiederkäuend eine Gruppe Ziegen. Dann geht es in steilen Serpentinen bergab, und es öffnet sich ein Bild, das so grandios ist in seiner Trostlosigkeit, daß es einem die Kehle zuschnürt: meilenweit Hügel um Hügel, karg, nur mit dünnem Busch bewachsen, bis sich die Umrisse am violetten Horizont auflösen. Im Tal gibt es viele neue Siedlungen – man erkennt sie schon deshalb gleich, weil die alten locker in Gruppen in die Gegend geschmiegt sind, während die neuen in Reih und Glied gebaut werden. Man erkennt sie auch daran, daß ein bewaffneter Aufpasser herbeispringt, wenn man photographieren will, und mit dem Gewehr droht – Photographieren verboten! Am Straßenrand endlose Kolonnen von Menschen. Menschen mit Brennholz auf dem Rücken, Menschen, die kleine Herden mit Ziegen und

Schafen vor sich hertreiben, Menschen mit Kamelen und den schrecklichen Stangen, auf denen Hühner mit weit aufgerissenen Schnäbeln hängen – alles wandert nach Dire Dawa zum Markt.
»Welcome to Dire Dawa« – ein scheußliches, riesiges Plakat von der Firma Philips. Die Stadt Dire Dawa wurde erst nach Beendigung der Bahnlinie Djibuti–Addis Abeba gegründet. Zur Zeit der Reisen meines Vaters zogen hier Nomaden vom Stamm der Gurguru und Danakil, die für ihre Europäerfeindlichkeit bekannt waren, durch die unberührte Landschaft.
Wir fahren durch baumgesäumte Straßen, die einen ordentlichen, kleinstädtischen Eindruck machen. Tesfaye ist ganz aufgeregt, weil er früher einmal hier im Ras Hotel gearbeitet hat, und hier hat er auch seine Frau kennengelernt. Er hat in »seinem« Hotel angerufen und gebeten, uns die besten Zimmer zuzuweisen, was ihm auch zugesagt worden ist. Der Empfang ist sehr freundlich, aber als man uns die Zimmerschlüssel übergibt, entdecken wir, daß wir zwei elende kleine Zimmer haben, ohne Bad und mit der Toilette am Gang. Endlose Palaver mit dem Rezeptionisten. Endlich werden wir in zwei relativ große Zimmer gewiesen, die kühl und sogar mit Bad und Toilette versehen sind. Alle sind sehr zufrieden, aber die Diskussion hat uns viel Zeit gekostet. Was bedeutet schon Zeit in Afrika ... Und so eilen wir wieder in die Stadt, um den berühmten Markt von Dire Dawa zu sehen.
Dutzende von Pferdewagen bewegen sich auf den Straßen. Manche der Pferde sind allerliebst, sie sehen auch besser gepflegt und besser gefüttert aus als das, was ich bisher zu sehen bekam. Ganz besonders fällt mir eines auf, ein junges, noch dunkles Schimmelchen mit rosa Nase, das sehr herausgeputzt ist. Aber der Markt! Wenn man glaubt, daß Märkte in Äthiopien einander ähneln, ist man im Irrtum. Dieser hier zum Beispiel ist anders, ganz anders als der in Harar. Läden, Läden, Läden an allen Ausfallstraßen des Marktes, mit einer solchen Fülle von Angeboten, daß einem schwindelig wird. Nicht umsonst nennt man den Markt von Dire Dawa den Taiwan-Markt – denn die meisten Waren kommen aus Nationalchina. Es gibt verschiedene Märkte mit unterschiedlichem Warenangebot – einer davon, im Karree angelegt, fasziniert mich besonders. Da sind Hütten ohne Wände, unter deren Dächern die Menschen im Schatten sitzen, die Dächer bestehen bei näherem Hinsehen aus einer dicken Lage von Lumpen, alten Konservendosen, Blechstücken, Plastiksäcken, Pappkarton, Abfall – das alles bildet eine abenteuerliche graue Masse, die mit einer fingerdicken Schicht Staub überzogen ist – wahrscheinlich isoliert das prächtig gegen die Sonne! Die Menschen unter diesen Dächern sehen nicht viel anders aus – viele Mädchen haben eine körnige, giftig-gelbe Masse auf dem Gesicht aufgetragen, was auf der dunklen Haut sehr unappetitlich aussieht. Gleich sind nur die Kinder, die mit schrillem Geschrei den armen Gary umlagern und ihm das Photographieren fast unmöglich machen.

Wir gehen zum nächsten Markt, wo ausschließlich Quat angeboten wird – und das ist ein trostloser Anblick. Vor Haufen von grellgrünen Blättern unterschiedlicher Qualität – manche herrlich frisch, manche völlig verwelkt – sitzen Frauen und Mädchen und bieten mit schrillen Stimmen ihre Ware feil. Die Szenen sind häßlich und traurig zugleich, denn man sieht viele Menschen, die einem mit schwankenden Schritten und glasigen Augen entgegenkommen; Menschen, zum Skelett abgemagert; Menschen, mit geschlossenen Augen an einer Mauer lehnend, die Gesichter grau, das Haar oft hell mit Henna gefärbt, was dem kranken Aussehen einen gespensterhaften Akzent gibt. Gary photographiert – und ich flüchte, denn der Anblick von soviel selbstgewolltem Elend erschreckt mich zutiefst.
An einem unendlich weitem Flußbett, das sich in der Regenzeit in einen reißenden Strom verwandelt, findet der Kamelmarkt statt. Welch ein Anblick! Flatternde Sonnendächer, riesige Stapel von Brennholz und getrocknetem Gras, Menschen mit Lasten auf dem Rücken, hochgewachsene Frauen, die an der Spitze einer Karawane schreiten. Schon in Harar war ich fasziniert vom Gang der Nomadin. Sie geht nicht, sie schreitet, schnell, hoch aufgerichtet, selbstbewußt. Oft stützt sie mit einer langen, schlanken Hand das Kind, das sie auf dem Rücken trägt – ihr Tuch flattert im Wind, dem heißen Wind, der fast nie fehlt. Vor mir wandert ein winziges Mädchen, das energisch ein jammervoll altes Kamel hinter sich herzieht – in Anbetracht der Größe des Kamels und des Kindes ein erstaunlicher Anblick. Das Kamel ist dürr wie ein Skelett, und nur sein Gehorsam hält es noch auf den Beinen. Sein Maul ist weit offen, die langen gelben Zähne ragen hervor. An den wunden Mundwinkeln sitzen Hunderte von Fliegen und bilden einen dichten Pelz. Eine üppige Frau nähert sich mir und schaut mich unfreundlich und aufreizend an. Auf der Hüfte trägt sie ein Kind, das so klein und mager ist, daß es das Köpfchen nicht mehr aufrecht halten kann.
Am Weg zum Hotel lehnt ein uraltes Pferd in einem schmalen Schattenstreifen an einer Hauswand – seine Augen sind geschlossen, und es sieht jetzt schon aus, als wäre es tot.
Im Hotel hat sich unsere Situation schlagartig verändert: Der Manager vom Staatlichen Touristenbüro NTO, der eigentlich zu unserer Unterstützung dasein sollte, hat den Hotelangestellten aufgetragen, uns die guten Zimmer wegzunehmen und uns in die schlechten umzusiedeln! Außerdem regt er sich auf, daß wir kein Recht gehabt hätten, zu Karlheinz Böhms Erer-Farm zu fahren – kein Tourist dürfe sich mehr als drei Kilometer außerhalb Harars bewegen.
Wir ziehen los, um uns beim Security Officer zu melden. Der NTO-Mann ist klein und dick und sehr unsympathisch, seine Haare sind ölig und seine Augen hart wie Kieselsteine. Addis Abeba ist weit, und hier ist er der Boß und läßt es uns auch spüren! Hatte nicht mein Vater ähnliche Erlebnisse mit dem

Sultan Tombacco, der den durchziehenden Karawanen immer Schwierigkeiten zu machen pflegte?

Eduard Graf Wickenburg: Aus einem Vortrag über seine Reise »Von Dschibuti bis Lamu«

Bald erschien nun auch in meinem Lager der mit Recht von allen Karawanen gefürchtete Tombacco, ein kleiner, schielender Wilder mit einer Fuchsphysiognomie und fetttriefenden Haaren. Wider Erwarten benahm er sich aber ganz liebenswürdig und versprach mir, nachdem ich ihm ein ausgiebiges Bakschisch in Aussicht gestellt hatte, schon am nächsten Tage Kamele zur Weiterreise bereitzustellen.
Wie ich später erfuhr, hatte er von Menelik den Befehl erhalten, mir beim Durchzug seines Gebietes keine Schwierigkeiten zu machen. Diese Danakilstämme stehen nämlich teilweise unter abessinischer Oberhoheit, obwohl diese nur formell ist. Nach langen Verhandlungen über sein Bakschisch brachte mir Sultan Tombacco schon am zweiten Tage die nötigen Kamele, so daß ich meine Reise fortsetzen konnte . . .

Im Security Office wird die Sache immer bunter. Man nimmt uns die Pässe und die Permits ab, und ohne Paß und Permit, das weiß jedes Kind, kann man sich in Äthiopien keinen Schritt bewegen! Stunden unserer kostbaren und knapp bemessenen Zeit müssen wir beim Security Officer verbringen, und es gibt harte Auseinandersetzungen, weil wir uns kategorisch und standhaft weigern, das Büro ohne unsere Pässe zu verlassen – irgendwie fühlen wir uns bedroht, denn wer soll uns hier schon helfen können, so weit von der Hauptstadt entfernt?
Endlich gibt man uns die Pässe zurück – nicht aber das Permit, das unsere Bewegungsfreiheit garantiert. Das Wort »Bewegungsfreiheit« ist in diesem Zusammenhang ein bißchen euphemistisch, da wir ja ohnehin lediglich die festgelegte Route bereisen dürfen. Zögernd legt der Security Officer unsere Pässe auf den Tisch, die er vorher in einen Schrank gesperrt hatte – auf unsere Frage nach dem Permit zuckt er die Achseln und sagt, er würde uns einen versiegelten Brief an das Security Office in Addis Abeba mitgeben, den wir sofort nach Ankunft abzuliefern hätten. Über diese Lösung regen wir uns wirkungsvoll auf, aber scheinbar wissen die Herrschaften nicht, daß wir zwei Formulare – also zwei Permits – bekommen haben, für jeden von uns eines. Und meines ruht sicher in meiner Handtasche.
Inzwischen ist es Abend geworden. Wir machen uns auf den Weg in Richtung Jildessa – denn das ist die Strecke, die mein Vater, von Djibuti aus kommend, mit seiner Karawane marschiert ist.

Ostäthiopien – Kamele, die zum Markt gebracht werden

Eduard Graf Wickenburg: Aus einem Vortrag über seine Reise »Von Dschibuti bis Lamu«

Von Douadle an hatte ich meinen Marsch mit einer Kamelkarawane fortzusetzen, und zwar zunächst bis Dschildessa mit Eissa-Kamelen. Mein Start verzögerte sich abermals, da es einige Tage währte, bis ich die nötigen Tragthiere mieten konnte. Am 2. Februar endlich konnte ich aufbrechen. Ich marschierte hierauf durch die angeblich so unsichere Eissa-Gegend, ohne auch nur dem Schatten eines Eingeborenen zu begegnen, und erreichte am dritten Tage die Brunnen von Dabas, welche auf der Karawanenroute von Zeila nach Harar liegen. Am folgenden Tage erreichte ich Dschildessa, die abessinische Grenzstation, in welcher sowohl Waren wie auch Menschen einer Kontrolle unterzogen werden, bevor ihnen die Pforten des abessinischen Reiches offenstehen.
In Dschildessa hatte ich abermals die Kamele zu wechseln, da mich nun der Weg durch das Gebiet der Gurguru führte und man in diesen Gegenden Afrikas nur immer mit Leuten und Kamelen des Volksstammes, dessen Gebiet man eben durchzieht, reisen kann, denn sonst kommt es unbedingt zu einem Konflikte zwi-

schen den Eingeborenen und den Kameleigentümern. Glücklicherweise wurden mir in Dschildessa, dieser Schwelle Abessiniens, an der schon oft die Hoffnungen europäischer Reisender, in Meneliks Reich einzudringen, gescheitert sind, keine Schwierigkeiten von Seite der abessinischen Behörden bereitet, was seinen Grund darin hatte, daß der dortige Gouverneur Ato Mascha, ein alter Freund von mir, bereits von meinem Kommen unterrichtet war.

Die Sonne versinkt hinter dem Horizont. Wir passieren eine schreckliche Landschaft, die über und über mit Müll bedeckt ist, der sich kilometerweit, vom Wind vertragen oder einfach abgeladen, wie ein häßlicher Ausschlag über die Landschaft breitet.
Als wir ungefähr drei Kilometer von Dire Dawa in Richtung Jildessa entfernt sind, springt hinter einer improvisierten Hütte ein mit einer Kalaschnikow bewaffneter Soldat hervor und verweigert uns die Weiterfahrt. Der Tag ist gründlich verpatzt: Es bleibt uns nichts anderes übrig, als umzukehren.
Nicht weit von der Straße entfernt entdecke ich eine Somali-Siedlung. Die Somali rüsten sich für die Nacht. Frauen melken Kühe und Kamele, Ziegen und Schafe knabbern an verdorrtem Gras, das zwischen Papier- und Plastikfetzen ein trostloses Dasein fristet. Die Somali inmitten dieser unabsehbaren Müllhalde wirken wie eine Szene aus einer schrecklichen futuristischen Vision oder wie Überreste einer vergangenen Welt, die langsam vom Müll zugedeckt wird.
Als wir wieder in Richtung Stadt fahren, heben sich die hochgewachsenen Kamele, die Frauen mit ihren wehenden Tüchern scharf gegen den Himmel ab.
Im Hotel gibt es neue Schwierigkeiten. Unser Freund, den ich heimlich auf den Namen Tombacco getauft habe, ist während unserer Abwesenheit noch einmal erschienen und hat wieder verlangt, daß man uns die guten Zimmer wegnimmt – angeblich hat man unser Gepäck schon aus den Zimmern entfernt. Gary tobt, denn seine wertvolle Photoausrüstung scheint in Gefahr. Wir marschieren zum Hotelmanager, der wie ein drohender Berg – riesig, dunkel, in einem etwas ramponierten Flanellanzug mit Nadelstreif – hinter einem ebenso großen Schreibtisch thront. Kurze Diskussion zwischen ihm und Tesfaye, scharfe Worte von Gary – ein breites Lächeln überstrahlt das große Gesicht, und es wird uns versichert, daß wir unsere Zimmer behalten können.
Nach all diesen Kämpfen haben wir keine Lust mehr, länger in Dire Dawa zu bleiben, und beschließen, schon morgen weiter an den Hawasch zu reisen.
Das Abendessen ist ein Erlebnis für sich: In einem scheußlich dekorierten riesigen Saal sind wir fast die einzigen Gäste, umlagert von einer Schar von Kellnern, die in jedem europäischen Hotel agieren könnten, so perfekt werden wir bedient. Es sind alles ältere Leute, die sichtbar bessere Touristenzeiten erlebt haben und die uns mit viel Eifer, Sorgfalt, ja sogar einer gewissen Zärtlichkeit die Wünsche von den Augen ablesen.

Aber die Tombacco-Krise ist noch nicht zu Ende. Im Gang zu den Zimmern entsteht eine lautstarke Diskussion mit dem wieder aufgetauchten NTO-Vertreter, der immer noch nicht aufgegeben hat, und ich beobachte mit größtem Amüsement, daß Gary, der gute zwanzig Zentimeter größer ist als Tombacco, drauf und dran ist, diesen zu verprügeln.

Die Nacht in unseren so heiß umkämpften Zimmern ist angenehm kühl – was macht es schon, daß das Klo nicht funktioniert und daß das Bett nicht so beschaffen ist, daß man sich gern hineinlegen würde – ich habe ja meinen Schlafsack. Als es Morgen wird, trete ich auf den kleinen Balkon, der einen weiten Blick über die Stadt freigibt. Eben ruft der Muezzin – dann läutet eine Glocke zur Andacht – man hört das erste zögernde Geklapper von Pferdehufen.

Ob das kleine Kind mit dem dünnen Hälschen, das den Kopf nicht mehr tragen kann, noch lebt? Ob das elende Pferd auf dem Boden liegt und mit toten Augen gegen den Himmel starrt? Jetzt werden sich die Quat-Süchtigen mühsam aus ihren Lumpen schälen, und ihre Gier nach mehr Betäubung wird groß sein. Die hochgewachsenen Somalifrauen werden jetzt ihre Kamele aufzäumen und zum Markt ziehen . . .

Schnelles Frühstück – packen – Abfahrt. Adieu, Dire Dawa – wir weinen dir keine Träne nach.

Beim Verlassen der Stadt liegt hoch über uns, von der Morgensonne bestrahlt, der Palast des Haile Selassie im Stil einer Renaissancevilla aus der Toskana – fast so unwirklich wie unsere Erlebnisse in Dire Dawa.

Unsere Route führt uns etwa parallel zu der meines Vaters, denn die neue Straße verläuft ein wenig anders als der alte Karawanenweg. Doch ist es uns möglich, den Hawasch zu besuchen, jenen Fluß, den mein Vater unter großen Schwierigkeiten überschritten hat, um nach Addis Abeba zu gelangen.

Auf unserer Fahrt zum Hawaschfluß erleben wir mit Staunen, ja mit Entzükken die Vielfalt der äthiopischen Landschaft. Bald bewegen wir uns tief unten in heißen, fruchtbaren Tälern, die voller Sorgfalt und Liebe bepflanzt sind – bald finden wir uns hoch oben auf kühlen, windverblasenen Plateaus. Überall ist das Land dicht besiedelt, überall wird das kleinste Stückchen Boden bebaut. Frauen schleppen schwere Holzlasten, Männer schreiten (fast immer ohne Lasten), den traditionellen Stock zwischen den Schulterblättern, ihren Wanderungen scheinen keine Grenzen gesetzt zu sein.

Ich bewundere den Farbsinn der Oromo-Frauen. Der Rock ist erdfarben und weit, als Oberteil tragen sie fast immer zwei Tücher in Kontrastfarben. Das ergibt ein herrliches Bild, denn der ewige, allgegenwärtige Wind fängt sich in den Tüchern, bauscht sie und bringt sie zum Wehen. In einem Gebiet – ich glaube, es ist zwischen Asbe Teferi und Kulubi – tragen sie Gewänder in leuchtendem Preußischblau, dazu manchmal blaßrote Tücher auf dem Kopf.

Wir begegnen einer Frau, die auf dem Kopf einen großen Kessel und in den Händen – wie eine Priesterin – einen glühenden Holzstamm trägt, um Feuer in ihre Siedlung zu bringen.

Nur wenige Kilometer von der Hauptstraße entfernt, südlich von Dire Dawa, liegt der Wallfahrtsort Kulubi. Die Kirche mit der riesigen Kuppel ist dem hl. Gabriel geweiht. Alljährlich zu seinem Geburtstag findet hier eine große Wallfahrt statt – vom Tal bis zu dem hohen Hügel, auf dem sich die Kirche befindet, reiht sich dann Zelt an Zelt –, Tausende von Menschen kommen, um dem hl. Gabriel zu opfern. Sie tragen ihm ihre Schmerzen und Anliegen vor, denn er soll große Wunder vollbringen. Als wir vor der Kirche aussteigen, lagern Dutzende von Bettlern und Pilgern rund um die Kirche; sie singen, beten und betteln und brechen bei unserem Anblick in lautes Geschrei aus. Die Kirche selbst ist ein Ort großer Andacht. Die Luft ist erfüllt von Weihrauch, Gebeten und Gesängen. Auf dem Boden, inmitten eines Lichtstrahls, der durch die Kuppel fällt, liegen die große Trommel und Dutzende von Schulterstäben mit silbernem Knauf, die man sich, wenn der Gottesdienst lange dauert, als Stütze unter die Schulter schieben kann. Ein prächtig gekleideter Priester hantiert im Vorderraum vor dem großen Vorhang, der das Allerheiligste birgt; im Hintergrund beten im leisen Singsang einige Pilger. Wände und Kuppel sind grell im Stil der dreißiger Jahre mit Szenen aus der Heiligengeschichte bemalt. Riesige Kristallüster hängen vom Plafond. Alles ist mit viel Aufwand und für unsere Auffassung wenig Geschmack ausgeschmückt – und doch, es ist eine heilige Stätte.

Tesfaye erzählt mir, daß es viele wunderbare Heilungen gibt und daß die Pilger die merkwürdigsten Gaben wie Ratten, aber auch Ziegen, Schafe und Rinder mitbringen, um sie zu opfern. Die Ratten werden freigelassen, die Nutztiere an Ort und Stelle geschlachtet und an die Pilger verteilt. Beim Hinausgehen – wir haben unser Schärflein zur Erhaltung der Kirche abgeliefert – fällt uns ein Nebengebäude mit drei rotbemalten Fensterläden auf. Als ich Tesfaye frage, wofür sie dienen, lacht er und erwidert, daß hinter den roten Fensterläden tiefe Gruben sind, in die an Festtagen die Gaben der Pilger geworfen werden. Zwei Fenster sind für Gebrauchsgegenstände wie Regenschirme, Matratzen, Möbel und ähnliches gedacht, die dritte Grube für Gold, Silber, Schmuck und Geld. Man würde staunen, was da so alles zusammenkäme – manchmal wäre die Gold-Grube bis zum Rand voll.

Als ich frage, was mit diesen Gaben geschieht, erzählt mir ein lokaler Kenner, daß sie früher von der Kirche kassiert wurden, jetzt aber vom Staat beansprucht werden. Er stellt dabei bedauernd fest, daß es doch eine gute Idee wäre, wenn man die Straße zwischen Dire Dawa und Hawasch asphaltieren würde – die Pilger hätten das längst finanziert, aber leider scheint das Geld für andere Zwecke verwendet zu werden!

Wie kann ich das Gefühl einer solchen Fahrt schildern – das tiefe Glücksgefühl über all die Schönheit der grandiosen Landschaft, der unendlichen Panoramen, der ewig wandernden Menschen, ihre Tätigkeiten, ihr Gefühl für Proportionen und ihre Effizienz: beim Bau ihrer Häuser, den Dachkonstruktionen und phantasievollen Dachabschlüssen, beim Bau der vielen kleinen Terrassen, die sich in die Landschaft schmiegen, der Dämme, die minuziös aus kleinen runden Steinen errichtet sind, oft in Kurven verlaufend, kleine eingebaute Staustufen enthaltend, damit das Wasser in der Regenzeit nicht darüber hinwegströmt. Das alles ist so schön und mit so viel Fleiß und Liebe gemacht, daß ich zutiefst beeindruckt bin.

Auf eine reiche, dichtbesiedelte Gegend folgt eine Landschaft, die wiederum in ihrer Weite, ihrer Leere, ihrer Trostlosigkeit überwältigend ist – meilenweit grauer und gelblicher niederer Busch, der nur von riesigen Kakteeninseln unterbrochen wird, wenige und sehr ärmlich aussehende Siedlungen, Menschen mit Brennholz, das sie meilenweit heranschleppen müssen, große Stöße von Holzkohlen – man fragt sich, wo sie herkommen in dieser baumlosen Gegend. Sie liegen am Straßenrand zum Verkauf und werden von wildaussehenden Männern bewacht. Das Brennen von Holzkohle ist offiziell verboten, wird aber als willkommene Einnahmequelle weiter betrieben.

Das Fahren auf der großen Verbindungsstraße zwischen Harar oder Dire Dawa nach Hawasch ist kein wirkliches Vergnügen. Nach der großen Kreuzung Addis-Harar-Dire Dawa verwandelt sich die asphaltierte Straße in einen Alptraum aus Staub und Steinen. Alle paar Minuten braust in der Mitte der Straße ein riesiger LKW mit Anhänger auf einen zu, hüllt unseren Wagen in eine dichte, undurchdringliche Wolke von Staub, die in das Innere des Wagens dringt und alles mit einer dicken Schicht bedeckt. Dem Rat von Tesfaye folgend, haben wir den Kopf mit Tüchern umwickelt und die Augen mit Sonnenbrillen geschützt, was uns ein abenteuerliches Aussehen gibt. Allmählich erlahmen die Arme, die immer wieder beim Herannahen eines Fahrzeuges eiligst die Fenster hochkurbeln. Wir passieren Asbe Teferi und Mieso und befinden uns jetzt in einer unendlich weiten Landschaft, die am Horizont von hohen violetten und purpurfarbenen Bergen flankiert ist. Das Gras ist hier meterhoch, goldfarben, die tiefstehende Sonne verleiht ihm silbrig glänzende Spitzen. Nicht weit von der Straße liegt unter einem zerzausten Bäumchen ein sterbendes Kamel. Sein Kopf ist weit nach hinten geworfen, und als wir vorüberfahren, versucht es ihn zu heben, er fällt kraftlos wieder zurück. Auf dem Baum sitzen geduldig die Raben und warten auf den Tod. Nicht einmal Geier gibt es hier, schießt es mir durch den Kopf. Als wir die Ortschaft Hawasch passieren, liegt ein toter junger Mann auf der Straße, in ähnlicher Verrenkung wie das Kamel – doch Tesfaye schenkt ihm ebensowenig einen Blick wie dem Tier. Der Tod ist hier viel näher und viel bedeutungsloser.

Der Eingang zum Hawasch-Nationalpark ist ähnlich jenen zu den kenianischen Nationalparks gestaltet – nur wirkt hier alles ein bißchen ungepflegter, ein bißchen schäbiger. Die Tore sind mit Oryxemblemen geschmückt – die Oryxantilope ist hier das meist vorkommende Wild. Es ist kühler geworden, die untergehende Sonne hat sich hinter flamingofarbenen Wolken versteckt. Im gold- und silberfarbenen Gras stehen die Herden der Oryxe und beobachten uns mit aufmerksamem Ernst. Wir sehen ein paar der reizenden Dik-Dik, einer winzigen Antilopenart, von der es hier viele gibt, eine riesige Schildkröte, die mühsam im Staub dahinkriecht, eine Sömmeringgazelle; sonst ist die Landschaft leer und unendlich friedlich.
Tesfaye hat das Camp – oder die Lodge, wie er sich ausdrückt – in den höchsten Tönen gelobt, aber nach den vorherigen Erfahrungen mit unseren Unterkünften sind wir etwas mißtrauisch. Endlich taucht in der flachen Landschaft eine große Ansammlung von grellweißen Wohnwagen auf, die in der erbarmungslosen Sonne schmoren, daneben, am Rand einer tiefen Schlucht, ein Gebäude, das ein Restaurant enthält. Wir sind in der Lodge des Hawasch-Nationalparks, Kerejou Lodge genannt. Das übliche Einchecken. Jeder bekommt einen Schlüssel für seinen Wohnwagen, und als ich die Tür aufsperre, pralle ich erschrocken, aber nicht überrascht zurück, denn im Wohnwagen beträgt die Temperatur mindestens fünfzig Grad! Aber das Bett ist sauber, der Boden blitzblank, es gibt ein sauberes Waschbecken, ja sogar eine saubere Badewanne. Was kümmert einen da schon ein bißchen Hitze? Ich reiße alle fest verschlossenen Glas-Jalousien auf, entferne die Stoffvorhänge, die vorsorglich angebracht sind, packe meine Koffer aus, verstreue meine Utensilien im ganzen Wohnwagen und habe das Gefühl größten Wohlbehagens. Wir wandern hinüber zum Restaurant, wo Manager und Kellner äußerst freundlich und völlig untätig herumstehen – denn wieder einmal sind wir die einzigen Gäste. Plötzlich merken wir, daß wir einen unbändigen Hunger haben. Da das Abendessen ja nicht mehr weit ist und laut Tesfaye gut und reichlich sein soll, trinken wir Kaffee und essen eine Riesenportion eines herrlich zusammengestellten Salates, der sehr gut und sehr scharf schmeckt.
Das Schönste am Restaurant ist, daß es hoch oben, direkt über dem Fluß liegt und man tief unten das Rauschen des Hawasch hören kann, was nach all dem Lärm und der Unruhe in den Städten Harar und Dire Dawa ein Labsal für die Seele ist.
Durch meinen Feldstecher entdecke ich am anderen Ufer des Hawasch drei Siedlungen, die aussehen, als wären sie erst kürzlich errichtet. Auf meine Frage erzählt der Manager der Lodge, daß die Bewohner Nomaden vom Stamm der Itu sind, die wieder zur großen Familie der Oromo gehören. Die Hütten sind noch grün vom frisch geschnittenen Laub, das die Dächer bildet. Die Dornenhecken zum Schutz gegen nächtliches Raubwild sind in einem

großen unregelmäßigen Kreis mit zwei Eingängen um die Hütte angelegt. Weit verstreut sieht man kleinere und größere Gruppen von Rindern, Ziegen und Schafen und fünf Kamele, die von kleinen Jungen heimwärts getrieben werden.

Da es noch nicht spät ist, beschließen wir, die Hawasch Falls zu besuchen, die sich nicht weit von der Lodge befinden. Die Fahrt durch den abendlichen Park legt sich wie Balsam auf mein Gemüt. Endlose Weite – goldene und silberne Farbtöne, großäugige Oryxe mit der typischen schwarzweißen Gesichtsmaske, die man in der Malerei mancher afrikanischer Stämme wiedererkennen kann. Wir passieren das Headquarter des Game-Department, wo in großen Käfigen drei Löwen und ein Leopard gehalten werden, und gehen das kurze Stück zu den Wasserfällen zu Fuß. Ich sitze hoch oben auf einer Klippe und lasse das Rauschen und den Anblick der von allen Seiten herabstürzenden Wassermassen, die sich schäumend in Gischt auflösen, auf mich einwirken. Auf dem Ast eines riesigen Baumes – seine Äste ragen weit über das Wasser – sitzt reglos ein Fischadler. Sein schwarzweißes Gefieder hebt sich scharf vom dunklen Hintergrund ab.

Ich will den edlen Löwen, den Wappentieren Äthiopiens, meine Reverenz erweisen. Wir kehren also zum Headquarter zurück, obwohl es schon fast dunkel ist, und nähern uns den Käfigen. Da liegen sie träge und majestätisch in ihren Gefängnissen – man hat ihnen ein frisch geschossenes Warzenschwein, dessen Augen einem noch traurig und erstaunt über den plötzlichen Tod entgegenzustarren scheinen, zum Fraß vorgelegt. Die Augen der Löwen sind von einem tiefen Gold und voller Verachtung, sie blicken in die Ferne und beachten uns nicht, nur manchmal zittert die Schwanzspitze irritiert. Einer springt plötzlich mit einem unendlich weichen, mächtigen Satz auf einen Vorsprung, der im Käfig angebracht ist, und wendet uns ostentativ den Rücken zu. Der Leopard liegt ausgestreckt auf dem Betonboden; sein prachtvoll geflecktes Fell ist makellos – als wir uns nähern, schließt er die Augen, und nur das leise Vibrieren seiner Lefzen und der schneeweißen Schnurrbarthaare läßt erkennen, daß er unsere Gegenwart bemerkt.

In der schnell hereingebrochenen Dunkelheit fahren wir zur Lodge zurück. Nachtvögel kreuzen unseren Weg, der große Schatten eines Buschbocks, der reglos neben der Straße steht, taucht auf und verschwindet im Dunkel.

Die Klimaanlage in den Wohnwagen funktioniert, es gibt heißes Wasser. Wir waschen uns, wechseln die Kleider und gehen voll Erwartung hinunter in das Restaurant. Dort ist ein Tisch mit weißem Tischtuch und Servietten für uns gedeckt, wir trinken Wein als Aperitif – er wird liebevoll mit Serviette eingeschenkt und hat die richtige Temperatur. Das Abendessen ist sensationell: eine appetitlich angerichtete reichhaltige Vorspeise, Suppe, Fleisch mit Gemüse und Reis und zuallerletzt ein Karamelpudding, der allerdings schwer als

solcher zu erkennen ist. Es gibt Bier und Wein und nachher Tee oder Kaffee. Die Kellner sind von einer umwerfenden Liebenswürdigkeit und Fröhlichkeit, und wir fühlen uns unbeschreiblich wohl. Tesfaye und der Manager der Kerejou Lodge diskutieren die neuesten Ereignisse, und ich blicke immer wieder hinunter in das Tal, das so dunkel ist, daß man nicht einmal Schatten oder Umrisse sehen kann. Doch das Rauschen des Hawasch ist gut zu hören, und am anderen Ufer flammen Feuer auf, erst eins, dann ein zweites, ein drittes, ein viertes – weiter flußabwärts noch zwei und etwas weiter bergan ein winziges –, die Itu bereiten sich für die Nacht vor und brennen ihre Feuer zum Schutz gegen Löwen und Hyänen.
Die Nacht ist kühl, aber angefüllt mit Sturm und Wind und vielen bedrohlichen Geräuschen. Das Wohlgefühl überwiegt jedoch, und Schakale und Hyänen singen mir ein Schlaflied.
Am nächsten Morgen stehe ich bei Sonnenaufgang auf, setze mich auf die Terrasse des Restaurants und beobachte die Itus. Man sieht mit dem Feldstecher jedes Detail. Die Frauen sitzen an die Hüttenwände gelehnt vor den langsam erlöschenden Feuern. Die Rinder wandern gemächlich in langen bunten Reihen sternförmig in alle Richtungen auseinander. Ziegen und Schafe drängen sich noch im Kral. Die Kamele – es gibt in der Gruppe zwei wunderschöne schokoladebraune – stehen gelangweilt zwischen den Hütten. Das alles fügt sich harmonisch in die archaische Landschaft mit dem brausenden Fluß. Jetzt werden die Kamele von zwei kleinen Jungen hinunter ans Ufer getrieben, wo sie durstig, aber voller Würde trinken. Die Kinder waten bis zu den Schultern ins reißende Wasser, sie treiben die Kamele mit Armbewegungen und Schreien, die im Tosen des Flusses untergehen, ans andere Ufer.
Auch die kleine Siedlung, die nur eine Familie beherbergt – sie haben keine Kamele (ein Zeichen der Armut), nur fünf Rinder, aber eine große Anzahl von Ziegen und Schafen –, rüstet sich für den Tag. Frauen und Kinder beginnen die Herden auszutreiben, und bald lösen sich die braunen, die dunklen und scheckigen Leiber der Tiere auf in den Schatten- und Sonnenflecken, die vorüberziehende Wolken auf den Boden malen. Als ich aufstehe und zum Wohnwagen gehe, merke ich, wie langsam und gelassen meine Schritte sind, wie ruhig mein Herz schlägt und wie weit meine Seele geworden ist.

Eduard Graf Wickenburg: Aus einem Vortrag über seine Reise »Von Dschibuti bis Lamu«

Nach drei Märschen durch ödes Steppenland, welches ungemein wasserarm ist, man kann das Wasser meist nur durch Graben in trockenen Flußläufen gewinnen, erreichen wir eine hügelige, etwas grünere Gegend, die von Danakil bewohnt war, und lagerten an einem ausgetrockneten Flußlaufe. Die beiden folgenden

Tage marschierten wir über eine weite, wellenförmige Prärie, auf welcher sich ungezählte Antilopen herumtrieben, und erreichten die schon im Hawaschtale gelegenen heißen Quellen von Bilen. Dieselben kommen in einer Breite von mehreren Metern aus dem Boden heraus und haben eine Temperatur von über vierzig Grad Celsius. Von Bilen aus konnte man die mächtigen Berge von Ankober und des Abessinischen Hochlandes sowie auch das Tal des dem Meere zustrebenden Hawaschflusses übersehen.

Heute wollen wir zu den heißen Quellen, die sich jenseits der großen Straße nach Addis Abeba befinden. Die Quellen werden einfach Fillewooa genannt, was auf amharisch eben »heiße Quelle« heißt. Da dort der Stamm der Afar lebt, die für ihre plötzlichen Temperamentsausbrüche bekannt sind, müssen wir, so verlangt es die Vorschrift, einen sogenannten »Ranger« mitnehmen, einen bewaffneten, uniformierten Wächter des Nationalparks.
Ein weites Tal erstreckt sich vor uns, das von violetten Bergen gesäumt ist. Da ist wieder das kniehohe Gras mit den silbernen Spitzen, einzelne Schirmakazien, niederer Busch, steinige Hügel; unter einem kleinen Baum steht eine Riesentrappe im schützenden Schatten und schaut uns aus großen runden Augen an. Ein Rudel weiblicher Kudu zieht langsam den Hügel hinauf. Die grazile Zwergtrappe flattert dicht vor dem Wagen auf, Dik-Dik tauchen aus dem hohen Gras und verschwinden wieder in ihm. Es ist eine verzauberte Welt, eine Welt, die sich seit tausend Jahren nicht verändert zu haben scheint. Ganz plötzlich ein großer Palmenhain – in dieser kargen Landschaft ein überraschender Anblick. Die Palmwedel knattern im Wind wie frisch fallender Regen. Dann wieder Busch, aber hier fehlt das Gras vollkommen. Als ich näher hinsehe, erkenne ich die Spuren von Rinderherden, von Kamelen, die winzigen Tritte von Ziegen und Schafen. Sie alle führen in eine Richtung: zu einer hohen schwarzen Lavawand, die sich senkrecht aus der Ebene erhebt. Aus dieser Wand ergießen sich die heißen Quellen in einen riesigen, schier undurchdringlichen Palmenhain. Hier gibt es kleinere und größere Seen und Wasserbecken, herrlich üppige Vegetation, klare Rinnsale und tiefblaue Bassins, grüne, märchenhafte Wiesen, Sand und kleine Palmengruppen – eine paradiesische Landschaft, wo Enten, Wildgänse, die kleinen Kuhreiher und die großen gravitätischen Silberreiher sich ohne Scheu im Wasser und an den Ufern bewegen. Hierher kommen die Afar mit ihren riesigen Herden, hier baden die Afar-Frauen nackt und lachend im lauwarmen Wasser, hier waschen sie ihre Kleider, und hier werden sie im warmen und, wie man sagt, heilkräftigen Wasser von ihren Schmerzen befreit. Es gibt Wasserbecken mit bis zu fünfzig Grad Wärme, es gibt große flache Lachen, die kühl sind, es gibt versteckte Haine, von Palmen umrahmt, wo das Wasser angenehm warm ist. Am Eingang zu diesem Paradies steht ein Afar-Mädchen und stellt seine Reize zur

Schau: Sein Gesicht ist zart und rund, um den Kopf trägt es ein kunstvoll geschlungenes Tuch. Es hat nackte, wunderschöne Brüste und lange, schlanke Beine. Die Augen sind mandelförmig und sehr kokett. In den Händen hält es einen abscheulichen feuchtglänzenden Ziegenbalg, der glucksende Geräusche von sich gibt. Tesfaye verrät mir, daß sich in dem Balg Ziegenmilch befindet, die durch langes Schütteln zu Butter wird. Der Ranger und Tesfaye sind ganz hingerissen von dieser ländlichen Schönen und rufen ihr freche Worte zu, die sie mit heller, schriller Stimme schlagfertig erwidert. Ich kann das nur nach dem Gelächter, das folgt, beurteilen. Wir gehen weit hinein in den dichten Palmenhain und setzen uns an den Rand eines tiefblauen Beckens. Aus dem Urwald taucht plötzlich eine große Gruppe bewaffneter Afar auf, die uns überrascht anstarren. Jeder von ihnen trägt ein Gewehr lässig über der Schulter und an den Hüften einen langen krummen Dolch, der äußerst respektgebietend aussieht. Nach einigen Fragen an den Ranger verschwinden sie wieder im Dickicht.

Als wir aus dem Urwald herauskommen, steht eine Gruppe von Afar-Mädchen vor uns, die – sichtbar auf ein gutes Geschäft hoffend – sich photographieren lassen wollen. Einige von ihnen sind wirklich wunderschön: die zarten glatten Rücken tätowiert, die Frisur eine aus vielen zierlichen Zöpfchen geflochtene Haube, die unter dem Kinn mit zwei längeren Zöpfchen zusammengebunden ist. Kleine Nasen, große, lachende Münder, schrille Vogelstimmen, Mandelaugen, aus denen der Übermut lacht – Gary weiß gar nicht, wo er anfangen soll.

Tesfaye will noch in einem der kühleren Becken ein Bad nehmen und verschwindet im Palmenhain; der Ranger scheint sich an eine der Schönen herangemacht zu haben. Gary hat sich an die prachtvollen Wasservögel herangepirscht und ist spurlos verschwunden. Ich sitze im Wagen, habe alle Fenster aufgemacht, im Inneren liegt unsere ganze Ausrüstung wild zerstreut herum. Plötzlich stehen zwei, vier, sechs junge Afar vor mir und mustern mich prüfend. Einen Augenblick bin ich versucht, die Fenster hochzukurbeln, wie es mir Tesfaye in solchen Situationen dringendst geraten hat. Aber wäre es nicht ein Zeichen von Mißtrauen, das die jungen Männer reizen könnte? Sekundenlang habe ich Angst, doch sie ist bald vergessen bei dem Anblick dieser Jünglinge: hochgewachsen, schlank und sehnig, hoch die Stirn, schmal die Nase und riesige, blitzende, von gebogenen Wimpern umrahmte Augen. An den Füßen tragen sie Sandalen aus Rinderhaut, um die Hüften ein Tuch, darüber baumelt das krumme Messer. Alle haben Gewehre. Unsere Konversation ist lebhaft und von viel Gelächter begleitet. Der eine oder andere spricht ein paar Brocken Englisch, sonst verständigen wir uns mit Handzeichen. Einer von ihnen kommt mir wie ein männliches Mannequin vor – ununterbrochen zupft er an seiner Kleidung herum, rückt das Messer zurecht, bewegt sich voller

Afar Krieger (Danakil) und Danakil-Frauen

Grazie hin und her und stochert mit einem Holzstäbchen in den lockigen Haaren, wodurch seine fast rokokohafte Frisur ein lockeres und gepflegtes Aussehen erhält – als käme er frisch vom Friseur, muß ich denken. Die Stimmung ist sehr vergnügt, als ich, nicht ohne inneres Lachen, aus den Augenwinkeln beobachte, wie meine »Leibgarde« im Laufschritt von ihren verschiedenen Tätigkeiten zurückkehrt, um dann, als sie sehen, daß alles in Ordnung ist, sichtbar erleichtert heranzuschlendern. Inzwischen sind auch die Mädchen und die Schöne mit der gräßlichen Ziegenhaut dazugekommen – und es fällt mir auf, wie anders sich die Mädchen plötzlich benehmen. Da gibt es kein schrilles Schreien und Lachen, keine frechen Bemerkungen – sie alle stehen mit niedergeschlagenen Augen vor den Männern und bleiben stumm und unterwürfig. Plötzlich sind sie sanft wie die Tauben, geben kleine gurrende Geräusche von sich und kichern melodisch.

In den Aufzeichnungen meines Vaters gibt es die Photographie eines jungen Mannes, der in Haltung und Frisur dem jungen schönen Afar so ähnlich ist, daß ich Gary bitte, ihn mit der alten Kamera meines Vaters, die wir mitgebracht haben, zu photographieren. Die Stirn des Jünglings ist mit einem dünnen Schilfhalm, der am Hinterkopf mit einer Masche zusammengebunden ist, geschmückt, seine zarten Handgelenke und Knöchel tragen ebensolchen Schmuck; er genießt jede Sekunde des Photographiertwerdens. Alles drängt um Gary und seine Kamera. Da sehe ich plötzlich eine viel aufregendere Gestalt, die sich mit langen Schritten nähert – so muß vor hundert Jahren ein Afar-Krieger ausgesehen haben. Groß und hochgewachsen, hohe Backenknochen, das Gesicht von einer wilden Frisur umrahmt. Seine Waffen scheinen ein Teil seines Körpers zu sein. In meiner Euphorie rufe ich meinen Begleitern zu, sie sollen ihn auffordern, sich knipsen zu lassen. Doch als sie ihn ansprechen, stößt er einen bösen, ablehnenden Laut aus – es muß wohl das Götzzitat auf afarensisch gewesen sein.

Eduard Graf Wickenburg: Aus einem Vortrag über seine Reise »Von Dschibuti bis Lamu«

Der richtige Name für das Volk der Danakil ist eigentlich Afar, so benennen sie sich nämlich selbst. Danakil werden sie von den Arabern genannt, daher auch die meisten Reisenden, da sie von der Küste kommen, diesen Namen gebrauchen. Die Afar oder Danakil bewohnen einen Küstenstreifen am Roten Meer, südlich des vierzehnten Parallel, im Westen und Süden von dem abessinischen Hochlande, im Osten vom Meere und dem Gebiete der Eissa Somali begrenzt. Die Afar werden zu den Hamiten gezählt, sie sind daher mit den Somali und Oromo stammverwandt. Ihre ursprüngliche Heimat dürfte in Arabien zu suchen sein. Die Afar sind von hohem, kräftigem Wuchse, etwas gedrungener gebaut als die Somali und auch von stärkerer Muskulatur als diese. In ihren Gesichtszügen ähneln sie sehr den Somali. Man sieht unter ihnen Leute mit fast europäischen, auffallend hübschen Gesichtern. Ihre Hautfarbe ist ein schönes Chokoladebraun. Die Frauen haben oft einen negroiden Typus, eine Erscheinung, die mir bei allen Hamiten Ostafrikas auffiel. Die Männer sind nach Art der Somali in ein togaähnliches Gewand gehüllt, die Weiber sind mit einem Rocke aus Leder bekleidet. Die Waffen der Afar sind dieselben wie die der Eissa, nämlich ein langer, schwerer Speer, ein großer, kreisrunder Schild. Die Afar sind, den sterilen, wasserlosen Gegenden entsprechend, welche sie bewohnen, oft gezwungen, ihre Wohnsitze zu verlegen, um die für ihre Rinder- und Kamelherden nötigen Weideplätze zu finden, und führen daher ein Nomadenleben. Dementsprechend bestehen ihre Hütten meist auch nur aus den zum Satteln der Kamele nötigen Matten. Die Afar bekennen sich zum Islam, doch scheinen sie nicht so strikte Mohammedaner zu sein als ihre Nachbarn, die Somali. Sie zeichnen sich durch ganz besondere Wildheit und durch einen tiefen Haß gegen alle Europäer aus, dem auch schon viele Reisende zum Opfer fielen. Auch heute noch wäre ein Vordringen in das Innere der Afarländer nur mit einer sehr starken Eskorte möglich.

Auf dem Rückweg zur Lodge begegnen wir riesigen Herden von Rindern, die in einer goldenen Staubwolke zu schweben scheinen. Mir wird klar, warum dieser Teil des Nationalparks so kahl und vegetationslos ist – das ewige Problem der Übergrasung.
Die andere Seite des Parks, jenseits der Hauptstraße, empfängt uns schon wie eine vertraute Landschaft. Es ist noch nicht spät, und so setzen Gary und ich uns auf die Veranda des Restaurants, um mit unseren Notizen und Eindrükken zu Rande zu kommen. Welch ein genußvoller Nachmittag, ohne Staub und Hektik – ohne ein Programm absolvieren zu müssen. Immer wieder muß ich von meinem Schulheft, in dem alles aufgeschrieben werden soll, ins Tal zu den Itu blicken.
Langsam beginnen sich die Herden in umgekehrter Richtung wie am Morgen zu formieren und dem Kral entgegenzuwandern. Die beiden Jungen waten an das andere Ufer des Hawasch und treiben die Kamele ins Wasser – vor der Brust jedes Kamels bildet sich ein kleiner weißer Gischtstreifen, der in der Sonne glitzert. Ich muß mit Angst daran denken, daß es im Fluß Krokodile gibt, die mit einem Biß eines der Kinder in die Tiefe ziehen könnten. Auf einer weiter flußabwärts liegenden Stelle waten drei Menschen durch das Wasser – von weitem sieht es aus wie ein Tanz, denn die Männer halten die Frau, die in ihrer Mitte geht, an den Händen.
Langsam zieht die Dunkelheit über das Tal, und der Fluß mit seinen steilen Ufern liegt tief unter uns wie eine silberne Riesenschlange.
Das Abendessen gestaltet sich zu einem wahren Abschiedsfestessen. Wir fühlen uns gerührt und geehrt. Die Kellner servieren mit einer wahren Inbrunst. Es gibt zwei verschiedene Sorten Wein, vorher Bier, die appetitlich bunte Vorspeise, Suppe und Braten mit verschiedenen Beilagen und Salaten, Käse und – eine große Seltenheit – Butter. Wo das der Koch oder der Manager hergezaubert hatte, bleibt uns ein Rätsel.
Wieder ist die Nacht erfüllt von Schritten, unheimlichen Geräuschen und leisem Hantieren an Fenstern und Türen – aber die warme Dusche, das herrliche Essen und der schöne Tag haben mich so müde gemacht, daß ich tief und traumlos schlafe.
Frühstück – scharf beobachtet von einer Schar von Pavianen, die ganz nah ans Geländer herankommen und sich mit virtuoser Geschicklichkeit an den steilen Hängen unter uns bewegen; ihre Gesichter sind alt und voller Weisheit. Abschied von der Kerejou Lodge, wo wir so herrliche Tage verlebt haben, Abschied vom Koch, von den Kellnern, vom Manager, vom Nachtwächter. Wir umarmen einander und sind dankbar für alle Sympathie.
Abschied von der prachtvollen Landschaft, den mächtigen violetten Bergen im Hintergrund, dem goldenen Gras mit den silbernen Spitzen.
Es ist sehr heiß auf der Rückfahrt nach Addis. Die hohen Berge schwimmen

wie Inseln in der zitternden Luft, schwarze Lava, die sich meilenweit rechts und links der Straße ergießt, scheint kaum ausgekühlt zu sein. Mitten in dieser Mischung aus Einsamkeit und Urzeit bewegt sich eine Gruppe von Kerejoumännern auf uns zu. Sie wollen nach Hawasch zum Markt. Wir photographieren die Gruppe, die aus sehr unterschiedlichen und interessanten Typen besteht, die genau wissen, was ihr Konterfei wert ist – wir stellen fest, daß die Kerejou zwar in Kleidung und Frisur eine gewisse Ähnlichkeit mit den Afar haben, daß sie aber derber, rauher und offener wirken. Ihre Frauen tragen eine Zöpfchenfrisur, die wie ein Bubikopf um Stirn und Ohren hängt, sie gehen tiefgebeugt unter schweren Lasten, sind sehr scheu, während die Männer selbstbewußt, den ewigen Wanderstock zwischen den Schultern, ausschreiten. Entlang des Weges wachsen Sträucher, die über und über mit gelben Dolden bedeckt sind. Tesfaye sagt mir, daß sie Candle-Bush genannt werden. Ein See, ein Ort mit einem wilden, verlassenen Friedhof. Die Steine sind grobgehauen und einfach in die Erde gesteckt, manchmal gibt es klotzige Grabmäler – und auf einem solchen sitzt in der Sonne ein Aasgeier. Als wir weiterfahren, erkenne ich die Ursache: Mitten auf einem belebten Platz liegt auf der Seite mit schrecklich verkrümmtem Hals eine sterbende Kuh, um die sich niemand kümmert.

Bericht von Eduard Graf Wickenburg in Dr. Petermanns Geographischen Mitteilungen 1903, Heft IX

Ich erreichte den Hawasch in der Nähe der heißen Quellen von Bilen. Nach Überschreitung einer niedrigen Hügelkette lag der Lauf dieses Flusses, welcher in unzähligen Krümmungen durch ein breites Tal mit spärlicher Vegetation fließt, vor uns. An der Stelle, wo wir denselben überschritten, hatte er eine Breite von cirka sechzig Metern, und eine Tiefe von über einem Meter. Die Ufer sind steil geböscht, weshalb das Erklimmen derselben den Tragthieren große Schwierigkeiten bereitete. Nach der Regenzeit ist der Hawasch ein reißender Strom, so daß man ihn überhaupt nicht passieren kann.
Am Wege nach Addis Ababa steigt man nun steil aufwärts auf einem felsigen Gebirgspfade bis zu einer Höhe von tausendfünfhundert Meter und findet sich plötzlich auf das abessinische Hochland versetzt. Der Charakter der Gegend ist hier ein ganz anderer: Während man bisher meist dürres Buschland und Steppen passiert hat, auf welche die Sonne ihre sengenden Strahlen niedersendet, befindet man sich nun mitten in Kulturland mit Mais, Baumwolle und Durrah-Feldern, in denen sich zahlreiche Dörfer befinden. Der Weg führt hinauf über ein terrassenförmig ansteigendes Hochland, welches von ackerbautreibenden Abessiniern und Oromo bewohnt ist. Nach Süden gewahrt man in weiter Ferne eine mächtige Bergkette, die Berge von Arussi, von welchen man durch das breite, tiefliegende

Camp von Graf Wickenburgs Karawane

Hawaschtal getrennt ist. Nach drei Tagmärschen erreicht man das Dorf Baltschi, welches am Rande einer fast senkrecht abfallenden Schlucht von cirka zweihundert Meter Höhe liegt. Es befindet sich dort eine abessinische Zollstation. Addis Ababa liegt achtzig Kilometer westlich von Baltschi. Eine vollkommen baumlose, wellenförmige Grasebene, welche nach Westen und Norden sanft ansteigt, erstreckt sich dorthin. Dieselbe wird von zahlreichen Wasserrissen und dem Akakifluß durchzogen, welche alle in den Hawasch münden. Der Akaki hat ein tiefeingeschnittenes Tal und wird nach der Regenzeit, welche hier im Mai einsetzt, zu einem brausenden, unüberschreitbaren Gebirgsbach.

Ein Paß, karg und vegetationsarm, dann wird das Land lebendiger. Scharen von Menschen ziehen entlang der Straße. Wir erreichen Nazret, einen emsigen, von Menschen überquellenden Ort, dann fruchtbare Ackerlandschaft.
Es ist knapp nach der Ernte, die Felder sind gemäht, und auf den Stoppeln weiden Rinder, Ziegen und Schafe. Menschen dreschen nach uralter Art das Getreide: Eine Gruppe Ochsen oder Kühe gehen aneinandergebunden im Kreis – die Tiere auf der Innenseite, die langsamer gehen, haben die Mäuler

verbunden, damit sie sich nicht am Getreide satt essen können. Sie trampeln das Stroh zusammen, das dann auf einen Haufen gerecht und mit hölzernen Schaufeln in die Luft geworfen wird – so trennt sich Spreu vom Weizen. An den Brunnen stehen Frauen und schöpfen mit Hilfe alter Autoschläuche das Wasser aus der Tiefe. Karawanen von Eseln ziehen vorbei, sie sind mit großen runden Tongefäßen schwer beladen. Vor Debre Zeit liegt eine kleine Gruppe tiefgrüner Kraterseen, die wie Smaragde in der Sonne leuchten. Hier wohnt der Stamm der Arussi – es sind Oromo oder Galla, die schon lange Ackerbau betreiben. Ich bewundere, mit welcher Liebe, mit welchem Sinn für Symmetrie und Ordnung sie ihre Hütten bauen, ihre Felder bestellen.
Zwischen Debre Zeit und Addis Abeba herrscht wüster Verkehr. Riesige Plakate säumen die Straße, riesige Lastwagen bahnen sich ihren Weg zwischen wandernden Herden, mit Brennholz beladenen Frauen, Reitern auf mageren, aber bunt gezäumten Pferden, kleinen zweirädrigen Karren, die von wahren Pferdeskeletten gezogen werden. Als wir durch die Vorstadt von Addis Abeba fahren, meinen wir ersticken zu müssen, so schlecht ist hier die Luft.
Wir fahren in der Residenz der österreichischen Botschaft vor. Aussehen tun wir wie Banditen: staubbedeckt unsere Gesichter, schmutzig unsere Kleidung, von einer fingerdicken Staubschicht überzogen unser Gepäck.
Aregai, der Majordomus der Residenz, steckt vorsichtig und zögernd den Kopf durch die Tür, öffnet sie dann langsam, um sich uns in seiner ganzen Schönheit zu präsentieren: Er trägt makellose cremefarbene Hosen im Jodhpurschnitt, dazu einen knielangen Samtrock in Rosa mit weißer Schärpe und weiße Handschuhe. Er mustert zuerst uns, dann unser Gepäck und sagt in schönstem Englisch: »We have guests for lunch« – und macht uns die Tür vor der Nase zu!

Addis Abeba und das Fest der Erscheinung des Herrn

Nähert man sich der Stadt von Süden, so liegt sie vor einem wie ein in riesigen sanften Wellen bewegtes Meer, auf dem Hunderte und aber Hunderte von Häusern, Hütten, Gebäuden, Wellblechdächern, Bauminseln und Plätzen bald sich ins Wellental schmiegen, bald hoch oben auf dem Kamm balancieren. Dann tauchen turmhohe Bauten, die Denkmäler, die Triumphpforten und Transparente auf, es türmt sich immer dichter werdend, immer farbiger, dann wieder im Sonnengeflimmer verbleichend und endlich auslaufend oder strandend an einer fernen, rosenquarzfarbenen Gebirgswand, dem Entoto-Massiv.
Dort oben hatte Menelik, der damals noch König von Schoa war, seine Stadt aus taktischen Gründen zu bauen begonnen. Eine riesige Kirche, feste Gebäude und Hunderte, ja Tausende von weißen, spitzen Zelten, die dem Hof, dem Gefolge und den Soldaten Schutz boten . . .
In der Regenzeit fegten heftige Stürme und eisige, prasselnde Regenschauer durch das Gebirge, die Wege wurden unbegehbar, und oft fehlte es am Notwendigsten.
Einmal ritten Menelik und die geliebte Taitu, seine Gemahlin, ins Tal, um in den heißen Quellen der Oromosiedlung Finfine zu baden. Hier unten war es mild und grün, die Mimosenhaine standen in voller Blüte – und Taitu, die vom König vergöttert wurde, sprach: »Gib mir ein Stück Land, hier will ich ein Haus bauen.« Das war die Gründung von Addis Abeba. In wenigen Jahren entstanden Meneliks Palast, ein riesiger Gebäudekomplex, die Kirchen zum hl. Gabriel und zum hl. Georg sowie der berühmte »Adaratsch«, eine Halle von so ungeheuren Ausmaßen, daß man fünftausend Menschen nicht nur empfangen, sondern auch verköstigen konnte. Im Institute for Ethnological Studies der Universität von Addis Abeba hängt ein Bild, das ein Gastmahl darstellt, welches Menelik zum ersten Mal für ausländische – also europäische – Diplomaten gab . . . Es ist faszinierend. Die Malweise naiv, das Format kolossal, die Darstellung umwerfend witzig: Da sitzen der inzwischen zum Kaiser gekrönte Menelik und seine Kaiserin auf einem Podium, essen gemütlich das gewohnte rohe Fleisch mit den Händen und beobachten mit sichtbarem Amüsement die weißen Diplomaten. Alle Äthiopier, der Kaiser und sein Gefolge, aber auch die Diener sind en face gemalt – alle Weißen im Profil (um ihrem »bösen Blick« zu entgehen). Da sieht man magere Decolletés und rote,

weinselige Gesichter, große Schnurrbärte, dicke Bäuche und schweinchenrosa Schultern. Es gibt Teller, Messer und Gabeln und eine riesige Tafel, und man kann sich des Gedankens nicht erwehren, daß sich der Maler über diese scharf beobachtete Dokumentation schier totgelacht hat.

Eduard Graf Wickenburg: Aus einem Vortrag über seine Reise »Von Dschibuti bis Lamu«

Am 12. März erreichte ich Addis Ababa, die Hauptstadt des äthiopischen Reiches. Unter dieser darf man sich nicht etwa eine Stadt im europäischen Sinne vorstellen, sie gleicht vielmehr einer Unzahl kleinerer und größerer Dörfer, die nebeneinander liegen und durch zahlreiche, tief eingeschnittene Wasserrisse oder weite freie Flächen voneinander getrennt sind. Aus diesem Meere von Strohhütten ragen, auf einem kleinen Hügel liegend, die weißen Gebäude des Gebi, der kaiserlichen Residenz, hervor, ferner die Kirche St. Georg und die Häuser der europäischen Konsuln. Die Stadt liegt zweitausendsechshundert Meter hoch über dem Meeresspiegel in einer wellenförmigen Hochebene, die von den hohen Bergen von Entotto begrenzt wird. Die Umgebung der Stadt ist auf weiten Strecken vollkommen baumlos und nur mit Grasland bedeckt. Die Ausdehnung der Stadt ist eine sehr große, so daß man Distanzen von bis zu zwei Stunden reiten muß, um von einem Punkte zum anderen zu gelangen. Hiebei hat man Wasserrisse mit felsigem Bette und schlüpfrigen Ufern zu übersetzen, steile Hänge zu erklimmen oder über weite Grasflächen zu reiten, so daß ein Spaziergang in der Stadt gleichzeitig ein ganz hübscher Jagdritt werden kann. Außer dem Gebi und den Häusern der Europäer, welche letztere meist auch nur verbesserte und vergrößerte abessinische Hütten sind, besteht Addis Ababa überhaupt nur aus Hütten in allen möglichen Größen und oft schon in ganz zerfallenem Zustande. Der europäische Reisende schlägt dort seine Zelte einfach auf einem freien Platze auf, ebenso wie am Marsche durch die Dschungel.

Von erwähnenswerten Gebäuden haben wir in Addis Ababa nur die Residenz des Kaisers, welche, auf einem kleinen Hügel gelegen, fast wie ein europäisches Landhaus aussieht. Dieselbe besteht aus mehreren Gebäuden, die teils als Empfangshalle, Wohnungen für den Kaiser und seine Gemahlin, ferner Magazine, Vorratskammern usw. dienen und welche von einer drei bis vier Meter hohen Palisadierung umgeben sind.

In Addis Ababa erfuhr ich, daß der Negus nicht in der Stadt anwesend war, sondern cirka eine Tagreise westlich von Addis Ababa mit dem Baue einer neuen Stadt beschäftigt sei. Ich beschloß daher, mich dorthin zu begeben, da die Rückkehr des Kaisers nach Addis Ababa auf eine unbestimmte Zeit gesetzt wurde. Es scheint eine Eigenthümlichkeit des Negus zu sein, daß er es liebt, öfters seine Hauptstadt zu verlegen. So besteht Addis Ababa erst seit dem Jahre 87, früher war Entotto die Hauptstadt, vorher Lizze und davor Ankober. Der Hauptgrund für die Verlegung der Hauptstadt liegt wohl darin, daß die Gegend um dieselbe im Laufe der Jahre vollkommen abgeholzt wird, so daß es dann an dem nötigen Brennholze mangelt. Die Bringung desselben von weither ist sehr kostspielig. Zur Regenzeit, wo die Wege ungangbar, die Flüsse und Bäche unüberschreitbar sind, ist dieselbe überhaupt unmöglich, so daß die Leute wochenlang ohne Brennholz bleiben müssen. Addis Alam, die damals im Bau befindliche Stadt, liegt cirka sechzig Kilometer westlich von Addis Ababa, mitten in einem ausgedehnten Walde. Der Name Addis Alam bedeutet soviel wie »Neues Glück«, während, wie bekannt, Addis Ababa »Neue Blume« bedeutet; beide Namen sollen Erfindungen der Kaiserin Taitu sein. Zum Bau der kaiserlichen Residenz, die nur aus Holz errichtet wurde, hatte Menelik aus seinen südlichen Provinzen cirka zwanzigtausend Galla und andere Eingeborene kommen lassen, die mit ameisenartiger Geschäftigkeit arbeiteten. Außerdem lagerten noch viele tausend Soldaten und viele abessinische Generäle mit ihrem zahlreichen Gefolge dort, so daß die Gegend buchstäblich mit Tausenden von weißen Zelten bedeckt war.

Den Tag nach meiner Ankunft wurde ich zum Negus beschieden. Ich bestieg daher mein Pferd und ritt zu seinem Lager. Durch ein wahres Labyrinth von hohen Palisaden gelangte ich zu einem großen Zelte, dessen Boden mit Teppichen belegt war, und hier hieß man mich eine Weile warten. Bald erschien aber ein Hofwürdenträger und führte mich in das Zelt Meneliks. Der Negus saß dort mit gekreuzten Beinen auf einem niederen Diwan, von beiden Seiten durch Kissen gestützt. Neben ihm standen mehrere Ras und andere Chefs des Landes. Der Negus war in einen schwarzen Seidenmantel gehüllt, trug weiße Beinkleider und Strümpfe und hatte seinen Kopf mit einem weißen, mousselinartigen Tuch umwunden. Nachdem ich ihn begrüßt hatte, reichte er mir die Hand und deutete mir, auf einem neben ihm stehenden europäischen Rohrstuhl Platz zu nehmen. Die nun folgende Conversation führte ich durch einen Abessinier, den Dolmetsch des Major Ciccodicola, der perfekt italienisch sprach. Nachdem ich dieselbe mit den orientalischen Herrschern gegenüber gebräuchlichen Redensarten eingeleitet hatte, lenkte ich bald auf den eigentlichen Zweck meines Kommens über, nämlich auf meine Reise durch die südlich von Schoa gelegenen Länder. Der Negus nahm mein Ansuchen mit großer Liebenswürdigkeit an und versprach sogar, meine Pläne zu fördern.

Nun ein Wort über des Negus persönliches Aussehen. Er ist von sehr schwarzer Hautfarbe, stark von Blattern zerrissen und hat einen ausgesprochen negroiden Zug. Bekanntlich war seine Mutter eine Schlangensklavin. Seine Augen sind ungemein lebhaft und zeugen von hoher Intelligenz. Er macht einen sehr gutmütigen und freundlichen Eindruck und hat etwas Liebenswürdiges in seiner Art zu sprechen. Er ist entschieden eine sympathische Erscheinung. Immerhin sieht man ihm auch wieder an, daß er die nötige Energie besitzt, um ein großes Reich zu

gründen und zu beherrschen. Jedenfalls ist es eine sehr interessante Persönlichkeit, eine Art Kraftgenie, wie dies gerade damals wieder die Art und Weise, mit der er den Bau der neuen Stadt betrieb, zeigte.
Menelik ist kein Friedenskaiser, dem das Wohl und Weh seiner Völker am Herzen liegt und der an die Zukunft seines Landes denkt. Er ist ein Eroberer, und zwar der größte Eroberer Afrikas, denn er hat seinen Länderbesitz verdoppelt, und wenn ihm die Grenzen der europäischen, namentlich der englischen Kolonien nicht Halt geboten hätten, so wäre die abessinische Invasion unaufhaltsam nach allen Weltrichtungen vorgedrungen. Menelik ist ein echt orientalischer Despot, seine Devise ist: L'etat c'est moi. Zum großen Kaiser haben ihn erst die Europäer, namentlich die Franzosen gemacht. Früher konnte der Europäer staubbedeckt und mit aufgestülpten Hemdärmeln, wie er gerade von der Reise kam, vor Menelik erscheinen. Ein altes Gewehr und ein Paar Seidenstrümpfe für die Kaiserin genügten als Geschenke. Heute muß man um eine Audienz ansuchen, und der Europäer erscheint im Frack oder in Uniform.
Meneliks Genialität besteht darin, daß er die Rivalitäten der europäischen Mächte klug ausgenützt und trotz aller Intrigen seine Stellung bewahrt hat. Ohne ihn existierte vielleicht heute Abessinien nicht mehr. Noch nie hat ein schwarzer Herrscher den Europäern eine so vernichtende Niederlage beigebracht als er den Italienern bei Adua. Seine politische Klugheit beweist er auch dadurch, daß er zuerst die Freundschaft Italiens, dann Frankreichs ausgekostet hat, jahrelang alle Mächte durch Versprechungen hinhielt und schließlich durch kluge Beobachtung zu dem richtigen Schlusse kam, daß es für ihn noch immer das Beste sei, sich mit England zu verständigen.

Vor dem zweiten Teil der Reise verbringe ich ein paar Tage in Addis Abeba. Aregai, der Majordomus, hat sich schließlich doch dazu bewegen lassen, mir Eintritt zu gewähren, und so wohne ich wieder in der Residenz der österreichischen Botschaft, liebevoll betreut von Aregai, von Ajelletsch, der Haushälterin, und von Abdu, dem Koch. Alle drei sind sie Originale und alle drei Meister ihres Fachs. Sie bewegen sich leise im großen Haus, Ajelletsch wäscht und bügelt in Windeseile alle meine verstaubten Reisekleider. Sie trägt immer einen eng um den Kopf gewundenen, kunstvoll geknüpften Turban, was ihrem schmalen, schönen Gesicht einen strengen Ausdruck gibt, und spricht ein tadelloses Italienisch. Abdu ist mager und nervös und kann herrliche Aufläufe machen, und Aregai ist die Würde selbst, besonders wenn er sein rosa Prachtgewand anlegt, was aber nur bei besonderen Anlässen der Fall ist. Wenn ich zu Abend gegessen habe, verlassen die drei das Haus und haben meilenweit zu ihren Wohnungen zu gehen. Die Nächte sind kühl, ja fast kalt und erfüllt mit vielen fremden Geräuschen. Addis Abeba ist eine Stadt mit vielen, vielen verwilderten Hunden, die nachts herumstreunen, immer wieder höre ich im Halbschlaf das Bellen und Jaulen – manchmal näher, dann wieder ganz ferne – von riesigen Rudeln von Hunden, die einander bekämpfen oder Jagd auf Beute machen.

Das erste Geräusch am Morgen sind ferne Glocken, in die sich die Stimme des Muezzins mischt – es bildet eine eigenartige Harmonie. Wenn man frühmorgens durch die Außenbezirke der Stadt fährt, sieht man Menschen aus ihren elenden Wellblechhütten kriechen und sich an den ersten Sonnenstrahlen wärmen. Kinder krabbeln im Rinnstein, und abgemagerte Katzen streichen um die Knie alter Männer, die, fröstelnd in ihre Gabbis gehüllt, schon den Blick in weite, unwirkliche Fernen gerichtet haben. Anders das Leben in den großen Hotels, die wenig von Touristen, dafür um so mehr von Delegationen und Hilfsorganisationen frequentiert sind. Hier biegen sich die Tische, und das Personal sieht ebenso wohlgenährt und auf Hochglanz poliert aus wie die Gäste. Auf mich machen die zwei Kategorien von Taxis großen Eindruck: Da gibt es gelbe, große, blanke Mercedes, die gehören dem Staat bzw. der Touristenorganisation, dann die privaten Taxis, blauweiß und methusalemischen Alters, innen meist recht unansehnlich, aber dafür mit Deckchen, Nippes und Photos liebevoll ausgeschmückt. Als ich einmal die Tür energisch zuschlug, um sicherzugehen, daß sie auch wirklich geschlossen war, zuckte der Fahrer schmerzhaft zusammen und sagte: »Warum müßt ihr Weißen immer die Türen so zuschlagen, seht ihr denn nicht, daß diese Türe nur mehr an einem Faden hängt, und ich kriege nie mehr einen Ersatz ...« Von diesem Tag an habe ich die Türen der blauweißen Taxis immer sehr behutsam geschlossen!

Eines Tages werden Gary und ich von Samravit Mogens, die uns im Staatlichen Touristenbüro betreut, zur Kaffeezeremonie in ihr Haus eingeladen. Samravit hat sich in das weiße, traditionelle Nationalgewand gehüllt, das ihr allerliebst steht – plötzlich ist aus einer modernen jungen Frau mit kurzem knappem Rock und abenteuerlicher Frisur eine wunderschöne junge Äthiopierin geworden. Es gibt eine Menge Schwestern und eine füllige Mutter, ein europäisch eingerichtetes Haus mit vielen Nippes, bunten Bildern und Photographien, eine stumme Dienerin, die sehr unterwürfig ist, und einen flohgeplagten kleinen Hund, dessen Augen und Nase ich gerne reinigen würde. Auf dem Boden liegen Blumen und Gras, Weihrauch erfüllt die Luft, und der Kaffee ist mit Kardamom gewürzt. Es gibt köstliches Injera (das aus einer »tef« genannten Getreideart hergestellte Brot, es wird auf einer Metallplatte gebakken und ist durch den Zusatz von Hefe teigartig und weich – dazu ißt man »wat«, eine scharfe Sauce, die mit jeweils einem Stückchen Injera aufgetunkt wird), es gibt einige geröstete Getreidesorten, die herrlich schmecken, und es herrscht eine Atmosphäre voll Wärme und Gastfreundschaft, die Gary und mir in diesem fremden Land richtig wohltut.

Sightseeing in Addis Abeba ist gar nicht so leicht, wie man sich das vorstellt – und meine Eindrücke von der Stadt bleiben sehr lückenhaft. Die Weitläufigkeit der Stadt sowie das Nebeneinander von Elendsquartieren und Monumentalbauten fällt uns – wie allen Besuchern – besonders auf. Am Platz der Revolution stehend fühlt man sich plötzlich nach dem frühen Ostberlin versetzt – dann jedoch entdeckt man alte, in großen Gärten stehende Villen und Paläste, die fast italienisch anmuten. Es gelingt uns nicht, dem Palast von Haile Selassie oder der riesigen Anlage von Meneliks Residenz auch nur nahe zu kommen, denn überall stehen bewaffnete Posten, die uns unwirsch weiterwinken. Als wir das Denkmal der von Italienern hingeschlachteten Äthiopier photographieren wollen, fällt uns unser Führer in den Arm, weil sich hinter dem Denkmal ein militärisches Amt befindet. Als wir die schöne Reiterstatue Meneliks aufnehmen wollen, bedeutet man uns, es wäre nicht ratsam, denn hier befände sich ein Ministerium. So beschränken wir unsere Wißbegier auf Kirchen.
Die Kirche zur heiligen Maria ist ein achteckiger Bau mit vier Portalen. Vor jedem posieren prachtvolle Löwenskulpturen – der Löwe ist das Wahrzeichen Äthiopiens. Ein alter Mönch betreut die Kirche, deren Innenraum eine Vielfalt von sehr unterschiedlichen, teils europäischen, teils orientalischen Darstellungen der Heiligen aufweist. Rund um die Kuppel sind Szenen aus der Geschichte Äthiopiens dargestellt. Auf vielen steilen Stufen steigt man schließlich zur Gruft Kaiser Meneliks II. hinunter. Da stehen kolossale Marmorsärge, ganz in Weiß. Die Gemälde des Kaisers, der Kaiserin und ihrer Tochter, die Regentin war, blicken auf uns herab. Der Volksmund sagt, daß der neue Diktator, wenn Ängste ihn plagen, durch einen geheimen Gang von seiner Residenz in diese Gruft kommt und dort viele Stunden verbringt.

Eduard Graf Wickenburg: Aus einem Vortrag über seine Reise »Von Dschibuti bis Lamu«

In den Straßen Addis Ababas herrscht ein ziemlich reges Leben, welches an Markttagen auf dem Marktplatz seinen Höhepunkt erreicht. Dort treibt sich dann eine tausendköpfige Menge von Galla und Abessiniern beiderlei Geschlechts herum. Es werden alle Produkte des Landes feilgeboten und auch Pferde, Rinder, Maulthiere und Esel auf den Markt gebracht. Die Bevölkerung von Addis Ababa wird mit cirka dreißigtausend Einwohnern angenommen, wovon schon allein cirka zehntausend auf die Soldaten des Negus entfallen. Die Bevölkerung ist aber eine sehr flottante, da zu gewissen Zeiten oft ein oder der andere Ras oder Gouverneur einer Provinz in die Hauptstadt kommt, um dem Negus den Tribut zu zahlen, und dann meist ein Gefolge von vielen Tausenden Menschen mitbringt. Das Hauptkontingent der Bevölkerung besteht aus Abessi-

niern, doch befinden sich in Addis Ababa auch Angehörige aller Rassen der von den Abessiniern unterworfenen Länder. Auch viele indische Kaufleute, in deren Händen der Haupthandel ist, wohnen in Addis Ababa, sowie einige Araber. Von Europäern wären in erster Linie die Konsuln von England, Frankreich, Italien und Rußland zu nennen, ferner der Schweizer, Herr Alfred Ilg, mehrere französische Kaufleute, einige Handwerker und zwei russische Ärzte. Rußland unterhält nämlich in Addis Ababa ein Spital für kranke Abessinier mit einem jährlichen Kostenaufwand von siebentausend Pfund. Auch einem Angehörigen unserer Monarchie, einem Tischler aus dem Széklerlande namens Santa Albert, begegnete ich in der Hauptstadt Abessiniens. Addis Ababa steht mit Harar in telephonischer und telegraphischer Verbindung. Das Post- und Telegraphenwesen wird von einem Schweizer namens Mühle überwacht.

Tesfaye, unser Guide, besteht darauf, daß wir den berühmten »Mercato« besuchen, den größten Markt Afrikas. Der Eindruck ist überwältigend. So weit das Auge reicht, reiht sich Bude an Bude, Laden an Laden – Tausende von Menschen wogen in einer unbeschreiblichen Farb-, Geräusch- und Geruchsymphonie durcheinander. Es ist wie ein riesiger Leib, der aus Tausenden von bunten Teilchen besteht, die alle ihr eigenes Leben haben und doch zueinander gehören. Das Angebot an Waren ist schier unüberschaubar und für mich etwas noch nie Dagewesenes. Die Menschenmassen beängstigen fast, wirken betäubend, ja bedrohlich – man sieht keine Europäer . . .
Völlig erledigt von diesen optischen und akustischen Monstereindrücken fliehe ich zurück in die Botschaftsresidenz, wo es ruhig ist und ich mich sammeln kann für den morgigen Tag. Denn das Fest der Erscheinung des Herrn – die Äthiopier nennen es Timkat – wird morgen gefeiert, und wir wollen daran teilnehmen.

Eduard Graf Wickenburg: Aus einem Vortrag über seine Reise »Von Dschibuti bis Lamu«

Eine sehr angesehene und durch ihren Reichtum mächtige Klasse ist der Klerus, der auch bei allen wichtigen Entscheidungen im Staat einen gewissen Einfluß ausübt. Ihm ist es auch zuzuschreiben, daß das europäische Missionswesen in Abessinien heute gar keinen Boden hat. Auch der gesamte Unterricht ist ganz in den Händen des Klerus. Klosterschulen bieten den jungen Abessiniern Gelegenheit, das Lesen und Schreiben, die Grundzüge der Religion sowie der Geschichte des Landes kennenzulernen . . .
Die Abessinier sind ihrer Religion nach monophysitische Christen, gehören daher zur koptischen Kirche. Ihr Oberhaupt, der sogenannte Abuna, welcher seinen Sitz in Addis Ababa hat, ist auch niemals ein Abessinier, sondern stets ein Kopte aus

Ägypten. Nach seinem Tode entsendet der Patriarch von Alexandrien einen neuen Abuna, der aber vom Negus bestätigt werden muß. In allen Dörfern oder größeren Ortschaften findet man in Abessinien Kirchen. Oft hängen mit denselben auch Klöster zusammen. Die Priester und Mönche sind in Abessinien die einzigen Träger des Wissens und, wenn man diesen Ausdruck gebrauchen kann, der Gelehrsamkeit. Sie beschäftigen sich mit dem Studium der heiligen Schrift und der Geschichte und geben dem Volke in ihren Schulen Unterricht. Die Kirchen von Schoa unterscheiden sich von den gewöhnlichen Wohnstätten eigentlich nur durch ihre Größe und sind meist ovale, mit Stroh gedeckte Hütten, welche mit einer Galerie umgeben sind. Vier Tore, den vier Seiten entsprechend, führen ins Innere. Der Altar befindet sich in der Mitte und ist von einer Mauer rings umgeben, so daß man ihn nicht erblicken kann. Zwischen dieser Mauer und der äußeren Umfassungsmauer bleibt daher noch ein schmaler Gang für die Andächtigen über. In das Innerste der Kirche einzudringen ist nur den Priestern erlaubt. Die Wände im Inneren sind meist mit bunten Malereien, Darstellungen aus der heiligen Geschichte, doch auch häufig von Siegen berühmter Generäle und Kaiser bemalt.

Eine Eigentümlichkeit, nämlich der Tanz der Priester bei feierlichen Gelegenheiten, sei noch erwähnt. Dieser ist offenbar ein Rest der vorchristlichen Zeit und aus dem Judentum übernommen, wie ja das ganze Christentum der Abessinier vielfach mit Gebräuchen aus der mosaischen Zeit vermischt ist. Die Tänze bestehen aus rhythmischen Bewegungen des Körpers, wobei seitwärts oder vor- und rückwärts geschritten wird. Die tanzenden Priester stehen hiebei in einer Reihe. Dieser Tanz wird durch monotonen Gesang und durch das Schlagen eines kleinen, eisernen Instrumentes begleitet. Zur Osterzeit ziehen die Priester von Haus zu Haus und tanzen, um ein Almosen zu erhalten.

Auch in meinem Lager erschienen solche tanzende Priester, offenbar mit Hintansetzung der Antipathie gegen die Europäer, und als ich sie hiefür mit zehn Talern beschenkt hatte, zog die ganze Geistlichkeit der Umgebung in mein Lager, so daß ich gezwungen war, meine Gaben bedeutend zu verringern, um mich von diesen Gästen zu befreien ...

Das Fest der Erscheinung des Herrn ist eine der größten religiösen Feierlichkeiten dieser uralten christlichen Kirche; an diesem Tag wird auch das Taufwasser gesegnet und das Taufgelübde erneuert. Mit einem Taxi plus Fremdenführer – denn wir hoffen, durch ihn mehr zu sehen und mehr zu erfahren – begeben wir uns zur prachtvollen runden St.-Georgs-Kathedrale. Dort hat sich bereits eine riesige Menschenmenge im Areal der Kirche versammelt. Gruppen von Kindern in einer Mischung aus Ministrantengewand und Dreikönigsverkleidung bilden einen langen Zug. Weißgekleidete Priester mit kunstvoll gefalteten Turbanen, hohe Geistliche in Gewändern, die alle Farben des Regenbogens tragen: Rosa und Purpur, Königsblau und Dotterblumengelb, Türkis und Smaragdgrün, über und über mit Gold- und Silberstickereien verziert. Die schweren, starren Gewänder der Priester umhüllen ihre Gestalten in senkrechten Falten und geben ihnen das Aussehen byzantinischer Heiliger. Die Mehrzahl der Bevölkerung ist weiß gekleidet und bildet Ergänzung und zugleich Ausgleich für diese Farborgie.

Ein tiefer Glockenton, noch einer, und das plötzliche hohe, schrille, merkwürdig vibrierende Trillern aus vielen Frauenkehlen steigern die Spannung. Endlich tritt aus dem Dunkel der Kirche der Priester hervor, der die Bundeslade auf dem Kopf trägt – ein Gestell, das sein Gesicht baldachinartig umgibt. Ihm folgen viele höhere und niedere Geistliche, Diakone, Priesterschüler – über ihre Köpfe werden farbige, gold- und silberglitzernde Sonnenschirme gehalten. In den Händen tragen sie feinziselierte, kunstvolle Kreuze, Silberschellen und Schulterstützen mit silbernen Knäufen.

Der Zug setzt sich in Bewegung, begleitet vom Gesang der Kinder und dem Trillern der Frauen, getragen vom tiefen dröhnenden Klang der Glocke.

An den Flanken der Prozession rennen weibliche Milizsoldaten, die in frappantem Gegensatz zu diesem wahrscheinlich seit Jahrhunderten unveränderten Bild der Prozession stehen. Sie sind gedrungen und stecken in hellblauen, engen Militärhosen und Lumberjacks, am Kopf sitzt verwegen eine häßliche Kappe. Ihre Gesichter sind hart, pockennarbig und äußerst unfreundlich – sie wirken, als kämen sie aus einer anderen Welt. In den Händen schwingen sie große Nilpferdpeitschen, von denen sie ausgiebig Gebrauch machen: Sie schlagen oft rücksichtslos, allzu rücksichtslos in die Menge. Es gibt auch kirchliche Ordnungshüter, aber ihre Aktionen sind weitaus sanfter – sie haben bunt umwundene lange Stöcke, mit denen sie, wenn das Gedränge zu groß wird, drohen oder auf dem Asphaltboden der Straße kratzen, was ein unangenehmes Geräusch verursacht.

Addis Abeba hat hundertfünfzig Kirchen, und die Straßen, auf denen wir uns bewegen, führen bergauf, bergab. In kurzen Abständen stoßen wir auf andere Gruppen von Priestern und Gläubigen, die, von ihrer Kirche kommend, sich mit der großen Prozession vereinen und dem gemeinsamen Ziel, dem riesigen Sportplatz Djal Meda, zustreben.

Die Menge ist jetzt unübersehbar. Die weißgekleideten Priester führen zum Klang einer riesigen Trommel und kleiner Schellen immer wilder werdende Tänze auf, die Kindergruppen singen mit schrillen Stimmen und scheinen über dem Boden zu schweben, einzelne Gruppen von Frauen lösen sich aus der Masse, singen und drehen sich im Kreis. Alte Männer blasen auf Kuhhörnern, spielen auf primitiven Zupfinstrumenten und vollführen einen ohrenbetäubenden Lärm. Es riecht nach Holzfeuer, Kräutern, Weihrauch und der Ausdünstung der Menschen – ein merkwürdiger, erregender Geruch. Wie das

Auf und Ab der Straße, auf der wir ziehen, wechselt das Tempo der Prozession und der Gesang der Gläubigen. Manchmal bewegt sich alles in ruhigem, getragenem Rhythmus, manchmal wird das Tempo schnell, hektisch, und es entstehen Unruhe und heilloses Gedränge. Auch die Musik, der Klang der großen Trommeln, der Gesang wirken getragen und langsam, dann steigern sie sich zu fast hysterischem Crescendo.
Wenn das Gedränge zu groß wird, greifen die zahlreich vertretenen Polizisten mit sichtbarer Routine ein. Sie packen die Menschen an den Schultern und schleudern sie viele Meter weit zurück in die kompakte Masse – oder sie schlagen schnell und gut gezielt mit Peitschen und Schlagstöcken nach den Beinen der Gläubigen, was wütendes Protestgeschrei, aber auch Gelächter auslöst.
An meiner Seite geht schon seit geraumer Zeit ein kleines, adrett gekleidetes Mädchen, das mit schneller Auffassungsgabe bemerkt hat, daß es bei mir in Sicherheit ist. An diesem langen Tag und während der vielen Stunden der Prozession und der Gebete auf dem großen Platz kommen wir einander sehr nahe, halten uns an den Händen, lächeln einander zu und gehen Arm in Arm. Und Meron – so heißt das kleine Mädchen – gibt mir und ich gebe ihr das Gefühl von Schutz vor der schier erdrückenden Menschenmenge.
Nach dreistündigem Marsch sind wir auf dem großen Platz hoch über der Stadt angekommen. Durch viele Tore strömen die Menschen, man sieht weiße Zelte, die für die Priester aufgerichtet sind, und in der Mitte des Platzes einen kleinen, scheußlichen Swimmingpool ganz in Türkis. Zwei große, mit billigem Plastikmaterial in den Farben Äthiopiens und der UdSSR umwundene Säulen flankieren ihn. Im Wasser schwimmen kitschige Gebilde in Kreuzform, die farbige Glühlampen tragen. Hier soll morgen die Weihe des Wassers stattfinden. Vor einem besonders großen weißen Zelt sitzt auf einem Thronsessel der Patriarch oder Abuna, das Oberhaupt der äthiopischen Kirche, ganz in Gold gekleidet. Ein altes, nobles Gesicht mit schlauen dunklen Augen. Er ist umgeben von zahlreichen kirchlichen Würdenträgern und hält mit Hilfe eines Mikrophons eine kurze Predigt. Er strahlt große Würde aus. Die Menschen werfen sich vor ihm auf die Erde und berühren mit der Stirn den Fußboden.
Begleitet von singenden Kindern und tanzenden Priestern und von einer in respektvollem Abstand folgenden Menschenmenge begibt sich der Patriarch zu den anderen Geistlichen, die von der langen, anstrengenden Prozession ermüdet sind und in den Zelten ruhen. Die Menschen lassen sich segnen, überreichen kleine Gaben und Geldspenden. Langsam beginnt es zu dämmern. Überall leuchten kleine Feuer auf. Weiße Gewänder verschwimmen schemenhaft mit dem hellen Hintergrund der Zelte und des trockenen Grases. Man hört Beten und Singen, Lachen und Kinderweinen. Alles rüstet für die Nacht.
Beim Weggehen begegne ich einer Gruppe österreichischer Kapuziner, die auf den Spuren eines in Kaiser Justus' Auftrag gesteinigten Mitbruders sind, der

jetzt seliggesprochen werden soll. Die kleine Meron, deren Lächeln und Nähe mir so gutgetan hat, geht noch ein Stückchen mit mir, dann küssen wir einander, umarmen uns, und sie verschwindet im Gewühl der abendlichen Großstadt. Ich blicke ihr nach und bin traurig, daß ich sie wohl niemals wiedersehen werde.

Am nächsten Tag gilt es, möglichst früh zur Feier zu kommen, was gar nicht so leicht ist, denn zwischen elf Uhr abends und sechs Uhr morgens besteht eine strenge Ausgangssperre.

Der weite Platz mit seiner blassen Grasfläche ist in ein unwirkliches, rosenfarbiges Licht gehüllt. Rauch vermischt sich mit dem Morgennebel und dem Schein der aufgehenden Sonne. Schwerelos bewegen sich die weißgekleideten Menschen in kleineren und größeren Gruppen – alles strebt zur Mitte des Platzes hin.

Um den häßlichen Swimmingpool ist eine feste Eisenbarriere angebracht, an der sich die Menschen wie eine kompakte Mauer drängen. Innerhalb der Barriere hat sich schon die ganze Geistlichkeit, bunt wie Paradiesvögel, versammelt – es wird gesungen und gebetet, Silberschellen klingen, und Knaben in prachtvollen Prunkgewändern kugeln sich im Gras und suchen nach ihren Kronen. Den Säulen gegenüber hat sich die Reihe der ausländischen Kirchenfürsten formiert. Alles wartet auf den Patriarchen. Die Mauer aus Menschenleibern, die sich an die Umfriedung drängt, ist so dicht, daß man kein Blatt Papier dazwischenschieben könnte. Ein Stuhl wird gebracht und aufgestellt, dann wieder weggetragen und durch einen anderen, solideren ersetzt. Kleine Teppiche werden unter dem Stuhl ausgebreitet und nach wenigen Minuten mit anderen ausgetauscht. Ich stehe mit ein paar Europäern und einer kleinen Gruppe von Journalisten und Photographen, unter denen sich Gary in vorderster Linie befindet, nicht weit von der hohen Geistlichkeit und innerhalb der Barriere. Mit Staunen und einer gewissen Rührung erkenne ich auf dem kleinen Teppich, der den geheiligten Füßen des Patriarchen als Unterlage dienen soll, ein buntes Bild, das Schwäne in einem Teich und Wasserrosen zeigt – es ist der gleiche Teppich, der bei uns in Österreich auf Dorfmärkten feilgeboten wird.

Endlich fährt ein schwarzer Wagen vor, der Patriarch steigt aus und segnet die Menschen. Trillern und Gesang, Silberschellen klimpern, Weihrauch steigt zum Himmel. Der Patriarch nimmt Platz und setzt seine Füße auf den Schwanenteppich. Er hat neben sich eine Tasche von Ethiopean Airlines stehen, aus der er immer wieder Papiertaschentücher holt, in die er sich mit lautem Trompetenton schneuzt – er scheint einen argen Schnupfen erwischt zu haben.

Nach weiteren Gebeten und Gesängen steht er auf. Ein prachtvolles Kreuz hoch über den Kopf haltend, geht er zum Ende des Beckens, steigt ein paar Stufen zum Wasser hinunter und segnet mit herrlicher, weitausholender Geste das Wasser und die Menschen. Dann holt er aus seinem Gewand ein kleines Flakon mit goldfarbenem Öl und schüttet ein paar Tropfen in das Becken. Sein Gesicht ist zum Himmel gewandt, seine kleinen dunklen, in Sandalen steckenden Füße sind naß, seine zarte, fast zerbrechliche Gestalt in dem goldenen Mantel strömt ein unbeschreibliches Charisma aus. Die Menschenmenge verharrt in tiefem Schweigen.

Am Rande dieses Geschehens taucht eine Figur auf, die mich augenblicklich fesselt: ein hochgewachsener alter Mann mit bodenlangem Ziegenledermantel, eine schwarze hohe Mütze auf dem Kopf, kirschgroße Bernsteinperlen um den Hals. Das Gesicht ist scharfgeschnitten und schön – ich kann meine Augen kaum von ihm wenden. Er beugt sich zum Becken, holt aus einer Falte seines Mantels eine kleine Wasserflasche aus Giraffenhaut und beginnt mit gelassenen Gesten das geweihte Wasser mit der Hand in die Flasche zu schöpfen. Seine Augen beobachten mit einem gewissen Amüsement die um den Patriarchen schwärmende Geistlichkeit.

Ich war so in den Anblick des alten Mannes versunken, daß ich nicht bemerkt hatte, wie der Patriarch und sein Gefolge das Gelände verlassen hatten und die Polizei, die sich beritten und zu Fuß innerhalb der abgesperrten Zone aufhielt, den Weg für die Gläubigen zum heiligen Wasser freigegeben hatte. Als ich mich auf halbem Weg zwischen Becken und Einfriedung befinde, stürzt eine tobende, schreiende, singende Menschenmasse gegen mich an. Ich finde nirgends Halt in diesem Gewoge, das mich zu Boden reißt. Ich ziehe mich an Leibern hoch, doch nicht hoch genug, um zum Stehen zu kommen, und werde wieder zu Boden gestoßen. Panik und Todesangst erfassen mich, denn ich weiß, ja ich schreie es mir selber lautlos zu: »Sie sehen dich nicht!« Dann ein Gefühl der Kraftlosigkeit, der Ergebung und das Bewußtsein, das ist das Ende ...

Plötzlich packen mich zwei Arme und heben mich hoch, schaffen mit kräftigen Schlägen Raum um mich. Ein berittener Polizist hat mich entdeckt, hat sein Pferd in die zum Wasser stürzende Menge getrieben und mich herausgezogen. Er ruft mir zu, ich solle mich am Sattel seines Pferdes anhalten, und so gelangen wir beide hinter die Absperrung. Ich stehe da, am ganzen Körper zitternd, und fühle mich sehr elend und sehr verlassen.

Der Polizist taucht einige Minuten später noch einmal auf und bringt mir meine Schuhe, was meine Lebensgeister und mein Gefühl für die nicht zu übersehende Komik der Situation einigermaßen in Schwung bringt. Dann höre ich hinter mir eine Stimme, die auf englisch sagt: »Is everything all right with you?« Als ich mich umwende, blicken mich zwei hellblaue Augen aus einem blassen, sommersprossigen Gesicht an: Schwester Josephine vom Orden der heiligen Maria von Lourdes aus Dublin – es ist wie eine Erlösung.

Schwester Josephine hatte viele Monate im ärgsten Hungergebiet im Norden

des Landes gearbeitet und im Kinderlager Mekele eine eigene Station für kinderlähmungsgeschädigte Kinder eingerichtet. Plötzlich war sie ins Mutterhaus nach Irland zurückbeordert worden, und mit der den christlichen Orden eigenen Demut hatte sie sich gefügt. Doch in ihrem Inneren tobten Zorn und Schmerz und Auflehnung, weil sie wußte, daß ihre Station ohne Ersatz bleiben würde und die Kinder, die Anzeichen von Besserung gezeigt hatten, lebenslange Krüppel bleiben würden. Sie erzählt mir von ihrem Leben dort oben – von den vielen Waisenkindern, denen es am Notwendigsten, nämlich an Liebe fehlt, von ihrer Hingabe an die äthiopischen Kinder.
Plötzlich ertönt hinter uns ein langgezogener, fast tierischer Schrei, und unseren entsetzten Augen bietet sich ein grausiger Anblick: Ein junger Mann mit toten Augenhöhlen tastet sich langsam in unsere Richtung. An einem dünnen Strick, der fest um seinen Hals geschlungen ist, kriecht vor ihm her ein Kind. Es bewegt sich auf winzigen Armen, um die Reste von Autoreifen befestigt sind, um das Wundwerden zu verhindern. Seine Beine baumeln in einer schauerlich verrenkten Stellung in der Höhe der Schulterblätter oberhalb des Rückens. Nie werde ich den Gesichtsausdruck des Kindes vergessen – es hat funkelnde, intelligente Augen, die mich entsetzlich weise und entsetzlich böse anblicken, als es die kleinen Hände bittend hebt. Schwester Josephine murmelt, auch diesem Kind könne wahrscheinlich geholfen werden, wenn es in die richtigen Hände käme – es sei ja kaum drei Jahre alt ...
Wir wandern über den großen Platz, wo sich die Menge in lose Gruppen aufgelöst hat. Um das Becken gibt es immer noch großes Gedränge, Menschen springen in das Wasser, füllen Flaschen und Gefäße und bespritzen einander. Unter Bäumen sitzt der Patriarch und läßt sich vorsingen und vortanzen. Die Atmosphäre ist schön und fromm und fröhlich zugleich. Als der Patriarch endlich aufsteht und zum letzten Mal die Menge segnet, bemerke ich, daß einige der vielen Polizisten sich zu Boden werfen, nachdem sie die Helme von den Köpfen gerissen haben, während andere unbeteiligt danebenstehen.
Der Zug formiert sich und verschwindet nach langer, langer Zeit hinter dem großen Tor.
Djal Meda liegt verlassen und menschenleer da. Ein Rudel Hunde läuft mit gesenkten Köpfen schnuppernd über den Platz, Papierfetzen werden vom Wind verweht, die Zeltplanen knattern, und eine Krähe hüpft krächzend im Gras. Eine junge Mutter sitzt lachend auf dem Boden und stillt ihr Kind. Ich reibe mir die Augen und frage mich, ob das alles ein Traum war.

Abessinien damals – Äthiopien heute

Aus den Aufzeichnungen von Oberstleutnant a. D. Eduard Graf Wickenburg:

Abessinien war bis zur Zeit, als es dem Vordringen der Italiener durch die siegreiche Schlacht von Adua im Jahre 1896 eine Schranke setzte, dem großen europäischen Publikum fast nur dem Namen nach bekannt. Von dieser Zeit an trat es aber aus seiner Jahrhunderte währenden Abgeschlossenheit heraus, und es begann eine für die politische Konstellation Ostafrikas ganz hervorragende Rolle zu spielen. In raschem Siegeszug hat es alle anstoßenden Gebiete erobert und dadurch seine Grenzen bis an die Interessensphäre der europäischen Nationen, ja in manchen Fällen sogar in diese hineingeschoben. Heute ist Abessinien der bedeutendste und mächtigste Eingeborenenstaat Afrikas. Es erscheint daher nicht uninteressant, einiges über die staatlichen und sozialen Einrichtungen im Reiche Meneliks, der den stolzen Titel »Der siegreiche Löwe von Juda« führt, zu hören. Die folgende Betrachtung, welche teilweise meinen Aufzeichnungen während zweier Reisen in Abessinien entnommen ist, bezieht sich hauptsächlich auf Schoa, da dieses heute den Schwerpunkt des abessinischen Reiches ausmacht.

Früher war Abessinien ein Feudalstaat, dessen Gebiete von Königen und Ras aus erblichen Familien beherrscht wurden, die zwar unter der Oberherrschaft des Negus Negesti, des Königs der Könige, standen, doch in ihren Ländern vollkommen unabhängig schalten und walten konnten und das Recht über das Leben und den Tod ihrer Untertanen hatten. Seit Menelik sich die Kaiserkrone Abessiniens aufs Haupt gesetzt hat, trat bald das Bestreben auf, den Absolutismus immer mehr auszugestalten. Mit dem Tode Tekla Haimanods, des Königs von Godscham, im Jahre 1900 ist der letzte Herrscher aus angestammter Familie und der letzte König aus Abessinien verschwunden. Die einzelnen ehemaligen Königreiche und Provinzen sind heute größtenteils mit Günstlingen des Negus besetzt, und diese werden nach seiner Willkür auch wieder abgesetzt. Sie führen den Titel Ras oder Dedjasmatsch und haben zwar die Gerichtsbarkeit in ihren Ländern, doch nicht das Recht über Leben und Tod. Auch kann gegen ihre Urteilssprüche an den Negus rekurriert werden. Wenn es sich um wichtige Entscheidungen im Staate handelt, so beruft der Kaiser seine Ras, Generäle und andere Würdenträger zur Versammlung, um ihr Urteil zu hören, entscheidet aber dann nach seinem eigenen Ermessen, so daß diese Versammlungen einen rein consultativen Cha-

rakter haben. Es gibt in Abessinien keine Minister. Die vom Negus den Ras und anderen verliehenen Provinzen und Länder werden von diesen administriert, doch haben sie einen jährlichen Tribut zu zahlen, dessen Minimum normiert wird. Es wird aber gerne gesehen, wenn höhere Tribute gezahlt werden, dadurch tritt unter diesen Gouverneuren eine Art Konkurrenz ein, wer dem Negus den größten Tribut zahlt und dadurch in hohe Gunst kommt. Wenn der Tribut zu klein ausfällt, so riskiert der betreffende Gouverneur, sein Land zu verlieren, was auch tatsächlich vorkommen soll. Da der Gouverneur sein Land wieder unter seine Günstlinge und diese wieder an ihre Anhänger verteilen, welche die Steuern und Abgaben einzutreiben haben, so entsteht ein Raubsystem sehr zum Nachteile besonders der ackerbautreibenden Klasse. Der Tribut an den Negus geht durch die Hände unzähliger Personen, welche alle ihren Profit haben wollen.

Die absolute Macht Meneliks stützt sich hauptsächlich auf den Militarismus. Man könnte Abessinien mit Recht als einen Militärstaat bezeichnen. Im Frieden unterhält Menelik ein Söldnerheer, dessen Stärke mir mit zwanzigtausend Mann angegeben wurde. Die Soldaten werden auf Staatskosten ernährt, bekleidet, erhalten ein Gewehr, Patronen und einen Säbel sowie eine Bezahlung von nur vier Taler per Jahr. An Sonntagen werden die Soldaten in der kaiserlichen Residenz gespeist, wobei ihnen das Brondo – rohes Rindfleisch – sowie Tetschbier verabfolgt wird. Ebenso wie der Negus hält jeder Ras oder Gouverneur in seinem Lande ein stehendes Heer von mehreren Tausend Mann. Im Kriege findet ein allgemeines Massenaufgebot statt, und jeder Abessinier ist bei Strafe der Konfiskation aller seiner Güter verpflichtet, sich dem Heere zu stellen. So erklärt es sich, daß der Negus mit Leichtigkeit eine Armee von mehreren Hunderttausend Mann aufstellen kann. Die Verpflegung dieser Truppe ist eine sehr einfache. Jeder Mann nimmt sich soviel Mehl und andere Vorräte mit, als er selbst tragen oder auf seinem Maulthier unterbringen kann. Sind diese Vorräte aufgebraucht, so lebt die Armee einfach vom Lande durch Requisition, einerlei ob man durch eigenes oder durch feindliches Land zieht. Der Marsch einer Truppe durch irgendeine Gegend soll dort schauderhafte Spuren der Verwüstung hinterlassen. Dörfer werden niedergebrannt und die friedlichen Landbewohner sowie deren Frauen und Kinder zum Tragen des Gepäcks oft weit von ihrer Heimat fortgeschleppt. Nach einer längeren Dienstzeit und für besondere Verdienste kann ein Soldat vom Negus mit Land belehnt werden. Die in demselben ansässigen Bauern, Gabara genannt, werden dann seine Leibeigenen und müssen den Boden für ihn bearbeiten.

Die Einnahmen des Reiches bestehen in den Zöllen, der Grundsteuer, dem Zehent und Robot. Alle Waren, welche importiert oder exportiert werden, sind in Abessinien mit zehn Perzent ad valorem besteuert. Dieser Zoll kann entweder in natura durch einen Teil der betreffenden Waren oder in Geld gezahlt werden. Die Einnahmen für die Zölle fließen direkt in die Kasse des Negus. Der Robot besteht darin, daß der Bauer eine bestimmte Anzahl von Tagen für den Chef der betreffenden Provinz arbeiten muß. Die Anzahl der Arbeitstage wird ganz nach Willkür des letzteren bestimmt. Auch die Grundsteuer wird für die einzelnen Bauern nach der Größe ihres Besitztums einzig und allein durch den Chef der betreffenden Provinz bemessen, der seine Informationen durch seine Unterbeamten, die Schume, erhält. Diese Grundsteuer wird meist nicht in Geld, sondern in Naturalien gezahlt, je nach der Gegend in Feldfrüchten, Vieh, Elfenbein oder Geweben. Der Zehent wird dadurch eingehoben, daß die Unterbeamten der Gouverneure die Ernte von dem ihnen unterstehenden Distrikte abschätzen und dann nach ihrem Gutdünken, sobald die Ernte eingebracht ist, davon nehmen, was ihnen beliebt. Dem Bauer steht zwar das Recht zu, sich bei seinem Gouverneur zu beschweren, doch trotzdem kann man sich vorstellen, daß er unter diesem System der Willkür dem Untergang preisgegeben ist. Da keiner der Beamten in Abessinien ein Gehalt bekommt, vom Ras angefangen bis zum Schum, sie aber alle durch das Land, das heißt den Distrikt, dem sie vorstehen, bezahlt werden müssen, nach Abzug des Tributes an ihren Chef andererseits aber wieder gar keiner Kontrolle unterstehen, so führt dies zu einem wahren Ausbeutungssystem.

Die Einnahmen von Robot, Zehent und Grundsteuer fließen nicht direkt in die Kassen des Negus, sondern in die der Ras oder Gouverneure, welche aus diesen Einnahmen den Tribut an den Negus zahlen. Derselbe wird zweimal im Jahre, gewöhnlich zu Neujahr und nach der Regenzeit am Maskalfeste, gezahlt. In Addis Ababa besteht auch eine Marktsteuer, deren Erlös dem Negus zufällt.

Bis vor kurzem war das einzige in Abessinien kursierende Geld der alte österreichische Mariatheresienthaler. In den letzten Jahren hat Menelik einen Taler mit seinem Bilde prägen lassen, der zwar heute in Addis Ababa und Umgebung im Umlauf ist, doch ziehen die Leute den alten Taler vor, und kaum einen Tagesmarsch von der Hauptstadt nehmen sie den neuen Taler überhaupt nicht an. Die Leute weigern sich dort oft, neue, noch glänzende Taler zu nehmen. Ich hatte einmal nur solche bei mir und kam daher in ernstliche Verlegenheit, da niemand dieselben nehmen wollte. Nachdem ich sie aber ins Feuer geworfen und sie dadurch ihren Glanz verloren hatten, wurden sie anstandslos genommen. Wenn der Taler hingegen zu abgenützt aussieht, so wollen ihn die Leute auch nicht nehmen. Ein besonderes Gewicht legen sie darauf, daß die Punkte der Agraffe an der Schulter der Kaiserin gut zu sehen sind. Als Unterabteilung des Talers hat man Salzstücke von cirka fünfundzwanzig Zentimeter Länge und fünf Zentimeter Breite, Amule genannt, von welchen vier bis sechs auf einen Taler gehen. Je weiter man sich von der Hauptstadt entfernt, desto mehr steigt der Wert der Amule. Dieses Geld ist für den Reisenden höchst unpraktisch, da schon dreihundert Amule, was einem Wert von fünfzig Talern entspricht, eine volle Kamellast ausmachen. Neuerer Zeit sind auch halbe, viertel, achtel und zwanzigstel Taler in Gebrauch.

In den abessinischen Provinzen gilt mit Bezug auf das Besitzrecht des Grund und Bodens der Grundsatz, daß ein Drittel dem Kaiser gehört, ein Drittel der Kirche und ein Drittel den Bauern und Soldaten. In den eroberten Gebieten erscheint aber der Kaiser als alleiniger Besitzer des gesamten Grund und Bodens. Der Negus verleiht oder verkauft denselben, doch kann er dessen Zurückgabe verlangen. Er belehnt auch manchmal seine Günstlinge für besondere Verdienste mit ausgedehnten Ländereien, wofür dieselben eine Abgabe per annum zu zahlen haben. Doch auch dieses Besitzrecht ist kein dauerndes und kann jederzeit aufgehoben werden.

Die Justiz in Abessinien ist durch ein uraltes Gesetzbuch, die Fata Negest, geregelt, nach dessen Vorschriften noch heute vorgegangen wird. Die Abessinier haben eine ganz gute Auffassung, daß eine geregelte Rechtspflege im Staate die Basis der gesellschaftlichen Ordnung ist, und es besteht daher eine wohlorganisierte Justiz im Lande. Der oberste Richter ist der am Hofe des Negus lebende sogenannte »Afa-Negus«, was soviel heißt als der Mund des Negus. Er ist zugleich auch einer der allerhöchsten Würdenträger des Reiches. Dem Verurteilten steht aber selbst nach seinem Urteilsspruch der Rekurs an den Kaiser frei. Dieser geschieht gewöhnlich dadurch, daß der Verurteilte am Tore des Gebi auf den Kaiser wartet und sich bei dessen Annähern ihm zu Füßen wirft, seine Gnade anflehend. In den Provinzen ist der Ras oder der Dedjasmatsch Richter. Dieser bestellt wieder seine Schume in den einzelnen Distrikten zu Richtern. Die Gerichtsverhandlungen vollziehen sich gewöhnlich unter freiem Himmel, sind öffentlich und werden daher von einem großen Auditorium besucht. Der Angeklagte hat das Recht, sich einen Verteidiger zu wählen. Auch werden Zeugen für beide Parteien vorgeladen. In den meisten Fällen verteidigen sich die Angeklagten persönlich. Ich habe wiederholt solchen Gerichtsverhandlungen beigewohnt. Hiebei überraschte mich die Gewandtheit in Sprache und Gebärde, andererseits wieder die Ruhe und Würde, welche der Angeklagte bekundete. Der Schwur auf das Allerheiligste und die Reliquien findet zuweilen auch Anwendung. In Abessinien besteht die Todesstrafe, und zwar soll dieselbe, im Falle ein Mord vorliegt, genau nach derselben Art vollzogen werden, wie der Mord begangen wurde. Wenn jemand z. B. einen anderen erschossen hat, so soll er selbst erschossen werden. In den meisten Fällen kann sich aber der Schuldige durch Zahlung einer bestimmten Summe loskaufen. Wiederholter Diebstahl wird durch das Abschneiden der Hand oder des Fußes bestraft. Sehr häufig kommen auch Kettenstrafen vor, ebenso auch Prügelstrafen. Selbst die Generäle und Ras sind manchmal diesen Strafen unterworfen. Streitigkeiten zwischen Privatpersonen werden nicht immer vor den Richter gebracht, sondern einfach durch ein Schiedsgericht von Freunden und Bekannten der beiden Parteien entschieden. Diese Art der Beilegung ist in Abessinien sehr beliebt, und nach abessinischer Rechtsanschauung ist jeder, der als Schiedsrichter gewählt wird, verpflichtet, dieses Amt zu übernehmen ...

Amharinnen

Werfen wir nun einen Blick auf das Familienleben der Abessinier. Die Abessinier sind bekanntlich monophysitische Christen und leben daher in Monogamie. Es gibt aber zweierlei Arten von Ehen, nämlich die kirchliche und die zivile. Erstere ist unlösbar und kommt verhältnismäßig selten vor. Letztere findet vor dem Schum in Gegenwart von vier Zeugen statt und ist mit Zustimmung beider Parteien wieder lösbar. Die Ehe, sowohl die zivile als kirchliche, hat die vollkommene Gemeinsamkeit des Besitzes der beiden Ehegatten zur Folge. Tritt die nach der Zivilehe mögliche Scheidung ein, so muß das Vermögen bis auf den letzten Taler geteilt werden. Diese Sitte führt häufig zu Mißbräuchen, da es dadurch dem einen oder anderen der beiden Eheleute leicht wird, sich zu bereichern.
Das Erbrecht besteht darin, daß das gesamte Vermögen zu gleichen Teilen unter die Kinder beiderlei Geschlechts verteilt wird. Der überlebende Gatte oder die überlebende Gattin bekommt die Hälfte des ganzen Vermögens. Auch bei den Abessiniern hat das Christentum die Stellung der Frau in der Familie erhöht, so daß dieselbe großen Einfluß besitzt und sich mit voller Freiheit bewegen kann. Infolgedessen ist auch das Bildungsniveau der Abessinierin dem der Frauen in den islamitischen Ländern überlegen. Viele Abessinierinnen sind des Lesens und des Schreibens kundig.

Es gibt in Abessinien strenggenommen keine eigentlichen Kasten und keine Aristokratie mit Ausnahme etwa der kaiserlichen Familie. Die angesehenste und mächstigste Stellung im Reich nehmen die Spitzen der Armee, die Ras, Dedjasmatsch usw. ein. Nach ihnen rangieren die Zivilbeamten. Jedem gemeinen Soldaten steht die Carriere bis zum höchsten Militär, dem Ras, offen. Einer der mächtigsten Generäle ist z. B. heute der Dedjasmatsch Baltscha, ein ehemaliger Eunuch am Hofe Meneliks.

Eine weniger geachtete Klasse ist die der ackerbautreibenden Bevölkerung und die der Kaufleute. Die verachtetste ist die der Professionisten, Schmiede, Lederarbeiter usw. Man findet in dieser Auffassung einen interessanten Anklang an die Stellung, welche die Professionisten unter den hamitischen Völkern, unter den Somali und Galla einnehmen, wo dieselben als outcast betrachtet werden. Die Sklaverei wurde von Kaiser Menelik schon vor einigen Jahren abgeschafft. Früher war dieselbe in Abessinien in großer Übung. Die vielen Kriege, welche mit den Nachbarvölkern geführt wurden und mit deren Unterwerfung endeten, lieferten ein nach Tausenden zählendes Menschenmaterial, welches den größten Teil des islamitischen Ostens mit Sklaven versah. Tausende von Menschen wurden von arabischen Händlern zusammengekauft, an die Küste gebracht und hierauf in den Häfen, hauptsächlich in Zeila, nach Arabien verschifft. Heute gelten zwar noch die Kriegsgefangenen für die Zeit von sieben Jahren als Sklaven und sind wohl auch die meisten Diener in den Häusern Sklaven, doch dürfen dieselben nicht verkauft werden, so daß der Sklavenhandel in Abessinien nicht mehr besteht.

Werfen wir nun einen Blick auf die geschichtliche Entwicklung Abessiniens und auf die Ursachen, die zu dessen so großer Ausdehnung und Machtstellung führten. Die Traditionen führen die Geschichte bis auf Abraham zurück, zu welcher Zeit die Stadt Axum, deren Ruinen noch heute in Tigre bestehen, gegründet worden sein soll. Der Gründer der abessinischen Dynastie ist Menelik I., den abessinischen Traditionen nach ein Sohn der Königin von Saba und Salomons. Der jetzige Negus Menelik führt seine Abstammung auch auf diese zurück. Schon im Jahre 333 soll das Christentum in Abessinien Eingang gefunden haben, und zwar sollen zwei Europäer namens Fromenius und Adesius, welche an der afrikanischen Küste Schiffbruch erlitten hatten und so nach Abessinien gekommen waren, die Lehre Christi dort verbreitet haben. Im 6. Jahrhundert wurde das monophysitische Christentum in Abessinien eingeführt. Durch die Verbreitung des Islams in Ägypten wanderten zahlreiche Juden nach Abessinien aus und gelangten dort bald zu solcher Macht, daß sie die Herrschaft an sich rissen und durch drei Jahrhunderte hindurch die Regierung führten. Nur Schoa blieb der Dynastie Kaiser Meneliks übrig. Erst im Jahre 1255 kam Abessinien wieder an die eingeborene Dynastie.

Durch ein ganzes Jahrhundert, von 1520 bis 1632, sehen wir hierauf Abessinien

Gemauerte Rundkirche – Amharen mit Diener

---

im Verkehr mit Portugal. Der abessinische Kaiser hatte die Hilfe der Portugiesen gegen die Mohammedaner angerufen. Gesandtschaften wurden zwischen Portugal und Abessinien gewechselt, und portugiesische Missionare, namentlich Jesuiten, reisten nach Abessinien, hoffend, dieses wieder dem Katholizismus zurückzugewinnen. Trotzdem die Portugiesen Abessinien durch Sendung von Truppen und Artillerie von seinem vollkommenen Untergang durch den mohammedanischen Eroberer Mohammed Granj gerettet hatten, wurden die portugiesischen Missionare von den Abessiniern vertrieben. Zwei sehr interessante Werke, die uns aus dieser Zeit erhalten sind, die der beiden Jesuiten Francesco Alvarez und Pater Lobo, geben uns über die traurigen Zustände Nachricht.

Bis zum Beginn des 19. Jahrhunderts steht Abessinien neuerlich in vollkommener Abgeschlossenheit von Europa. Erst dann wieder unternehmen es einige europäische Reisende, in das Innere des Landes vorzudringen, und es beginnen die Kolonialpolitik treibenden Staaten Europas mit Abessinien in Verkehr zu treten; namentlich ist dies England und Frankreich. Englands Beziehungen zu Abessinien führen schließlich i. J. 1868 zum Krieg mit Kaiser Theodorus, der sich vom einfachen Soldaten bis zum Imperator aufgeschwungen und den Thron usurpiert hatte. Es folgt der Feldzug der Engländer unter Lord Napier, der mit dem Falle der Hauptstadt Magdala und dem Tode Theodorus', der sein Leben durch Selbstmord endete, schließt. Auch Italien begann teils durch Missionäre, teils durch Reisende mit Abessinien, namentlich mit Schoa, dessen König damals bereits Menelik war, in Verkehr zu treten. Im Jahre 1869 erwarb Italien den Hafen von Asab am Roten Meer durch Kauf, und im Jahre 1885 wurde Massaua besetzt, obwohl der damalige Negus Johannes, der Nachfolger Theodorus', dagegen protestierte. In den folgenden Jahren wurde das Gebiet über vierzig Kilometer landeinwärts vergrößert. Infolgedessen kam es schon zu wiederholten Konflikten zwischen den Abessiniern und den Italienern, von denen besonders das Massacre einer italienischen Convoi durch Abessinien bei Dogali i. J. 1887 zu erwähnen ist, wobei dreiundzwanzig Offiziere und vierhundert italienische Soldaten getötet wurden. Die hierauf gegen Kaiser Johannes unternommene Expedition verlief erfolglos, da sich dieser mittlerweile nach Tigre zurückgezogen hatte. Im nächsten Jahre fand Johannes in der Schlacht von Galabad gegen die Derwische den Tod, obwohl die Abessinier die Schlacht gewonnen hatten. Nach dem Tode Johannes' bemächtigte sich Menelik der abessinischen Kaiserkrone. Im Jahre 1889 kam es zwischen Italien und Abessinien zu dem bekannten Vertrag von Utschali (auf amharisch Wuchale), der später infolge der verschiedenen Auslegung des italienischen und abessinischen Textes zum Kriege zwischen Italien und Abessinien führte. Nach der abessinischen Version hieß es nämlich, Abessinien könne *sich in allen Angelegenheiten mit europäischen Mächten der Diplomatie Italiens bedienen, nach der italienischen Version hieß es aber,* müsse *sich bedienen. Durch letztere wäre demnach die Anerkennung des italienischen Protektorates über Abessinien ausgesprochen gewesen. Auch verlangten die Italiener, ihre Grenze bis an den Arebfluß auszudehnen. Da Italien von einer Revision des Vertrags nichts wissen wollte, so kam es zum Kriege im Jahre 1895. Die Italiener unter General Baratieri fielen in Tigre ein, besetzten Adua, Axum und drangen bis Makale vor, so daß sich Ras Mangascha, der Chef von Tigre, zurückziehen mußte. Menelik erschien nun selbst mit einem großen Heere auf dem Kriegsschauplatze. Die Italiener verloren im weiteren Verlaufe des Krieges das Gefecht bei Ambo Alagi, Makale wurde von den Abessiniern wieder genommen, und schließlich kam es zur Schlacht von Adua am 1. März 1896, in welcher Menelik mit seinen Truppen selbst eingriff und die in der vollständigen Niederlage der Italiener endete. Dreihundertsechzig Offiziere und zehntausend Mann waren teils tot, verwundet oder gefangen. Baratieri mußte nach Massaua fliehen. Ein Jahr später wurde ein definitiver Friede geschlossen, das Protektorat über Abessinien annulliert, die italienischen Gefangenen ausgelöst und die Mareb-Grenze anerkannt.*

Es beginnt nun für Abessinien eine Zeit der Macht. England und Frankreich treten mit Menelik in dipolomatischen Verkehr. Noch im selben Jahre senden diese Staaten glänzende Gesandtschaften an den Hof Kaiser Meneliks, die ihm reiche

Geschenke bringen. Italien sucht in Abessinien wieder Boden zu gewinnen, Rußland sendet eine Mission nach Addis Ababa und beschenkt Menelik mit hunderttausend Berdan-Gewehren und Millionen von Patronen. Auch ein russisches Spital wurde in der Hauptstadt errichtet. Kaiser Menelik sieht sich durch die Geschenke Rußlands und Frankreichs, denn auch dieses hatte ihm Tausende von Gras-Gewehren geschickt, sowie durch seine Siege gegen die Italiener im Besitz unzähliger Gewehre und Geschütze. Außerdem stehen ihm durch das von Italien für seine Kriegsgefangenen gezahlte Geld reiche Mittel zur Verfügung. Beides verwendet er zu Vergrößerung seines Länderbesitzes, und es beginnt nun ein Krieg gegen alle angrenzenden Gallavölker, der im raschen Siegeszug deren vollständige Unterwerfung herbeiführt. Die Galla, welche früher die gefürchtetsten Feinde der Abessinier waren, ja einst selbst deren Existenz gefährdeten, müssen nun den überlegenen Waffen der Abessinier weichen. Es gibt heute keine selbständigen Gallastämme mehr. Sie alle zahlen mit Ausnahme der am unteren Danaflusse im englischen Protektorate wohnenden Galla an Abessinien einen Tribut. Nach der Unterwerfung der Galla dringen die Abessinier in das Somaliland ein, plündern und rauben und besetzen einen Teil desselben. Doch auch nach Westen dringen sie bis an den Nil vor und unterwerfen dort die sogenannten Schangallastämme. Ihre Siegeszüge richten sich nun auch bis an den Rudolf- und Stephaniesee, wo sie die dort wohnenden Stämme unterwerfen, und enden erst dann, als die Grenzen der englischen Kolonien ihrem Vordringen Halt gebieten. In wenigen Jahren hat Menelik durch seine Generäle einen ungeheuren Länderbesitz erworben und das abessinische Reich verdoppelt. Die Ursache des Gelingens dieser Eroberungen ist in dem Besitz von Feuerwaffen zu suchen, welche durch die europäischen Mächte selbst Menelik zur Verfügung gestellt wurden. Allerdings waren dies keine uneigennützigen Geschenke. Italien wollte sich schon zur Zeit des Negus Johannes die Freundschaft Meneliks sichern. Frankreich brauchte Abessinien in seinen Bestrebungen, sich am oberen Nil festzusetzen, und wollte dieses für eine gemeinsame Aktion gegen England gewinnen, woraus die für Frankreich so ungünstige Faschoda-Affäre resultierte. Rußland endlich suchte in Abessinien Halt, indem es an die Gleichheit der beiden Länder anknüpfte.

Aus allen diesen Bestrebungen hat aber, wie man sieht, Kaiser Menelik allein mit seiner überaus schlauen Politik die Vorteile gezogen. Abessinien nimmt heute in Afrika eine machtgebietende Stelle ein und ist ein Faktor geworden, mit dem die in Afrika Kolonialpolitik treibenden Mächte sehr zu rechnen haben. Heute wäre ein Krieg gegen Abessinien ein enorm kostspieliges und sehr gewagtes Unternehmen, welches sich jahrelang hinziehen könnte, ohne zu einem Resultate zu führen. Menelik besitzt ein durch viele Kriege geschultes, vorzügliches Soldatenmaterial. Er hat Hunderttausende von Hinterladergewehren, Millionen von Munition und sogar eine ganz ansehnliche Artillerie. Die Abessinier sind gute Schützen und haben jedenfalls mehr Mut als die anderen Völker Ostafrikas. In ihren Bergen besitzen sie fast uneinnehmbare natürliche Festungen. Die Verproviantierung der Armee bietet, wie ich erwähnt habe, keine Schwierigkeit, während sie für den Angreifer fast ein Ding der Unmöglichkeit wäre. Gewiß fehlt es den Abessiniern auch nicht an Patriotismus, um ihr Vaterland zu verteidigen, wie sie dies ja stets bewiesen haben. Auch sind sie von Natur aus eine kriegführende Nation, welcher der Krieg eine Lieblingsbeschäftigung ist. Wenn sich kein äußerer Feind zeigt, so kommt es häufig zu Kämpfen im Inneren des Landes.

Auch gegen Ägypten haben die Abessinier mit großem Erfolg gekämpft. Im Jahre 1837 hatte Mohammed Ali einen Krieg gegen Abessinien unternommen, der aber mit einer Niederlage für ihn endete.

Ismael Pascha unternahm i. J. 1875 einen wohlorganisierten Feldzug gegen den Negus Johannes, wobei er Abessinien von drei Seiten angriff. Doch auch diesmal gelang es den Abessiniern, alle diese Armeen siegreich abzuweisen. Die Abessinier waren auch die einzigen, welche dem Ansturm der Mahdisten erfolgreich Widerstand entgegensetzten. Selbst in neuester Zeit haben sie den Versuch der Somali, in Abessinien einzufallen, blutig zurückgewiesen.

Betrachten wir zum Schlusse Abessinien, wie es sich uns heute darstellt, so möchte ich sagen, daß es sich gegenwärtig noch im Zustande des Mittelalters befindet. Wir finden dort die Herrschaft der rohen Kraft, dargestellt durch den Häuptling mit seinen Reisigen, den Feudalismus und eine sehr ausgebildete Hierarchie, das Bestreben der Fürsten, sich nach oben unabhängig zu machen und nach unten das Volk zu unterdrücken. Schließlich sehen wir die Herstellung eines gewissen Gleichgewichtes zwischen den Fürsten, der Kirche und dem Volke durch Gründung einer zentralen Staatsgewalt.

Ein Horoskop für die Zukunft Abessiniens zu stellen ist gegenwärtig sehr schwer. Ohne Zweifel wäre das Volk entwicklungsfähig, schon infolge seiner Intelligenz und geistigen Überlegenheit über die anderen Völker Ostafrikas. In gewissen Schichten der Bevölkerung beginnt auch allmählich ein Erkennen der europäischen Kultur aufzudämmern, obwohl allerdings der Durchschnittsabessinier davon keine Ahnung hat. Kaiser Menelik mit seinem regen Interesse für Europa scheint auch das Bestreben nach einer höheren Kultur zu begünstigen. Es erscheint jedoch geraten, seinen Kulturbestrebungen mit einem gewissen Skeptizismus zu begegnen. Es handelt sich hiebei meist nur um ein rein persönliches Interesse, um Neugierde über die Wunder der europäischen Kultur oder um eine königliche Tändelei zum Zeitvertreib. Seit der Schlacht von Adua ist Abessinien fortwährend in Kontakt mit Europa, Menelik hatte Gelegenheit, mit zahlreichen Europäern zu verkehren und sich über alles Nachahmenswerte in Europa gründlich zu informieren. Er scheint aber nichts gefunden zu haben, was er seinem Lande nutzbar machen könnte. Vielleicht ist es gerade ein Zeichen seines Scharfblickes, da er einsah, daß europäische Reformen seinem Lande zwar nichts nüt-

zen, seiner Stellung aber schaden könnten. Es blieb daher alles beim alten, und es wurde auch nicht der leiseste Versuch gemacht, etwas zu verbessern. Die wenigen Neueinführungen in Abessinien sind fast alle privater Natur wie die Post von Harar nach Addis Ababa, die Eisenbahn von Dschibuti nach Dire Dawa, der Telegraph von Addis Ababa über Ankober nach Asmara, der von Italien gebaut wurde. Auch die Hauptstadt scheint keinen nennenswerten Aufschwung genommen zu haben. Das persönliche Interesse des Negus für alles Europäische ist allerdings rege. Menelik läßt sich z. B. irgendeine Maschine aus Europa kommen, nicht etwa, um dieselbe zum Nutzen seines Landes zu verwenden, sondern weil ihn der Mechanismus interessiert. Sobald er mit diesem vertraut ist, wandert die Maschine in die kaiserliche Rumpelkammer. Als ich im Jahre 1901 in Addis Ababa weilte, war Menelik eben dabei, eine neue Hauptstadt zu bauen. Es wurde da mit fieberhafter Tätigkeit gearbeitet, wovon ich mich an Ort und Stelle überzeugen konnte. Zwanzigtausend Galla waren aus den südlichen Provinzen zwangsweise aufgeboten worden. Krankheiten rafften viele der unglücklichen Arbeiter dahin. Auf meinem Marsche an den Abbaisee kam ich durch Distrikte, wo nur die Weiber und Kinder zurückgeblieben waren; die Ernte konnte daher nicht eingebracht werden. Was war aber das Resultat aller dieser Anstrengungen? Addis Alam wurde, wie ich höre, nie ausgebaut, trotzdem einer königlichen Laune der wirtschaftliche Wohlstand von ganzen Provinzen geopfert worden war. Auch eine Straße wurde mit einem enormen Kostenaufwand nach Addis Alam gebaut und hiezu sogar eine Dampfstraßenwalze aus Europa beschafft, die von dreitausend Soldaten bis Addis Ababa geschleppt wurde. Zur Verwendung soll dieselbe aber nie gekommen sein. Menelik hat auch einen deutschen Ingenieur eine Münz in seiner Hauptstadt errichten lassen, die trotz aller enormen Schwierigkeiten, die sich einem solchen Unternehmen entgegenstellen mußten, trefflich ausgestattet wurde. Der Ingenieur hat Addis Ababa verlassen, und es wäre daher nicht zu wundern, wenn die Münz bald außer Betrieb gesetzt werden würde. Alle diese Passionen des Negus kosten aber viel Geld, und das Land, namentlich die eroberten Gebiete, müssen dafür in Gestalt von Tribut aufkommen. So gereichen Meneliks Kulturbestrebungen dem Lande nicht zum Nutzen, sondern zum Schaden. Die ersten Jahre nach dem Siege über die Italiener standen ihm Millionen, welche die Italiener als Lösegeld für ihre Kriegsgefangenen zahlen mußten, für seine Passionen zur Verfügung. Dieselben dürften aber schon lange aufgebraucht sein, und nun müssen die Galländer herhalten.

Eine umfassende Änderung zum Besseren könnte übrigens nur durch eine vollständige Änderung des jetzt bestehenden und, wie ich gezeigt habe, sehr korrupten Regierungssystems erfolgen. Ob es dazu kommen wird, ist sehr fraglich. Kaiser Menelik steht für einen Orientalen bereits in ziemlich hohem Alter und wird es daher wohl vermeiden müssen, in den letzten Jahren seiner Regierung einen Sturm im Lande heraufzubeschwören.

Was hat man überhaupt nach dem Tode des Negus Menelik zu erwarten? Dies wird vor allem davon abhängen, ob ein Rückschrittler oder ein europafreundlicher Negus auf den Thron kommen wird. Menelik hat keinen direkten männlichen Erben. Ras Mangascha und Ras Makonen, welche Anspruch auf den Thron hatten, starben im letzten Jahre. Menelik hat daher den Sohn seiner Tochter zum Nachfolger bestimmt, und es heißt, daß die Großen des Landes auf die Bibel geschworen haben, ihn nach Meneliks Tode als Negus anzuerkennen. Es werden aber dann höchstwahrscheinlich unter den einzelnen Fürsten Streitigkeiten entstehen, wie dies ja immer bei einem Thronwechsel in Abessinien der Fall war. Ob dann der neue Kaiser, der jetzt noch im Knabenalter steht, die Kraft und die Macht haben wird, seine Stellung ohne weiteres zu behaupten, ist eher zweifelhaft.
Nach dem Tode Meneliks dürften sich also die Dinge kaum ganz glatt abwikkeln, und es kann leicht zu blutigen Kämpfen im Lande kommen, wie dies seit jeher der Brauch war, nur können diese bei der gegenwärtigen guten Bewaffnung der Abessinier größere Dimensionen annehmen als je zuvor. Sollte dann aber Europa in Abessinien intervenieren, so wird es dieses vielleicht wieder geeint finden, nach dem Grundsatze: »Abessinien den Abessiniern!«

Wenn man die Menschen in Äthiopien fragt: »Wann und wie begann eigentlich die Revolution?«, dann müssen sie, bevor sie antworten, erst nachdenken, und die Auskünfte weichen sehr voneinander ab. Tatsächlich steht wohl inzwischen fest, daß die Revolution im Jahr 1974, und zwar im Januar, ihren Anfang nahm. Die einen sagen, sie begann damit, daß im Süden des Landes eine Garnison meuterte, weil es kein Wasser gab und weil die Offiziere ihre Brunnen den Soldaten nicht zur Verfügung stellen wollten. Die anderen erzählen, daß sie von der Provinz Hararge ausging, wo Soldaten deshalb meuterten, weil ihre Gefallenen, im Gegensatz zu den gefallenen Offizieren, nicht begraben wurden und man die Toten den Hyänen überließ.
Es folgte eine Zeit der Demonstrationen – die Taxifahrer streikten, weil das Benzin zu teuer geworden war, die Lehrer streikten, aber auch die Schüler, die Prostituierten gingen auf die Straße und auch die Priester, und hunderttausend Muslims forderten Gleichberechtigung im Staat. Nach dem Beispiel im Süden setzten Soldaten ihre Offiziere gefangen. Die C.E.L.U., der Gewerkschaftsbund, rief den Generalstreik aus.
Um diesen drohenden Zeichen entgegenzuarbeiten, kündigte der Kaiser eine Liberalisierung der Verfassung an und hob die Pressezensur auf. Und was der Weltöffentlichkeit nur lückenhaft bekannt war, daß nämlich in den Provinzen Wollo und Tigre eine Hungerkatastrophe wütete, wurde endlich auch den Bewohnern von Addis Abeba bewußt. Während dieser Zeit kamen die ersten internationalen Hilfsaktionen in Gang, und als Partner von der Regierungsseite

wurde die sogenannte RRC (Relief and Rehabilitation Commission) gegründet, die sich seither bewährt hat.
Es vergingen Wochen, in denen sich das Land in einem latenten Kriegszustand befand, dann bildete sich eine Gruppe von Militärs, und es wurde klar, wer die kommenden Machthaber sein würden: Sie nannten sich »Derg«, ein aus der altäthiopischen Sprache »Geez« neugebildetes Wort, das soviel wie »in einer Reihe stehen« bedeutet. Der Derg bestand aus einer Vertretung der unteren Militärränge, vom einfachen Soldaten bis zum Major; Vorsitzende waren zwei Offiziere mit den Namen Atnafu Abate und Mengistu Haile Mariam.
Und der Kaiser? Alles, was von jetzt an geschah, wurde in seinem Namen ausgeführt, und er ließ es tatenlos geschehen. Was war aus Haile Selassie, dem »Löwen von Juda«, geworden? Ein alter Mann, der nicht mehr die Kraft aufzubringen schien, sich zur Wehr zu setzen, der sich nicht wehren wollte? »Der Kaiser hat gefühlt, daß seine Zeit gekommen war«, hat mir ein Äthiopier gesagt. Unbestreitbar ist, daß Haile Selassie, der, bevor er zum Kaiser gekrönt wurde, Ras Tafari hieß, als junger Mann ungemein schlau und ungemein geduldig versuchte, sein Land gegen Europa hin zu öffnen. Es war sein Verdienst, daß der von Menelik II. bestimmte Erbe Lij Jasu daran gehindert wurde, das Land zu islamisieren; unter seiner Regierung wurde Äthiopien Mitglied des Völkerbundes, er berief eine eigene Kommission zur Bekämpfung des Sklavenhandels, der schon zur Zeit des Kaisers Johannes zwar offiziell abgeschafft war, aber ungehindert weiter betrieben wurde. Er schuf eine moderne Armee, ja eine Bürokratie nach europäischem Muster, und er hat es sich, schon vor seiner Krönung zum Kaiser, zum Ziel gemacht, das Bildungswesen zu fördern. Schulen wurden gebaut, und 1949 wurde die Universität in Addis Abeba gegründet. Wirtschaftlich war Äthiopien den Weg des ländlichen Feudalsystems – mein Vater bezeichnete es seinerzeit als »Raubsystem« – weitergegangen, ja es war dem Süden des Landes gegenüber so etwas wie eine Kolonialmacht, die das Land und seine Menschen bis zur Grenze des Erträglichen ausbeutete. Die Landbesitzer zogen die Hälfte der Ernten von den Bauern ein, verkauften sie in der Stadt und gaben den Ertrag für das aus, was sie unter »modern« und »fortschrittlich« verstanden – nämlich Luxusprodukte aus dem Ausland.
In der Zeit Haile Selassies war Addis Abeba nicht nur die größte, sondern auch die modernste und eleganteste Stadt in Ostafrika, in der man für gutes Geld alle Güter Europas und der ganzen Welt zu kaufen bekam. Die äthiopischen Kaiser waren immer von einem geradezu unglaublichen Selbstbewußtsein erfüllt – so hat Kaiser Theodorus um die Mitte des 19. Jahrhunderts um die Hand der Queen Victoria angehalten, mit der Begründung, daß das christliche Nord-Imperium der Königin mit seinem Süd-Imperium in Afrika verei-

nigt werden sollte, um dem Islam endgültig den Garaus zu machen. Als er keine Antwort erhielt, ließ er, erzürnt über die Beleidigung, alle Briten in den Kerker werfen. Lord Napier rückte im Auftrag der Königin an der Spitze eines britischen Heeres in Äthiopien ein, belagerte die Festung Magdala und kehrte mit der äthiopischen Krone als Beute nach England zurück, nachdem Theodorus in der Festung Selbstmord begangen hatte, um der Kapitulation zu entgehen. Haile Selassie hat diese Krone von den Briten wiederbekommen. Sein Prestige war noch in den sechziger Jahren gewaltig; er genoß nicht nur in Europa hohes Ansehen, er war auch in Afrika der Patriarch, der absolute Spitzenrepräsentant der afrikanischen Staatschefs – fast eine Kultgestalt, vor der sich sogar ein Idi Amin Dada demütig bis zum Boden verneigte.

In den letzten Jahren seiner Regierung war er zu alt geworden, und seine Umgebung hatte es verstanden, ihn mehr und mehr zu isolieren, so daß seine Pläne für eine große Landreform niemals verwirklicht wurden.

Am 12. September 1974 wurde der Kaiser abgesetzt. Eine kleine, aber schwerbewaffnete Gruppe von Offizieren erschien im Palast und las vor, was der Derg über ihn beschlossen hatte. Richard Kapuczinsky beschreibt in seinem Buch »The Emperor« beklemmend die letzten Tage des Kaisers in seinem Palast. Sein gesamter Hofstaat, die Minister, die Dienerschaft und Teile seiner Familie waren entweder verhaftet oder erschossen worden. Zuletzt befand er sich allein mit einem alten Diener in dem riesigen Gebäude – kleidete sich täglich in seine Uniform und blickte vom Fenster hinunter zu den Käfigen, wo die Löwen unruhig hin und her wanderten, während es in Strömen regnete. Er soll gesagt haben: »Wenn die Revolution für das Volk gut ist, dann bin ich für die Revolution.« Laut Kapuczinsky sei der erste und einzige Protest aus seinem Mund gekommen, als man von ihm verlangte, in einen schäbigen grünen Volkswagen zu steigen.

So ist ein Kaiserreich, das auf zweitausendfünfhundert Jahre Eigenstaatlichkeit zurückblicken konnte, zu Ende gegangen.

Das Volk hatte sich schon weit vom Kaiser entfernt und war mit anderem beschäftigt – vor allem hatte der Derg zu verbreiten gewußt, daß Haile Selassie ein riesiges Vermögen ins Ausland geschafft und sich auch während der Hungersnot geweigert habe, etwas von dem Geld für die notwendigen Hilfsaktionen zu verwenden.

Die Monarchie wurde vorerst rechtlich beibehalten und der Kronprinz Asfa Wossen zum Kaiser – allerdings ohne Rechte – erklärt. Doch am 27. März des folgenden Jahres wurde die Monarchie endgültig abgeschafft. Am 27. August 1975 starb Haile Selassie, dessen Name auf amharisch »Macht der Dreifaltigkeit« lautet, dreiundachtzigjährig in Gefangenschaft.

Schon im September hatte der Derg, wenn auch im Namen des Kaisers, die volle Macht übernommen; eine neue Verfassung wurde in Aussicht gestellt.

Zwar blieben einige Gesetze in Kraft, aber es gab Militärgerichte und Sonderstrafrechte, und Menschenrechtsverletzungen waren an der Tagesordnung. Das war aus »Ethiopia Tikdem« (Äthiopien voraus), dem Wahlspruch der Revolution, geworden: eine straff organisierte, marxistische – oder stalinistische – Staatsform.
Der Derg brauchte ein Aushängeschild für das Ausland und das beunruhigte Volk: Man machte General Aman Andom, der einmal Verteidigungsminister gewesen war und als integer galt, zum Vorsitzenden. Mengistu und Atnafu Abate wurden erster und zweiter Stellvertreter. Bei der ersten Auseinandersetzung mit dem Derg – General Andom war ein Eritreer, wollte den Krieg in Eritrea beenden und den Aufständischen entgegenkommen – kam es zum Krach, und bevor Andom seine Anhängerschaft aktivieren konnte, wurde sein Haus von Panzern umstellt und mit allen Bewohnern vernichtet.
Fast gleichzeitig wurden siebenundfünfzig kaiserliche Würdenträger, unter ihnen siebzehn Generäle und die zwei letzten Ministerpräsidenten, erschossen. Wieder wurde ein neuer Vorsitzender ernannt – Taferi Bente, ein Oromo. Mengistu und Atnafu blieben die Männer im Hintergrund.
Bis zum Februar 1977 blieb General Taferi Bente im Amt, dann ließ ihn Mengistu, wieder mit einer Reihe von anderen, erschießen. Auch Atnafu Abate, der alte Kampfgenosse, wurde ermordet. Mengistu übernahm endlich offiziell das, was er schon lange ausgeübt hatte: die Macht.
Schon im Jahr 1974 hatte es ein Programm mit zehn Punkten gegeben, das besagte, daß Äthiopien ein geeintes Land bleiben sollte – eine Absage an alle Separatisten. Der sogenannte »äthiopische Sozialismus« sollte mit einer großen politischen Einheitspartei geschaffen werden. Die Wirtschaft sollte in die Hände des Staates übergehen, das Land sollte nur dem gehören, der es selber bearbeitete, Banken, Versicherungen und Unternehmen sollten verstaatlicht und die Familie, das Fundament der äthiopischen Gesellschaft, vor allen äußeren Einflüssen geschützt werden. Noch im selben Jahr wurden Studenten und Schüler zu Tausenden hinaus aufs Land geschickt, um dem Volk nicht nur Lesen und Schreiben beizubringen, sondern es vor allem auf seine Aufgaben im sozialistischen Staat vorzubereiten.
Am 5. März 1975 wurde die große Landreform verkündet. Die Regierung oder der Derg war in Zugzwang gekommen. Das Gesetz war in Windeseile entworfen und beschlossen worden. Es besagt im großen und ganzen, daß kein Grundeigentümer mehr als zehn Hektar bearbeiten darf, daß er selber das Land bestellen muß und keine Arbeiter anstellen darf, daß er Grund und Boden nicht weiterverkaufen, aber seinen Nachkommen vererben darf. Das hieß eigentlich: Wem Land weggenommen wurde, der konnte auf dem verbleibenden Rest – vorausgesetzt, er war bereit, es selber zu bestellen – bleiben, und auch wem Land zugeteilt wurde, besaß lediglich das Nutzungsrecht.

Aber schon im Jahr 1975 wurden Genossenschaften gegründet, zuerst auf freiwilliger Basis. Die Bauern sollten Mitglieder der Produktionsgesellschaften werden, die Felder gemeinsam bestellen und lernen, für die Gemeinschaft zu arbeiten. Die Landverteilung entwickelte sich in Richtung Landkollektivierung.

In den Genossenschaften entstanden Situationen, die wieder einmal auf dem Rücken der Bauern ausgetragen wurden: In den im Süden gelegenen Kaffeeplantagen z. B. muß der Bauer für je 1,2 Hektar, die er bebaut, 8 kg Ernte abliefern – dafür werden ihm 1,8 Birr, das sind 1,5 DM, von der staatlichen Vermarktungsbehörde ausgezahlt. Kann der Bauer bei schlechter Ernte sein Soll nicht erfüllen, muß er sich, um einer Bestrafung zu entgehen, den restlichen Kaffee zu einem Überpreis (3 Birr pro kg) verschaffen.

Die Landreform fand nicht ungeteilten Beifall. Waren die Bauern im Süden, denn dort lag vor allem der Großgrundbesitz mit seiner feudalistischen Ausbeutung, mit dieser Lösung zufrieden, so bedeutete sie im Norden, wo das Land dichter besiedelt und die einzelnen Flächen kleiner und Familienbesitz waren, die Auflösung altüberlieferter Traditionen und erweckte Widerstand.

Widerstand und Widerstandsgruppen gibt es im Land in Hülle und Fülle – man zählt bis zu zwanzig verschiedene Guerillagruppen. Wobei die kleineren mehr eine Fortsetzung des traditionellen Räuberwesens bilden, während die drei großen Widerstandsgruppen das Land noch lange nicht zur Ruhe kommen lassen – eine Lösung zeichnet sich jedenfalls nicht ab.

Die Auseinandersetzungen zwischen Zivilisten und Militärs – um es vereinfachend zu formulieren –, nämlich der linksgerichteten EPRP (Ethiopian People's Revolutionary Party) und der EDU (Ethiopic Democratic Union) mit der von ihnen als faschistisch abqualifizierten Militärjunta, fanden in den Jahren 1977 und 1978 einen blutigen, bürgerkriegsähnlichen Höhepunkt, der unzählige Menschenleben forderte. Die Kämpfe wurden von beiden Seiten mit äußerster Härte geführt und endeten damit, daß zumindest in den Städten die »Kebele«, vom Derg organisierte Stadtmilizen, die Kontrolle übernahmen.

1976 verkündete die Regierung als Fernziel die Errichtung eines »demokratischen Volksstaates« und den sogenannten »wissenschaftlichen Sozialismus«. Vom äthiopischen Sozialismus war nicht mehr die Rede. Zwei Organisationen, die POMOA (Provisional Office for Mass Organisational Affairs) und die ME'ISONE (All Ethiopian Socialist Movement), beides politische Büros, vom Derg für den Auf- und Ausbau einer volksdemokratischen Republik geschaffen, schwenkten zeitweise auf die Linie der EPRP ein und wurden nun von Mengistu genauso verfolgt und weitgehend entmachtet. Wieder kostete es viele Menschenleben auf beiden Seiten – doch das Militär hatte über die Zivilisten gesiegt.

Die vieldiskutierte und immer wieder hinausgeschobene Gründung einer sozialistischen Einheitspartei wurde endlich im Jahre 1984 unter dem Titel »Workers Party of Ethiopia« vollzogen.

Viele Fragen bleiben offen: die kriegsähnlichen Zustände im Norden des Landes, der Anspruch der Eritreer auf Autonomie – kräftig und aggressiv vertreten von der EPLF, der »Eritrean Peoples Liberation Front«, die wiederum von Saudi-Arabien und Libyen mit Waffen versorgt wird –, die Bewegung der OLF, der Oromo Liberation Front, die mehr Rechte für ihr Volk verlangt, die nichtbewältigte Frage der Hungergebiete, die großen Umsiedlungsprogramme – in ihrer Idee durchaus notwendig, in ihrer Ausführung verantwortungslos, die Menschenrechte verletzend und konzeptionslos.

Wenn man einen Bauern im Süden, einen Nomaden in der Gegend von Moyale, fragt, was sich geändert hat, so sagen sie: Es geht uns besser, unsere Kinder haben die Möglichkeit, in die Schule zu gehen, und die Nomaden sagen, es sind Brunnen gegraben worden, und unser Vieh verdurstet nicht mehr so zahlreich wie früher. Die Oromo im Gebiet der großen Seen blicken zur Seite und schweigen, denn sie sind weit davon entfernt, sich integriert zu fühlen. Die Afar in der Danakilwüste wandern, den Stock zwischen den Schultern und das krumme Messer lässig an der Hüfte, wie eh und je mit ihren Herden – alles, was sie interessiert, ist, Wasser und Weideland für ihre Tiere zu finden. Wenn man russische Transporte oder kubanische Truppen in langen Kolonnen begegnet, so sind die Gesichter der Äthiopier finster und verschlossen, und auch die Erwähnung ihres Führers Mengistu Haile Mariam bringt kein Lächeln auf ihre Züge.

Wer ist Mengistu? Man nennt ihn den roten Negus, und er verkörpert die totale Macht wie seine Vorgänger Kaiser Menelik II. oder Haile Selassie am Höhepunkt ihrer Laufbahn. Sein Ziel ist die Umwandlung einer Gesellschaft, die Erneuerung und Sozialisierung seines Landes – und dafür scheint ihm jedes Mittel recht zu sein.

Haile Mariam bedeutet die »Macht Mariens«, und man sagt, daß Mengistus Frau ihm das Versprechen abgenommen haben soll, die Kirche nicht völlig zu entmachten. Er hat drei Töchter, und über sein Privatleben gibt es nicht einmal Anekdoten. Sein Vater war Wächter im Palast, und seine Mutter soll eine Dienerin aus dem Süden gewesen sein. Es gibt ein Gerücht, daß er der Halbbruder des Prinzen Kassa Kebede ist – dann wäre er der Urenkel Kaiser Meneliks. Ausgebildet wurde er auf der Militärschule von Holeta und in den USA – aber darüber gibt es von amerikanischer Seite keine Bestätigung.

Was hat das äthiopische Imperium zweitausend Jahre zusammengehalten, wurde ein alter erfahrener Missionar einmal gefragt. Seine Antwort war: »Der Kaiser, die Kirche und die Bedrohung von außen!« Die Dynastie ist abgeschafft, die Kirche bedeutungslos und in Abhängigkeit geraten – übrig bleibt die äußere und innere Bedrohung Äthiopiens.

Aus einem Vortrag von Eduard Graf Wickenburg unter dem Titel: »Abessinien, ein uralter Staat.«

Wenn wir nun rasch die geschichtlichen Vorgänge Abessiniens an uns vorüberziehen lassen, so finden wir viele Analogien zu der Entwicklung der europäischen Staaten. Da wie dort innere und äußere Kriege, religiöse Kämpfe, Palastrevolutionen, zentralistische und föderalistische Bestrebungen, Zeiten der Blüthe, Zeiten des Verfalls. Zu denken gibt es, daß Abessinien, dieser typisch afrikanische Staat, obwohl ihm die Segnungen europäischer Kultur nicht beschieden waren, dennoch aus eigener Kraft immer wieder hochgekommen ist. Das Volk der Abessinier scheint also eine große Lebenskraft zu besitzen, die es befähigt hat, den Stürmen von fast drei Jahrtausenden zu trotzen. Beachtenswert ist ferner das zähe Festhalten am alten Glauben, trotz jahrhundertelanger Bedrohung durch den Islam, den alle Nachbarvölker angenommen hatten. Abessinien ist das letzte Land, das sich seine Unabhängigkeit und Eigenart erhalten konnte, denn alle übrigen sind schon längst zu Kolonien geworden . . .

Wiedersehen mit dem Berg meines Vaters

Eduard Graf Wickenburg: Aus einem Vortrag über seine Reise »Von Dschibuti bis Lamu«

Im März und April 1901 nahm ich einen längeren Aufenthalt in Addis Ababa und Baltschi, um eine Karawane für meine eigentliche Expedition auszurüsten. Mein Plan war, durch das abessinische Seengebiet, welches von den Geographen als der Große Afrikanische Graben bezeichnet wird, nach dem Stephaniesee zu ziehen und von dort einen Vorstoß nach Südost zu unternehmen, in Gebiete, welche heute noch auf den Karten als leerer weißer Fleck erscheinen.
Ende April hatte ich meine neue Karawane, die aus fünfundvierzig Mann, teils Somali, teils Abessiniern, und aus vierzig Kamelen, mehreren Pferden, Maulthieren und Eseln bestand, aufgestellt, und ich brach von Baltschi auf.
Mein erster Marsch, der, wie dies gewöhnlich der Fall zu sein pflegt, mit allen möglichen Hindernissen verbunden war, wie durchgehende Kamele, die ihre Lasten abwarfen, Pferde und Maulthiere, die sich verlaufen, Leute, die streiken, und dergleichen, führte mich nur bis an den Fuß des Bokanberges, wo ich lagern ließ, um meine Karawane, die auf einer Strecke von vielen Kilometern verstreut marschierte, wieder zu sammeln. Am Bokan, der eine Höhe von dreitausend Metern hat, soll zur Zeit des mohammedanischen Eroberers Mohammed Granj, der bekanntlich einen Vernichtungskrieg gegen das christliche Abessinien geführt hat, eine große Stadt gestanden sein, unter einem Könige. Granj soll dieselbe im 19. Jahrhundert zerstört haben. Heute sind nur mehr Ruinen davon zu sehen, zwischen denen sich hin und wieder ärmliche Strohhütten erheben. Die Bewohner derselben halten aber sehr schönes Vieh. Die Gegend von Baltschi bis an den Bokan scheint schon seit Jahrzehnten von Abessiniern bewohnt zu sein, die in früheren Zeiten in beständigen Kämpfen mit den damals mächtigen Galla standen.

Ich habe geglaubt, ich würde dem zweiten Teil unserer großen Reise mit Gelassenheit entgegensehen, aber das Gegenteil ist der Fall. Mein Verlangen nach den weiten Landschaften, den Menschen, die seit Jahrhunderten eifrig und doch ruhevoll die Ernte einholen, nach den goldenen Ebenen, aus denen sich jäh riesige Bergkegel erheben, ist so stark geworden, daß ich am Tag der Abreise aus Addis Abeba mit Ungeduld und klopfendem Herzen auf Gary

und Tesfaye warte. Doch was mich am meisten bewegt, ist wohl die Tatsache, daß ich den Berg meines Vaters endlich zu erreichen hoffe!
Meine Geduld (oder Ungeduld) wird auf eine harte Probe gestellt, denn es ist schon später Vormittag, als die beiden in den Hof der Botschaftsresidenz einfahren. Tesfaye murmelt irgend etwas von Autoreparatur und Permits, dann werfen wir das Gepäck in den Wagen und fahren ab.
Wir haben eine weite Reise vor uns, bei der wir, so gut es geht und soweit uns die Behörden keine Schwierigkeiten machen, versuchen wollen, der Route meines Vaters zu folgen. Von Addis Abeba soll es an die großen Seen des Rift Valley gehen, dann nach Awasa, nach Mega und Moyale, von wo wir einen Abstecher zum Berg meines Vaters machen wollen, weiter über Konso, entlang der Westseite der Seen, nach Arba Minch, Wolliso und schließlich zurück an unseren Ausgangspunkt, die Hauptstadt Addis Abeba.
Bei näherem Hinsehen stelle ich fest, daß es mit der Reparatur des Wagens nicht so ernst gemeint gewesen ist. Das Sonnenschutzschild hängt weiterhin traurig über der Windschutzscheibe, und der Haltegriff ist ebenso unbrauchbar wie bei unserer letzten Reise. Tesfaye hat weder Medikamente noch Verbandszeug, weder genügend Ersatzteile noch eine Taschenlampe, ja nicht einmal eine Flasche Wasser bei sich, Bleistift und Papier zum Aufzeichnen seiner Route fehlen natürlich ebenfalls. So starten wir mit Tesfaye Tadesse zu unserer zweiten, viele Kilometer weiten Reise.
Bei Debre Zeit stoßen wir zum ersten Mal wieder auf die Route meines Vaters, der ja von Baltschi aus seine Karawane in Bewegung setzte. Da sind tiefgrüne, runde Kraterseen, die Adda-Seen, von steilen Ufern umgeben, am

---

9 Blick über den Awasa-See
10 Prozession zum Fest der Erscheinung des Herrn
11 Priester, bunt wie Paradiesvögel, tragen die Bundeslade
12 Dachkonstruktion – ein Beispiel äthiopischer Handwerkskunst
13 Seit Jahrhunderten bemalen die Gurage ihre Häuser mit kunstvollen Mustern
14 Der Mount Wickenburg oder Forole im Licht der untergehenden Sonne
15 Der Forole aus kenianischer Sicht; Wolken ziehen auf, Hoffnung auf Regen erweckend, die aber wie so oft unerfüllt bleibt
16 Begegnung mit einer jungen Borana-Frau am Fuße des Forole

12

Rande der betriebsamen Ortschaft Debre Zeit. Ein gähnend leeres Hotel, von dessen Terrasse man einen herrlichen Blick auf einen der Seen hat.
Südlich der großen Kreuzung bei Mojo, wo sich die Straßen nach Osten Richtung Hawasch und Harar und nach Süden Richtung Mega und Moyale teilen, weitet sich das Land. Berge wachsen aus der Ebene, goldene Stoppelfelder dehnen sich endlos, liebevoll gepflegt und sorgsam angelegt, unterbrochen von kleinen Ansammlungen von Hütten und den dazugehörigen Brunnen und Getreidespeichern. Diese Speicher haben eine interessante Konstruktion: ein großer Stein als Fundament, darauf ein kunstvoll geflochtener birnenförmiger Behälter, der in einem spitzen Strohdach endet. Hier wird Getreide gelagert – und der große Stein soll verhindern, daß Termiten, die das Tageslicht meiden, aus dem Boden hochkriechen und die Ernte auffressen.
In den Ortschaften herrscht reges Treiben, denn es ist St.-Michaels-Tag, der letzte Tag des Timkat-Festes. Überall bewegen sich Gruppen von Menschen auf die runden Kirchen zu, es wird gebetet, gesungen und getanzt, auf bunt herausgeputzten Pferden sprengen Reiter heran, Stöcke werden geschwungen, und weiße Zelte leuchten im grellen Sonnenschein.
In endlosem Zug gehen Esel schwerbeladen am Straßenrand, Pferde traben vor kleinen zweirädrigen Karren, Geri genannt, und schleppen eifrig Menschen, Wasserbehälter, Fässer, Kanister. Ihr Fell ist struppig, und sie sind so mager, daß man jede Rippe zählen kann. Im Maul haben sie riesige eiserne Kandaren oder einen dünnen Strick. Am besten haben es hier die Stuten, denn sie dürfen nicht arbeiten, da sie für Nachschub sorgen müssen. Es geht ihnen besser als den Frauen, die ebenso wie die Tiere schwerbeladen, oft schmerzhaft gebückt, ihres Weges ziehen.
Ein großer flacher See, der künstlich angelegt ist und für die Wasser- und Energieversorgung der Hauptstadt sorgt, dann Lake Zuay, ein weiter, hellblauer, von Bergen umsäumter See mit Wasservögeln; Menschengruppen, die sich und ihre Kleidung waschen, Schilf schneiden und es in großen Bündeln, unter denen sie selbst fast verschwinden, ans Ufer tragen. Rinder und Esel werden ins Wasser geführt und dort gewaschen. Am Himmel kreisen kreischend braune Milane, Pelikane und Reiher, aufgestört durch die Betriebsamkeit am Ufer.
Eine Gruppe Kinder sammelt sich um unser Auto. Sie drängen sich, um einen Blick durch mein Fernglas erhaschen zu können. Sie schauen damit immer in den Himmel, wo es nichts zu sehen gibt, und manchmal halten sie das Glas auch verkehrt, aber das Entzücken ist groß, sie lachen und schreien.
Der Platz, an dem wir uns befinden, könnte fast mit dem von meinem Vater erwähnten neutralen Marktplatz, an welchem verschiedene am See wohnende Völker zusammenkommen, um Handel zu treiben, übereinstimmen. Heute findet man dort eine runde Bar mit grellen Malereien im höhlenartigen Innen-

raum und eine Art Pavillon, eine offene Halle mit Strohdach, wo unter Umständen Handel getrieben wird, doch Tesfaye kann mir darüber keine Auskunft geben.

Eduard Graf Wickenburg: Aus einem Vortrag über seine Reise »Von Dschibuti bis Lamu«

Vom Bokan zog ich an den kleinen Adda-Seen vorbei zu dem hundert Kilometer südlich fließenden Hawaschflusse.
Bald nachdem man den Bokan verläßt, gelangt man schon in von Galla bewohnte Gegenden. Diese Gegenden scheinen ungemein fruchtbar zu sein und sind nach afrikanischer Anschauung sehr gut bebaut. Überall findet man ausgedehnte Felder von Hirse, Mais und Durra und auch Baumwolle. Die Dörfer und Hütten sehen hingegen sehr ärmlich aus und sind oft halb zerfallen; wahrscheinlich leiden die Galla, da sie so nahe der Hauptstadt sind, stark unter dem von mir beschriebenen Steuersystem. Diese Gegenden heißen Adda und sollen nach Aussage des Gallahäuptlings, der in mein Lager kam, schon seit zwanzig Jahren unter abessinischer Herrschaft stehen. Dieser Gallahäuptling trug schwere Messingarmringe an den Armen, zum Zeichen, wie er mit großem Stolz sagte, daß er bereits zwanzig Menschen getötet habe.
Am 28. April überschritt ich den Hawaschfluß. Derselbe fließt dort durch eine sehr breite Schlucht mit fast senkrechten, hohen Wänden, so daß man auf einem steilen Pfade hinabsteigen muß. In der Mitte der Schlucht befindet sich das eigentliche Flußbett, an dessen Ufer grüne Wiesen mit undurchdringlichem Wald wechseln. Der Fluß selbst hatte nur eine Breite von cirka hundertfünfzig Metern und eine Tiefe von eineinhalb Meter, da die Regenzeit noch nicht begonnen hatte. Immerhin bot dessen Übersetzung große Schwierigkeiten, da für die Kamele erst ein Pfad in die Böschung gehauen und hierauf jedes einzelne dieser schwerfälligen Thiere mittels Stricken hinaufgezogen werden mußte. Nach Überschreitung des Hawaschflusses gelangten wir in eine vollkommen unbewohnte Gegend.
Am zweiten Tage erreichten wir den in den Zuai-See mündenden Makifluß. Zwischen diesem und dem Zuai-See wohnen die Dschile-Galla. Auch den Makifluß mußten wir übersetzen.
Die folgenden drei Tage lagerte ich am Zuai-See, welcher eine Länge von cirka vierzig Kilometer hat. Er wird an seinem Ostufer von hohen Bergen, die bis ans Ufer reichen, begrenzt. Sein westliches Ufer ist flach und von lichtem Wald bedeckt. Am Zuai-See befinden sich mehrere kleine Inseln, welche bewohnt sind, doch ist es für einen europäischen Reisenden schwer, die Bewilligung zu erlangen, diese Inseln zu besuchen. Als Grund hierfür wurde mir die höchst naive Antwort gegeben, Menelik fürchte sich, man könnte sich dieser Inseln bemächtigen. Der

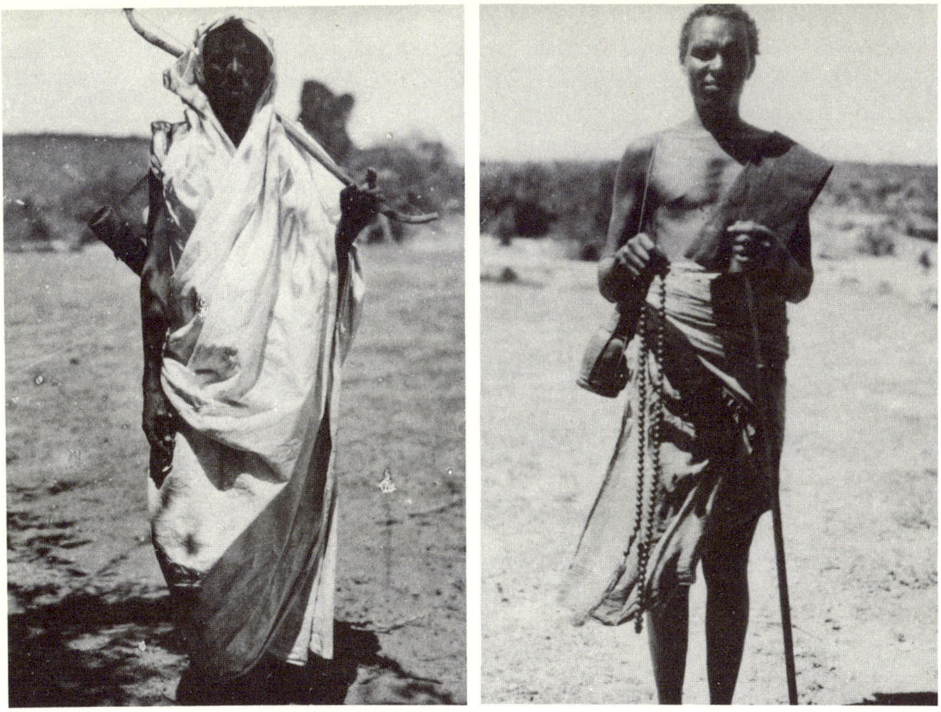

Oromojäger und Oromo (Gurage)

See hat an und für sich keinen Anspruch, schön genannt zu werden, und gleicht eher einer riesigen Pfütze, aus welcher hin und wieder ein Flußpferd sein unförmiges Haupt erhebt, um alsbald wieder unter Wasser zu verschwinden. Am Westufer des Zuai-Sees wohnen die Dschile-Galla. Dieselben sind schöne, große Menschen und erinnern fast an die Massai. Die Frauen sind von auffallend lichter Farbe, gleichen aber sonst den Gallaweibern in Schoa. Die Dschile sind Herdenbesitzer, treiben keinen Feldbau und leben von Milch und Fleisch. Ihre Dörfer liegen nahe am See und bestehen aus großen runden Hütten, die von einer Sariba umgeben sind. Vor etwa acht Jahren hat Kaiser Menelik selbst einen Feldzug unternommen, um sie zu unterwerfen; doch scheinen die Dschile keinen energischen Widerstand geleistet zu haben. Am Südende des Sees, welches unbewohnt ist, befindet sich ein Marktplatz, eine sogenannte Cabaya, welcher als neutrales Gebiet betrachtet wird und wo die verschiedenen am See wohnenden Völker zusammenkommen, um Handel zu treiben. Ich begegnete dort vielen Arussi-Galla, welche an der Ostseite des Sees wohnen.

Diese Arussi, die früher selbst den Bestand der abessinischen Herrschaft in

Schoa gefährdeten, mußten sich nun auch den Abessiniern unterwerfen, da sie, obwohl ein sehr tapferes Volk, mit ihren Lanzen den Gewehren der Abessinier nicht standhalten konnten. Seit ihrer Unterwerfung haben sie übrigens wiederholt Aufstände gegen Menelik unternommen, infolgedessen ein guter Teil von ihnen von den Abessiniern niedergeschossen wurde, wodurch die Bevölkerung des Arussilandes sehr verringert ist. Die Arussi gehören jedenfalls zu den schönsten Eingeborenen Ostafrikas. Man findet unter ihnen Leute von wahrhaft athletischem Wuchse. Ihre Gesichtszüge sind regelmäßig, ihre Hautfarbe eher licht, besonders die Frauen sind von ganz lichter Farbe und erinnern eher an Araberinnen als an Hamitinnen. Die Männer salben sich oft das Haar reichlich mit Butter, was ein Zeichen ist, daß der Betreffende einen Menschen, Löwen oder Elefanten getötet hat. Viele Leute, auch Weiber, tragen als Schmuck um die Stirne eine Schlangenhaut. Diese Galla sind Heiden und haben eine primitive Gottesidee, sie beten zur Erde, den Bäumen, dem Wasser usw. Gott nennen sie Vacu; auch haben sie Vorstellungen vom Teufel, den sie Bocandidscha nennen.
Eine Eigentümlichkeit dieser Galla ist, daß sie oft an den Bäumen Stücke von Thierhäuten, Holzstücke mit Federn und dergleichen aufhängen, um anzudeuten, daß sich in der betreffenden Gegend etwas ereignete, z. B. wenn ein Löwe oder Panther getötet wird, so wird ein Stück seiner Haut am Baume befestigt, wo er fiel. An einem Platze, wo eine Frau gestorben war, hatte man ein in Fransen geschnittenes Stück ihres Lederkleides aufgehängt. Die Galla am Zuai-See leben wie alle übrigen Galla in Polygamie, und zwar wird die Frau gekauft. Die Bekleidung der Männer besteht aus einem kurzen Ledertuche; oft werden Felle, namentlich solche von Panthern, umgehängt. Die Frauen sind in ein Gewand von Leder gehüllt. Männer und Weiber tragen Armspangen aus Messing oder Kupfer, letztere auch Schnüre von Glasperlen um den Hals. Die Männer tragen häufig an ihren Oberarmen schwere Ringe aus Elfenbein. Durch die Ohrläppchen stecken sie kleine, runde Holzstücke. Die Bewaffnung der Arussi besteht aus einem langen Speere mit starker Klinge. Die Männer tragen das Haupthaar kurz geschoren und zieren dasselbe wohl auch mit einer Feder. Die Weiber haben langes, bis an den Nacken reichendes Haar, welches sie reichlich mit Fett salben.

Nicht weit vom Lake Zuay liegen die drei Seen Abyatta, Challa und Langano. Dem Abyattasee, der ebenso wie der Challasee Teil eines Nationalparks ist, nähert man sich durch lichten Akazienwald und Gestrüpp, dann über einen breiten Grasstreifen. In der Folge wird der Boden immer heller, und man atmet Salzgeruch, gemischt mit dem Gestank, den stehendes Wasser und Vogelexkremente hervorrufen. Vor uns liegt – die Sonne steht schon niedrig – eine flache, in allen Schattierungen von Perlmutt glänzende Wasserfläche, die mit Tausenden von Wasservögeln bevölkert ist. Der Boden ist so elastisch, daß man glaubt, jeden Moment einsinken zu müssen, und von einer körnigen,

schneeweißen Salzschicht bedeckt. Gary pirscht sich an die Tiere heran, um sie zu photographieren, und ich wandere den Strand entlang, über den federnden Boden.
Welch ein Anblick! Unzählige Flamingos, die, gleichfarbig wie Wasser und Himmel, die langen rosa Beine eins vors andere setzen und mit den breiten Schnäbeln Wasser und Boden nach Nahrung abtasten. Kommt man ihnen zu nahe, dann flüchten sie in heller Aufregung tiefer ins Wasser oder erheben sich in die Luft und kreisen als rosa Wolke am Himmel; Pelikane in großen Gruppen und Tausende von kleineren Stelzvögeln und Strandläufern; auf einem Pflock sitzt regungslos ein riesiger Fischadler und läßt mich ganz nah herankommen, ehe er sich emporschwingt und seinen eigentümlichen rauhen Schrei ausstößt.
Über die endlose Uferfläche kommt eine Gestalt auf mich zu: Die Kleider sind zerfetzt, die Hose nur mehr vom Futter zusammengehalten, aber das Gesicht ist schön und hellfarbig, und die Zähne, mit denen der Mann mich anlacht, sind strahlend weiß. Ein Hirte, der seine Herde am festen Grund gelassen hat, um mit mir zu plaudern. Er lacht und schimpft über die schlechten Zeiten und darüber, daß es keine Touristen mehr gibt, denn vor allem von den italienischen Touristen hätte er seine gesamte Ausstattung bezogen, und jetzt wäre niemand da, um sie zu ersetzen. Dabei deutet er mit einem langen, wohlgeformten Finger auf seine zerfetzte Hose. Wir unterhalten uns fließend in Englisch und Italienisch. Alles, was ich ihm geben kann, sind Zigaretten, die seine Stimmung noch heben. Als ich meinen dreisprachigen Hirten verlasse, bin ich von seiner guten Laune angesteckt...
Vom Abyattasee wechseln wir über die Straße zum Langanosee, früher Kimesee genannt. Diesmal ist kein Salzgeruch in der Luft, aber auch hier bevölkern viele Tiere die Ufer, vor allem eine riesige Kolonie von Kormoranen, die ihre nassen Flügel ausgebreitet in der Sonne trocknen. Die Berge sind näher gerückt, die niedrige Sonne steht golden auf dem blauen Wasser. Wir trinken Kaffee im Strandhotel – einer schönen Anlage mit Bungalows zum Wohnen und einem großen Raum zum Essen und Tanzen, in dem dunkelrot gekleidete Kellner herumstehen und sich wohl schon an das Ausbleiben der Touristen gewöhnt haben.
Schnell sinkt die Dämmerung herab, und um noch einen Blick auf den Challasee zu erhaschen, fahren wir, so rasch es geht, über Stock und Stein, passieren den Eingang zum Nationalpark, an dem in Gehegen zwei traurige Strauße stehen; es gibt kaum Wild, und es ist sehr still an diesem tiefsten See des großen Rift-Abbruchs. Schwarz stehen die Berge ringsum, das Wasser schimmert silbern, und die Dunkelheit bricht über uns herein. Durch unsere späte Abfahrt haben wir viel Zeit verloren, und vor uns liegt noch ein langer Weg bis zum Awasasee, der zur Zeit meines Vaters Abassi-See hieß.

Eduard Graf Wickenburg: Aus einem Vortrag über seine Reise »Von Dschibuti bis Lamu«

Ich hatte die Absicht, vom Zuai südlich direkt an die nächsten Seen zu marschieren. Die Suche nach Wild führte mich aber etwas westlich an die sogenannten Germanahügel. Den nächsten Tag gelangte ich durch die Ungeschicklichkeit meines Führers in die Landschaft Marako, an die Grenze der Gurage, wo ich am Wadschi, einem Nebenfluß des Maki, lagerte. Die Bewohner von Marako sprechen die Gurage-Sprache, welche der in Tigre üblichen ähnlich sein soll. Sie sind teils Christen, teils Mohammedaner und treiben Ackerbau. Sie wohnen im Tale des Wadschi, an dessen rechtem Ufer. Am linken Ufer erheben sich steil und schroff, wie eine Felswand, die Berge von Gurage. Von Marako gelangte ich über die Wadschihügel durch vollkommen unbewohntes Land nach drei Märschen in die Nähe eines großen Sees. Als ich aber tags darauf bis an das Ufer dieses Sees vordrang und dort einen steilen, vegetationslosen Berg bestiegen hatte, gewahrte ich zu meiner Überraschung, daß ich drei große, nur durch schmale Landstreifen getrennte Seen vor mir hatte. Die dort in der Nähe wohnenden Einwohner, welche Mohammedaner sind und ebenfalls zum Stamm der Arussi gehören, bezeichnen diese Seen mit den Namen Kime, Hora Schalla und Hora Abdschato. Das Wort Hora bedeutet auf oromo »salzig«, und ich konnte auch konstatieren, daß wenigstens einer dieser Seen salzhältig ist. Dies erklärt, warum ihre Ufer unbewohnt sind. Zahlreiches Sumpfgeflügel, Pelikane und weiße Seeadler mit schwarzen Schwingen, die einen eigentümlichen wilden Ruf ausstoßen, bevölkerten das Ufer dieser Seen, während am Wasserspiegel hin und wieder die plumpen Köpfe der Flußpferde auftauchen. Von meinem Aussichtspunkte aus lagen diese drei Seen gleichsam wie auf einer Reliefkarte unter mir. Gegen Norden konnte ich in weiter Ferne den Zuai-See erglänzen sehen, während an den gegenüberliegenden Ufern sich hohe Berggipfel erhoben.

Die nächsten Märsche führten mich zu dem Sankurhügel, die Gegend von dem See bis an den Hügel heißt Alaba und wird spärlich von Oromo, die Herdenbesitzer sind, bewohnt und ist der Weideplatz für zahlreiche Antilopen. Auch Elephanten kommen dort vor.

Es kamen etwa fünfzig abessinische Elephantenjäger in mein Lager, welche zwei junge Elephanten geschossen hatten. Die Abessinier jagen nämlich den Elephanten stets in der Masse, indem zwanzig, dreißig und auch mehr Leute zugleich auf einen Elephanten Salvenfeuer abgeben. Man kann sich leicht vorstellen, daß bei dieser Jagdart die Elephanten bald vollkommen ausgerottet oder wenigstens aus den den Abessiniern zugänglichen Jagdgebieten verjagt sein werden.

Südlich des Sankurhügels dehnt sich die weite Kasseebene bis gegen den Abassisee und an die Berge von Wallamo aus. Auch diese Ebene ist wasserlos und unbewohnt. Obwohl ich vom frühen Morgen bis nachmittags vier Uhr ohne Unter-

Oromo-Frauen und Hirte in typischer Stellung

---

brechung marschiert war, fand ich kein Wasser und mußte schließlich ohne dieses lagern.
Am nächsten Tag führte uns ein kurzer Marsch bis in die Nähe des Abassi-Sees. Wir hielten auf einem Hochplateau, und unter uns lag malerisch, von blauen Bergen umrahmt, der Abassi-See in einem waldigen Talkessel. Wir blieben mehrere Tage in der Nähe des Sees. Die Regenzeit hatte mittlerweile begonnen, zweimal fielen auch schwere Hagelschläge nieder. Ich ließ das Eis einsammeln und verwendete es zum Kühlen meines Trinkwassers. Ein für Afrika sehr merkwürdiger Fall. Weniger günstig war dieser Hagel für die am See wohnenden Eingeborenen, denn ihre Maisfelder wurden vom Hagel vollkommen verwüstet. Und diese armen Leute hatten keine Assekuranz!
Während meines Aufenthaltes am Abassi kam einmal nachts ein Löwe mitten in das Lager und zerriß das Zelt eines Abessiniers, der in demselben schlief, mit einem Tatzenschlage von oben bis unten, wohl in der Absicht, den Mann zu verspeisen. Der nächtliche Ruhestörer wurde aber durch Gewehrschüsse, Feuerbrände und Geschrei vertrieben, bevor ihm sein Raub gelungen war. Obwohl ich den ganzen darauffolgenden Tag dazu verwendete, diesen Löwen zu suchen, traf ich leider nicht mehr mit ihm zusammen.

Die Straße ist gut, doch in der Finsternis höchst beängstigend – immer wieder tauchen aus dem Dunkel Menschengruppen, Pferde, Esel, Schafe, Ziegen auf, die sich eilends nach rechts und links in Sicherheit bringen, um nicht überfahren zu werden. Einmal liegt vollkommen unbeleuchtet ein riesiger Lastwagen auf dem Dach quer über die Straße. In rührender Weise ist das Mißgeschick durch kleine Zweige und Steine, die ausgelegt sind, die man aber in der Nacht nicht wahrnehmen kann, gekennzeichnet – es ist ein Wunder, daß wir das Ungetüm nicht gerammt haben. Wir fahren wie im Traum durch Ortschaften, wo es geschlossene Schranken zu passieren gibt, wo man in Läden und »Bars« blickt, die höhlengleich von blauem Neonlicht unwirklich ausgeleuchtet sind, wo Menschen und Tiere schemenhaft aus der Finsternis auftauchen und verschwinden.

Endlich die Stadt Awasa mit breiten Alleen und einer Einfahrt zum Hotel, die von wuchernden und grell beleuchteten Bougainvilleas eingefaßt ist. Die übliche Rezeption in grellem Blau, das schon gewohnte Einchecken und die Sorge: Wie werden die Zimmer diesmal sein? Aber siehe da – die Überraschung ist positiv. Flache Bungalows, große alte Bäume, auf denen Raben nisten, im Hauptgebäude ein Restaurant, eine Bar mit Fernseher. Außer drei Europäern, die dem Roten Kreuz angehören, und drei Äthiopiern, deren waschblaue Anzüge anzeigen, daß es sich um Parteifunktionäre handelt, sind wir die einzigen Gäste.

Zum Abendessen gibt es Zwiebelsuppe, Huhn und Karotten und eine frische Papaya, aber Gary und Tesfaye vertiefen sich so sehr in ein Gespräch über lokale Krankheiten, daß es mich schon an allen Ecken und Enden juckt und ich früh schlafen gehe.

Das Zimmer ist groß und relativ sauber, das Bad mit Dusche, Bidet und WC verglichen mit Harar und Dire Dawa wahrhaft luxuriös, das Bett nicht gerade verlockend. Ich breite meinen Schlafsack darüber und habe es so in meinem Nest gemütlich. Von der langen, staubigen Fahrt brennen meine Augen, und ich habe das Gefühl, beim Zwinkern tausend kleine Sandkörner in Bewegung zu setzen. Irgendwo in meiner Reiseapotheke gibt es eine Salbe, die für solche Wehwehchen zuständig sein soll. Vorsichtig streiche ich mir etwas Salbe in das linke Auge. Die Wirkung ist katastrophal. Es brennt schauerlich! Ich liege zusammengekrümmt in meinem Schlafsack und presse die Hände gegen das Auge, aus dem ein Strom von Tränen quillt. Ich wasche es mit Wasser aus, doch das hilft nichts. Es dauert Stunden, bis der Schmerz ein wenig nachläßt. Ein Gefühl großer Einsamkeit in diesem fremden Land überkommt mich. Endlich schlafe ich ein – und als ich am nächsten Tag die Augen vorsichtig öffne, fehlt mir gar nichts. Alles scheint ein böser Traum gewesen zu sein.

Frühstück im Restaurant, begleitet von neugierigen Fragen der Funktionäre (»Moyale? Ein staubiger, windiger Ort – was wollen Sie dort?«), dann Auf-

bruch, denn Tesfaye will uns den Fischmarkt zeigen. Wir fahren an den See, durch weites, parkähnliches Gelände mit wahren Baumriesen.
Am Ufer hat sich eine große Gruppe von Menschen, die auf die heimkommenden Fischer warten, versammelt. Über uns kreisen kreischend die braunen Milane, am Ufer stehen alte, schattenspendende Bäume. Kinder und Erwachsene scharen sich neugierig um uns. Dann kommen die Fischer. Ihre Boote sind wunderschön geformt, aus hellem Holz, ganz einfach konstruiert und doch formvollendet. Sie staken durch das Schilf, und alles stürzt zu den Booten, die voller Fische sind. Auch eine große Gruppe Pelikane hat sich eingefunden und wartet wie eine kleine Flotte, die ankern will, respektvoll in einiger Entfernung; zwischen dem giftgrünen Schilf stehen Silberreiher und blikken aufmerksam auf das Treiben.
Die Fische werden ausgeladen und den in kleinen Pferdewagen herbeigeeilten Händlern verkauft. Abfälle werden zum Füttern der Pelikane in die Luft geworfen. Sind die Pelikane nicht schnell genug, stößt ein Milan aus dem Himmel herab und schnappt ihnen den Bissen vor der Nase weg. Die Stimmung ist vergnügt, wir müssen viele Fragen beantworten, und endlich drängt Tesfaye zum Aufbruch, obwohl ich noch stundenlang mit diesen Menschen in der strahlenden Sonne stehen möchte.
Wir fahren hinauf zum Tabor, einem steilen Hügel, von dem man einen herrlichen Blick über den See und die Stadt Awasa hat. Auf der einen Seite ein Meer von braunen und grauen Wellblechdächern, die in strengen Linien und rechten Winkeln von schmalen Straßen durchzogen werden – auf der anderen Seite die tiefgrüne Bucht mit den winzigen Gestalten der Fischer und der Händler, das helle Holz der Boote, das dunkelblaue Wasser, das immer heller werdend von hellblauen Bergen gesäumt ist; vor uns sanfte Hügel, auf denen Hütten stehen, Pferde weiden und kleine, sorgfältig eingezäunte Felder liegen – ein bezaubernder Anblick, von dem wir uns nur schwer losreißen können.
Als wir Awasa auf der großen Straße, die nach Süden führt, verlassen, begegnen wir einem Zug von Menschen, die die Wurzeln eines abgeernteten Sisalfeldes schleppen. Auf kleinen, kunstvoll gebastelten Schubkarren und Wägelchen, auf dem Kopf, auf Eseln werden die Wurzeln zum Feuern nach Hause geschafft. Da geht ein kleiner Junge, dem ein Bein fehlt: Auf seinem Kopf und auf den Schultern balanciert er ein riesiges Paket Wurzeln. Er bewegt sich mühsam hüpfend vorwärts und hält das Gleichgewicht nur mit Hilfe einer Krücke.

Eduard Graf Wickenburg: Aus einem Vortrag über seine Reise »Von Dschibuti bis Lamu«

Nachdem ich mehrere Tage am Abassi-See geblieben war, um mich zu verprovi-

antieren, beschloß ich, in möglichst gerader Linie direkt an den Abbai-See zu marschieren.
Ich stieg zunächst von den Höhen in ein breites Tal ab, welches sich längs der Sidamoberge bis an den Abbai-See zu erstrecken schien. Dieses Tal ist dicht vom Stamme der Jarmerero bewohnt, welcher den Sidamovölkern angehört. Diese Völker, auf welche ich noch zu sprechen kommen werde, haben eine eigene Sprache, gleichen aber sonst in ihrer Physis den Galla, unter denen sie wohnen. Bei genauer Beobachtung kann man an ihnen einen leicht negroiden Zug bemerken, doch ist ihre Hautfarbe eher licht. In Sitten, Gebräuchen, Lebensweise usw. stimmen sie aber ziemlich mit den Galla überein. Sie sind hauptsächlich Ackerbauern, und ihre großen Hütten stehen mitten in Anpflanzungen von Durra und Musa Ensedis, so verborgen, daß man sie kaum entdecken kann. Die meisten Männer waren übrigens damals vom Gouverneur von Sidamo nach Addis Ababa gesandt worden, um an Meneliks neuer Stadt zu bauen. Die Bewaffnung der Jarmerero bestand aus einer Lanze und einem enorm großen, kreisrunden Schilde von Flußpferdhaut. Man erzählt, daß diese Leute, als die Abessinier in ihr Land eindrangen, sich auf die Bäume flüchteten, in der Meinung, dort vor den Gewehrkugeln ihrer Feinde sicher zu sein.
Die folgenden Märsche führten mich durch eine schöne, parkartige Landschaft, in welcher Wiesenflächen mit Busch und Gruppen von hohen Bäumen wechseln. Die zahlreichen Hütten der Eingeborenen lagen inmitten schöner Anpflanzungen. Es scheint dort eine sehr fruchtbare Gegend zu sein, die sich wegen ihrer hohen Lage und dem Reichtum an Wasser selbst für europäische Siedler eignen würde. Am dritten Marsche durch das Gebiet der Jarmerero setzte ein breiter Wasserriß von etwa dreißig Meter Tiefe meinem Vordringen eine Schranke. Nachdem wir aber einen halben Tag gearbeitet hatten, um einen Weg für die Kamele zu bahnen, konnten wir auch dieses Hindernis überschreiten.

Zuerst ist das Land eintönig, doch bald wird es hügelig, waldig, und plötzlich fühlt man sich in das Gelobte Land versetzt. Welche Schönheit! Dunkelgrün ist hier fast alles. Riesige Bäume, darunter kleinere, schließlich Sträucher, die über und über mit fliederartigen rosa, weißen und violetten Dolden bedeckt sind. Hier wächst der dunkelgrün belaubte Kaffee, Tabak, alles Gemüse, rote Paprika, Obst. Und die sogenannte »falsche Banane«, Ensete genannt, eine üppige, grüne, meterhohe Pflanze, deren Stamm und Wurzeln vor dem Verspeisen in der Erde vergraben werden, bis sie »reifen«, und dann sorgfältig in Blätter verpackt als große Pakete am Markt angeboten werden. Das Mehl der Ensetewurzel wird als Brei gegessen und ist eines der Hauptnahrungsmittel der dortigen Bevölkerung. Die Häuser sind adrett und oft mit Türen versehen, die Dächer wahre Kunstwerke mit phantasievollen Abschlüssen: eine abgebrochene Amphore, ein großer umgestürzter Blechteller, eine Sichel oder ein

Kreuz oder auch nur ein lustig geformtes Strohbündel. Immer umgibt ein Zaun das Grundstück, geflochten aus Holz oder aus Bambus, oder einfach, streng ausgerichtet wie Soldaten, eine Hecke aus Kaktuspflanzen. Auf der Straße bewegen sich in ununterbrochenem Zug Menschen mit Körben auf dem Kopf – Körbe, die oft größer sind als sie selbst und zur Aufbewahrung von Getreide dienen. Korbmöbel sind zum Verkauf am Straßenrand aufgestellt, und in den Gärten trocknen Bündel von Zwiebeln, Kaffeebohnen in allen Schattierungen von Rot bis Dunkelbraun, knallrote Pfefferschoten, schneeweißes Salz, Mais; Tabakblätter sind in hübschen Mustern zum Trocknen auf den Dächern ausgebreitet.

In schöngeformten Körben werden uns Orangen, Ananas und Bananen angeboten. Wenn man sieht, mit welcher Intensität, mit welchem Witz die Kinder ihre Ware anbieten – die großen, dunklen Augen lachen und blitzen, die Stimmen sind schrill und überschlagen sich förmlich –, kann man kaum widerstehen und möchte am liebsten alles, aber auch alles, was sie anzubieten haben, kaufen. Aber Tesfaye ist ein strenger Selektor und vertreibt die Kinder, bevor sie das Auto stürmen.

Wir haben das Land der Arussi und der Sidamo (sie sind einander feindlich gesinnt) passiert. Eine Ortschaft mit dem schönen Namen Agere Maryam, »das Land Mariens«, dann wird die Landschaft karger, einsamer. Hier wohnt der Stamm der Guji, die ihre eigene Sprache sprechen. Das Pferd prägt den Charakter der Gegend: Große Herden werden an uns vorbeigetrieben; hochbepackte Gruppen von Pferden wandern an uns vorüber. Reiter mit farbig aufgeputzten struppigen Pferdchen zeigen ihre Künste. Auf hohen Plateaus weiden Pferdeherden im kniehohen roten Gras. In den Ortschaften sieht man von elenden, ausgemergelten Jammergestalten bis zu prächtigen, glattfelligen, lebhaften Schönheiten alle Farben und Typen von Pferden, die am Markt zum Verkauf angeboten werden. Die Häuser sind hier viel ungepflegter und weniger sorgfältig gebaut.

Auf mich wirken die Guji wild und sehr selbstbewußt. Sie sind gedrungener und bewegen sich mit schnellen, raumgreifenden Schritten. Einmal kommt eine große Pferdeherde auf uns zu, und Gary springt aus dem Wagen, um sie zu photographieren. Als Anführer marschiert vorneweg ein baumlanger Guji mit hennarotem, bis zu den Schultern reichenden Haaren, mit schwungvoll übergeworfenem rotem Umhang, die Lanze lässig über der Schulter. Als Gary ihm praktisch vor die Füße springt, macht er eine blitzschnelle Drohbewegung, die mit einem Laut, halb Schrei, halb Lachen verbunden ist. Das Ganze wirkt sehr respektgebietend, aber sein Lachen zeigt gleichzeitig an, daß er es nicht wirklich bös meint, sondern uns nur erschrecken will.

Wir fahren durch einen großen, kein Ende nehmenden Wald. Hohe alte Bäume, die über und über mit bis zum Boden herabhängenden Flechten bewachsen sind. Tesfaye erzählt mit rollenden Augen, daß man hier noch vor ein paar Jahren kaum passieren konnte. Im Wald gab es Räuberbanden, die einfach einen Baumstamm über die Straße legten, so daß ein Weiterfahren nicht möglich war, um dann in aller Ruhe den Reisenden auszuplündern beziehungsweise ins Jenseits zu befördern. Unser hennaroter Häuptling hat sicher mit diesem Gewerbe etwas zu tun gehabt ...

Anders als mein Vater wenden wir uns nun nicht zum Abbaya-See, sondern fahren direkt nach Süden, um möglichst rasch den Forole zu erreichen.

An einer Stelle, wo sich die Straße gabelt – die eine führt nach Westen nach Jabelo, die andere nach Süden nach Mega und Moyale –, gibt es wieder einmal einen Checkpoint mit Schranken und verschlafenen Soldaten. Meine Müdigkeit ist plötzlich verflogen: Diese Landschaft kommt mir vertraut vor, und mit klopfendem Herzen erkenne ich die skurrilen Bergformationen, den roten, mit dunkler Patina überzogenen Granit – es ist die gleiche Landschaft wie um den Berg meines Vaters.

Wir begegnen den ersten großen Kamelherden und den herrlichen Gestalten der Borana. Für mich zählen die Borana zu den schönsten Menschen in Äthiopien. Sie sind groß und schlank und sehnig. Die älteren Männer tragen kunstvoll gebundene Turbane und um die Schultern einen Umhang, der immer im Wind flattert. Die Jungen haben kurzgeschnittenes Haar, das in Locken eng um den Kopf liegt. Und die Frauen! Sie schreiten wie Königinnen. Um Kopf und Körper haben sie Tücher gewunden, die in atemberaubenden Farbsymphonien leuchten. Ihre Gesichter sind feingeschnitten, mit riesigen Augen und langen, züchtig niedergeschlagenen Wimpern. Hände und Füße sind zartgliedrig, an Armen und Beinen haben sie höchst kunstvoll geformten Schmuck aus Weißmetall, um den Hals viereckige Metallglieder in vielen Reihen, die sich von der dunklen Haut wunderbar abheben. Die Frauen der Borana wirken wie dunkle Madonnen!

Eduard Graf Wickenburg: Aus einem Vortrag über seine Reise »Von Dschibuti bis Lamu«

Die Boran, die zum edelsten und früher auch mächtigsten Stamm der Oromo gehören, sind Nomaden und reich an Rindern, Schafen und Ziegen. Sie betreiben keinen Ackerbau. Man findet unter ihnen sehr schöne, große Leute mit regelmäßigen, fast europäischen Zügen, auch ihre Hautfarbe ist licht. Die verheirateten Männer tragen einen Turban am Kopfe, obwohl sie keine Mohammedaner sind. Sie haben vielmehr die gleiche Gottesanschauung wie die Galla in Schoa, mit denen sie überhaupt in ihren Stammessitten, Kleidung, Schmuck usw. übereinstimmen. Sie halten nur wenig Kamele, und mit Mühe gelang es mir, sechs neue Tragthiere einzuhandeln.

Einsamkeit – weite Hochplateaus – riesige Täler und hohe Berge, die in ihren Formen oft Tiergestalten ähneln. Das Licht wird golden, als wir ein verfallenes und in dieser Gegend sehr befremdend wirkendes italienisches Fort passieren und gleich darauf in Mega beim nächsten geschlossenen Schranken, beim nächsten Checkpoint halten. Es ist auffallend, um wieviel öfter es hier Straßensperren gibt, um wieviel öfter unser Permit (manchmal allerdings mit dem Briefkopf nach unten) studiert wird.
Mega macht einen bunten, freundlichen Eindruck, die Häuser sind zum Teil bemalt. Wir erregen Aufsehen bei der Bevölkerung, anscheinend ist der Anblick weißer Reisender eine Seltenheit. Unter Kaiser Haile Selassie hat es hier noch einen britischen Konsul gegeben, der, allein in seiner Residenz wohnend, im Abendanzug sein Mahl einnahm und in seinem Garten einen Golfplatz mit achtzehn Löchern angelegt hatte, wo er nach Dienstzeit einsam seinen Lieblingssport betrieb.
Es geht bergab durch den Ort, durch eine breite Pforte aus massivem Gestein. Vor uns liegt eine unendlich weite, staubige Ebene, aus der sich gegen Süden die Umrisse einer Bergkette erheben. Das muß das Dirre-Massiv sein, eine dem Forole vorgelagerte Bergkette – wie nahe bin ich jetzt dem Berg meines Vaters! Doch zuerst müssen wir nach Moyale, denn die Sonne sinkt, und so schreibt es der Staat und die offizielle Reiseroute vor.
Natürlich sind wir schon wieder viel zu spät dran, denn theoretisch darf man sich nach Einbruch der Dunkelheit nicht mehr auf den Landstraßen bewegen. Es ist stockfinster, als wir Moyale erreichen und in den Hof des Hotels einfahren. Wir schleppen unsere Koffer zu den »Appartements« – das Zimmer sieht nicht übel aus, um so übler dafür der Waschraum: ein stickiger, stinkender Raum, ein schmutzstarrendes Waschbecken, auf dessen Rand ein großer Holzkamm mit vielen schwarzen Kraushaaren liegt (wahrscheinlich vom letzten Gast vergessen), ein schmutzstarrendes Klo ohne Klobrille, daneben ein schwerer Behälter, zur Hälfte mit bräunlichem Wasser gefüllt. In Moyale herrscht schon seit Wochen akuter Wassermangel. Die Bettdecke ist braun und mit blauen James-Bond-Motiven gemustert. Ich öffne meine Koffer, breite meinen Schlafsack aus und mache es mir gemütlich.
Gary steckt den Kopf zur Tür herein, sein Gesicht ist tieftraurig. »Hast du auch so viele Kakerlaken in deinem Zimmer? Ich hasse Kakerlaken, sie machen ein so unangenehmes Geräusch, wenn man sie zertritt – und diese hier sind so groß wie Schwalben!«
Das Abendessen, von zwei unwilligen Damen serviert, ist schlimm: zu Brei verkochte Spaghetti und dazu eine Schüssel Fleisch, das so stinkt, daß es einem übel werden kann. Tiefe Beleidigung, als wir uns weigern, davon zu essen. Es gibt auch kein Wasser zu trinken, nur Coca-Cola. Wir gehen bald schlafen.

In der Nacht wimmelt es von Moskitos, und ich muß mein Tagebuch im Schein einer Taschenlampe schreiben, denn unvermutet gehen alle Lichter aus. Die Dunkelheit ist undurchdringlich und stickig, und als ich den ersten morgendlichen Schimmer unter meiner Tür entdecke, stehe ich auf. In weiter Ferne erklingen die Rufe des Muezzins. Im Hof ist es kühl, der Himmel ist bedeckt. Ein vollkommen zerknitterter Tesfaye klettert mit Leidensmiene aus dem Auto. Er hatte kein Permit zum Übernachten und mußte daher im Auto ohne Decke, aber dafür in Gesellschaft vieler Moskitos kampieren. Ich stelle ihm meine »Luxusdusche« zur Verfügung, während ich auf einem Sessel sitzend im Hof mein Tagebuch weiterschreibe. Gary erscheint und ist auch nicht in bester Verfassung, denn er hat sich eine schlimme Darmerkrankung geholt. Zum Frühstück gibt es Omeletten und Tee, der so penetrant nach Desinfektionsmittel schmeckt, daß man ihn kaum hinunterkriegt. Als ich in mein Zimmer zurückkehre, um zu packen, erheben sich schwirrend und surrend Schwärme von Moskitos aus meinen Koffern und setzen sich mir auf Nase, Mund und Gesicht. Am liebsten würde ich weinend davonlaufen – aber wohin?

Tesfaye hat uns beim Frühstück mit leuchtenden Augen große Abenteuer für den heutigen Tag angekündigt: »Today we will make a shopping trip to Kenya and then we will visit Mariatheresas Mountain!« Als er unsere ungläubigen Gesichter sieht, lächelt er geheimnisvoll.

Wir werden also Kenia einen Besuch abstatten. Ein Beginnen, das uns wieder einmal zeigt, daß in Äthiopien alles, wenn es auch verboten ist, möglich gemacht werden kann. Beim Customs Office laden wir das mitgebrachte Benzin und einen Teil unseres Gepäcks aus, rollen dann zum äthiopischen Schranken, der bereitwillig geöffnet wird, und erreichen gleich darauf den kenianischen Posten. Dort steht ein adretter Soldat, salutiert fröhlich, öffnet den Schranken, und schon befinden wir uns in Kenia!

Unser Aufenthalt dort hätte bereits in den ersten Minuten letal enden können, denn wir rammen beinahe frontal einen anderen Wagen, weil Tesfaye in der Euphorie und Erwartung ausgiebiger Einkäufe vergessen hat, daß man in Kenia auf der linken Straßenseite fährt.

Wir schlendern durch die Einkaufsstraße von Kenianisch-Moyale und bewundern die vielen Waren, die man im Gegensatz zu Äthiopisch-Moyale hier erhält. Tesfaye kauft für die ganze Familie und wohl auch für alle seine Bekannten ein und wird von den Kenianern kräftig übers Ohr gehauen. Wir erstehen Zigaretten, Klopapier und das so notwendige Insektenspray, aber unsere Hoffnung, hier Wasser in Flaschen kaufen zu können, wird enttäuscht.

Schwerbeladen mit Benzinkochern, Thermosflaschen und anderen Haushaltsgegenständen passieren wir nach einer Stunde wieder die Grenze, und der kenianische Grenzer winkt uns freundlich nach. Ich erinnere mich verblüfft, daß

man mir versichert hatte, es wäre ein Ding der Unmöglichkeit, diese Grenze zu passieren. Denn ursprünglich hatte ich geplant, hier in Moyale nach Kenia einzureisen und dort meine Fahrt fortzusetzen.
Tesfayes Einkaufswünsche haben uns schon wieder in Zeitnot gebracht. Wir kaufen schnell ein paar Vorräte in Äthiopisch-Moyale ein: fünf wohlriechende frische Brötchen (mehr gibt es leider nicht), eine Dose Pflaumenmarmelade und eine ganze Kiste Coca-Cola, die uns noch sehr zugute kommen sollte. Dann machen wir uns auf den Weg.
Es ist schon später Vormittag, doch Tesfaye ist zuversichtlich, denn er will einen kurzen Weg zum Berg einschlagen. Nach einigen Kilometern auf der Hauptstraße biegen wir ab und fahren durch tiefen roten Sand in den Busch. Die erste Ortschaft mit Polizeistation und einer Schule – der Ort heißt Egidolla – setzt unseren Hoffnungen auf einen short cut ein Ende. Die Boranakinder, entzückt über diesen Zwischenfall, strömen wie eine unaufhaltsame Flut aus ihrer Schule und umringen uns. Tesfaye verhandelt inzwischen mit dem Polizeiposten und kommt mit betrübter Miene zurück. Weiterfahren ist nicht erlaubt, wir befinden uns hier im Grenzgebiet, wo Zwischenfälle an der Tagesordnung sind. Wir müssen nach Mega, um dort die Erlaubnis des »Administrators« einzuholen.
Also zurück auf die Asphaltstraße und weitere sechzig Kilometer nach Mega. Im Polizeigebäude ist der Administrator nicht zu finden, und die Posten rätseln, wo er sein könnte. Endlich meint einer, er würde wohl beim Mittagsschlaf sein, und er, der Posten, könne uns sein Privathaus zeigen. Wir fahren durch ein Gewirr von Gassen, bleiben bei einem Neubau stehen, und der Posten macht sich eiligst aus dem Staub – kein gutes Vorzeichen! Tesfaye geht zögernd zum Eingang (wer stört schon gern einen Administrator beim Mittagsschlaf!) und kommt schließlich allein wieder zurück. »Er kommt gleich«, murmelt er mit besorgter Miene. Dann erscheint der Beamte, und bei seinem Anblick weiß ich schon, daß alles verloren ist: Der Administrator ist wirklich ein großer, mächtiger Mann. Um seinen dicken Oberkörper spannt sich ein viel zu enger, dafür aber hochmoderner Pullover, und auf seinem dicklichen Handgelenk glitzert eine wahrhaft kapitalistisch aussehende goldene Quarzuhr. Sein Gesicht ist verdrossen, seine Augen sind kalt wie schwarze Kieselsteine. Er reißt Tesfaye das Papier aus der Hand, blickt flüchtig darauf und sagt etwas, das sehr endgültig klingt. Und bevor wir ein Wort der Bitte oder des Protestes äußern können, ist er um die Hausecke verschwunden. Tesfaye sagt: »Der Administrator meint, wir hätten kein Permit für den Forole – nur für Mega und Moyale. Wenn wir zum Forole wollen, sollen wir uns in Addis Abeba ein Permit holen und wiederkommen!«
Wir drei sitzen im Wagen und schauen uns ratlos an. Erst jetzt bemerke ich, wie unglaublich heiß es ist. Nach einer Weile rufen wir plötzlich wie aus

einem Munde: »Wir fahren trotzdem!« und lachen befreit. Tesfaye sagt vergnügt: »In Mega gibt es, soviel ich weiß, kein Gefängnis ...« (hier irrt er), und Gary erklärt, daß wir auf keinen Fall zurückfahren können, ohne wenigstens den Berg photographiert zu haben. Und ich denke: Wie viele tausend Kilometer bin ich gereist, um diesen Berg zu erreichen, und jetzt soll alles umsonst sein?

Wir wenden den Wagen. Im Haus ist alles still. Wir fahren in die Stadt zurück und nach Süden. Auf der Karte gibt es einen Weg, der schnurgerade zum Forole führt. In der Aufregung finden wir die Einfahrt zu dem Weg nicht und kommen von der Richtung ab – aber dann überqueren wir eine Furt, und die Richtung stimmt. Wir blicken hinauf zur Ortschaft, die irgendwie bedrohlich über uns liegt, aber nichts rührt sich. Kein Polizeiauto taucht auf.

Eine riesige Staubwolke hinter uns herwirbelnd, fahren wir, so schnell es geht, auf dem ausgewaschenen, kaum benützten Weg dahin. Schaut jemand von oben ins Tal, so sind wir das einzige Fahrzeug weit und breit und nicht zu übersehen. Bald erreichen wir eine kleine Schlucht mit tiefgrünem, langem Gras. Hier gibt es Wasser, die Blätter der großen Bäume hängen reglos in der stillen Luft.

Jetzt führt der Pfad steil bergauf, wir biegen um eine scharfe Kurve, und vor uns liegt eine Berglandschaft von überwältigender Schönheit. Alles ist blau und purpur – darüber wölbt sich ein goldener Himmel. Gipfel reiht sich an Gipfel, unterbrochen von tiefen, blauen, geheimnisvollen Tälern.

Der Wagen hält, wir springen heraus und starren sprachlos vor Entzücken auf dieses grandiose Bild. Dann packt mich Gary bei den Schultern und ruft: »Wo ist dein Berg? Wie kannst du ihn hier je entdecken – wie können wir ihn finden?«

Einen Augenblick lang überkommt mich ein Gefühl der Panik, und ich blicke hilflos auf die schimmernden blauen Gipfel. Doch dann fällt mir etwas Wesentliches ein: Der Forole erhebt sich isoliert aus der Ebene, kein Berg steht neben, vor oder hinter ihm. Im Süden liegt die flache Kette der Huri Hills, die wir nicht sehen können, und im Osten steigen einzelne kleine Vulkankegel aus dem flachen Land. Das, was wir hier sehen, muß die Dirre-Kette sein.

Wir steigen wieder ein und fahren weiter. Vom Tal herauf nähert sich eine große Rinderherde. Die Tiere sind wohlgenährt und glatt im Fell und wandern gelassen den Paß hinauf. Vater und Sohn treiben die Herde vor sich her, weiter hinten geht schwer beladen eine Boranafrau. Wir bleiben stehen, steigen aus dem Wagen und setzen uns unter einen großen Baum. Plötzlich haben wir übermächtigen Hunger, denn wir haben seit dem Frühstück vor lauter Aufregung nichts gegessen.

Als sich die Herde nähert, winkt Tesfaye die beiden Hirten, den Mann und den Jungen, heran, und wir teilen mit ihnen das Brötchen mit der Pflaumenmarmelade, über das sie höchst erstaunt sind. Dann schenke ich dem Jungen mein Feuerzeug. Das bringt ihn vor Begeisterung außer sich. Gary meint trokken: »Hoffentlich zündet er in seinem Entzücken nicht den letzten Rest des Waldes damit an ...!« Die Frau ist auch herangekommen, legt ihre Holzlast ab und lächelt uns schüchtern zu. Als ich ihr Sicherheitsnadeln gebe und ihr zeige, wie sie sie verwenden kann, lacht sie ungläubig.

Plötzlich haben wir eine Idee. Tesfaye fragt den Hirten, der verwegen wie ein Räuberhauptmann aussieht, einen kleinen buntgestrickten Hut auf dem Kopf trägt und einen alten deutschen Karabiner lässig über die Schultern gehängt hat, ob er gegen ein entsprechendes Entgelt bereit wäre, uns bis zum Forole zu begleiten. Damit hätten wir so etwas wie einen ortskundigen Führer und einen bewaffneten Begleiter, der unter Umständen notwendig werden könnte. Chachu, so heißt der Mann, willigt ein. Mit einer herrischen Gebärde bedeutet er der Frau und dem Jungen, die Herde nach Hause zu führen, schwingt sich neben Gary auf den Hintersitz, und weiter geht die Fahrt.

Wieder ein steiler Pfad, der immer schmaler wird, wieder eine scharfe Ecke – und vor uns, in weiter Ferne, liegt unverwechselbar der Berg Forole. Sein merkwürdiges Profil hebt sich ganz zart vom Himmel ab, der große Kegel an seiner westlichen Flanke ist deutlich zu sehen, ja sogar die beiden skurrilen, menschenähnlichen Steinformationen am Kamm des Berges sind auszumachen. Ich atme auf, und Gary und Tesfaye nicken einander erleichtert zu.

Von neuem geht es steil bergab, in ein Tal, in dem eine große Viehtränke errichtet ist. Das Wasser wird vom Berg heruntergeleitet. Rinder und Kamele stehen in geduldiger Gelassenheit, Ziegen und Schafe schreien gellend nach Wasser. Unten im Tal taucht eine Siedlung auf, und wir blicken ängstlich nach Polizeiposten aus.

Der Weg ist inzwischen so steinig geworden, so schmal und so vom Busch eingeschlossen, daß wir nur mehr sehr langsam vorankommen. Der Berg wächst immer größer und immer deutlicher aus der Ebene, doch liegt er noch weit vor uns.

Tesfaye äußert Bedenken, daß wir es vor Einbruch der Dunkelheit schaffen werden. Und dann liegt ja noch der lange Weg zurück nach Moyale vor uns. Mein Herz wird zentnerschwer!

Und so entschließen wir uns umzukehren. Auf einem flachen, freien Stück, das locker mit Bäumen und Büschen bewachsen ist und wo der Boden Tausende von Tierspuren der ziehenden Herden trägt, bietet sich uns eine phantastische Sicht auf den Berg. Wir bleiben stehen, steigen aus, und ich kann mich einfach nicht satt sehen an seinem Anblick.

Wir photographieren und photographieren, ganz betrunken vom Anblick des Berges – und an Chachus Gesicht ist abzulesen, daß er uns alle für völlig verrückt hält. Tesfaye drängt zum Aufbruch, denn die Schatten werden länger.

Ich löse mich von der Gruppe und gehe langsam in Richtung Süden. Ich ziehe meine Schuhe aus, und die Berührung des warmen Sandes mit den nackten Füßen läßt mich vor Wohlgefühl erschauern. Als ich umdrehe und zurückgehe, sehe ich, daß sich meine Fußspuren mit den Spuren der Herde vermischt haben.

Nur zögernd kann ich mich von dem Anblick des Berges trennen, zögernd steige ich in den Wagen.

Auf dem Weg zurück begegnen wir einem Boranapaar mit zahlreichen Kamelen. Der Mann ist alt und hat ein scharfes, schlaues Gesicht, die Frau ist eine Schönheit. Als wir sie (mit Erlaubnis des Mannes) photographieren, zieht sie mit einer wunderschönen Gebärde ihr Tuch vor den Mund, während ihre riesigen Augen uns lachend anstrahlen. Bei einem zweiten Kamelzug geht es uns nicht so gut, denn die Frau, die wir photographieren wollen, schimpft und schreit und droht uns und verschwindet blitzartig hinter ihrer Herde.

Im grünen Tal am Rande der Ebene steht im kniehohen Gras ein Wasserbock in seiner ganzen Pracht. Chachu bedeutet uns, daß er hier in der Nähe wohnt, und so lassen wir ihn aussteigen und blicken ihm nach, wie er eine Anhöhe hinaufgeht, auf der einige Hütten zu sehen sind.

Schon auf dem Hinweg sind wir immer wieder auf Stellen gestoßen, wo Hunderte von Tierskeletten verstreut liegen – ein Tierfriedhof, der noch aus der Zeit der großen Dürre vor zwei Jahren stammt, als die Rinder nicht mehr die Kraft fanden, sich bis zur Tränke zu schleppen.

Die Dunkelheit bricht schnell über uns herein, der steinige Weg ist kaum noch auszumachen. Tesfaye fährt im Schrittempo, denn wir wagen es nicht, die Scheinwerfer zu benützen, und sucht bei offener Tür, nicht allzuweit vom Weg abzukommen. Nach einer endlos scheinenden Fahrt holpern wir rein zufällig in die Furt, die unterhalb Megas liegt, durchqueren sie und erreichen die Asphaltstraße. Doch aus Furcht vor Entdeckung fahren wir noch fünfzehn Kilometer ohne Licht. Gott sei Dank scheint der Mond hell, und wir sehen die Kamele, die am Straßenrand in ihre Dörfer zurückwandern. Als die Scheinwerfer wieder aufleuchten, spielt sich auf der Straße ein rührendes Miniatur-Wildlife ab: winzige Hasen und noch winzigere Dik-Dik kreuzen knapp vor uns den Weg, winzige weiße Eulen schweben wie Schmetterlinge in das Licht und schlagen oft genug gegen die Windschutzscheibe.

Schneller als erwartet erreichen wir Moyale, und diesmal macht uns der schreckliche Fraß nichts aus. Selbst die großen Kakerlaken, die auf Krügen und Gläsern herumturnen und, nachdem sie von den Lokalbesitzerinnen lässig in einen schmutzigen Eimer gefegt werden, eilfertig wieder herauskriechen und ihre Wanderungen von neuem beginnen, können uns nicht aus der Fassung bringen.

Die Nacht auf der James-Bond-Bettdecke ist herrlich, und ich schlafe tief und

traumlos. Das Loch im Moskitonetz wird mit einer alten Zeitung verstopft, und der kenianische Insektenspray tut sein übriges.
Als der wohlbekannte Lichtstreifen unter der Tür zu schimmern beginnt, setze ich mich wieder hinaus auf den Hof. Eine winzige, erbärmlich magere Katze spielt in den staubigen Blumenrabatten vor den Appartements. Der graue Himmel wird zuerst feuerrot, dann tiefblau. Ich denke über den gestrigen Tag nach und realisiere erst jetzt, welch ein Risiko wir mit dieser verbotenen Fahrt eingegangen sind. Die Äthiopier in den Grenzgebieten sind ganz besonders empfindlich. Wir hätten im Gefängnis landen können, Tesfaye hätte seinen Posten verlieren können – aber alles ist ja gutgegangen, und ich habe meinen Berg schon fast erreicht!
Der Abschied von Moyale fällt uns nicht schwer. Der Wagen schnurrt nach Norden, über die pfeilgerade Straße, die wir schon gut kennen. Für meine Sammlung erstehe ich in einem Boranadorf nach langen Verhandlungen noch zwei wunderschöne Milchbehälter, die innen wie frisch Geräuchertes riechen (sie werden zur Reinigung ausgebrannt). Auf einer Ebene zwischen Moyale und Mega stehen, Grabsteinen gleich, Dutzende und aber Dutzende von schneeweißen Termitenhügeln – es sieht aus wie ein riesiger Friedhof. Vorbei an der Kreuzung nach Jabelo, und dann ein Dorf, ein trostloser, staubiger, windverblasener Ort. Wir trinken in einem lokalen »Hotel« ein Fanta – dann geht es in die Wildnis. Denn Tesfaye hat uns vorgeschlagen, eine Abkürzung zu nehmen, die uns viele Kilometer erspart und uns gleichzeitig in das Land der Konso bringt. Ermuntert durch seine gestrige Erfahrung beginnt er hier, so weit von der Hauptstadt und seinen Vorgesetzten, es nicht mehr so genau mit der vorgeschriebenen Route zu nehmen.
Die Fahrt ist wirklich abenteuerlich. Seit Monaten scheint hier niemand mehr gefahren zu sein, denn man sieht keinerlei Wagenspuren im tiefen roten Sand. Die Landschaft ist trostlos und von einer erschreckenden Dürre – das einzige Geräusch ist das Rascheln trockener Blätter und das Flüstern des Windes. Wir passieren ein Dorf, dann ein zweites. Die Menschen blicken uns unfreundlich, wenn nicht böse an. Die Männer, die ihre Herden begleiten, sind hier schwer bewaffnet.
Bald sieht man kaum mehr eine Menschenseele, nur dann und wann schmiegen sich kleine Herden in den schütteren Schatten der spärlichen Bäume. Hirtenkinder stehen regungslos auf Stöcke gestützt und starren uns nach. So verstreicht eine Stunde, eine zweite, eine dritte, und es ist so glühend heiß, daß man es kaum erträgt. Das Thermometer zeigt sechsundfünfzig Grad! Wenn wir hier eine Panne hätten, dann kämen wir in die größten Schwierigkeiten, doch an so etwas soll man gar nicht denken.
Wir kommen an eine zerstörte Brücke – neben ihr steht ein riesiger, dicht belaubter alter Baum. Tesfaye hält an und erzählt, daß hier vor einem halben

Jahr eine regelrechte Schlacht zwischen Borana und Konso stattgefunden hat, bei der es viele Tote gab.
Die Vogelstimmen, die Stille, der Schatten des großen Baumes legen sich wie Balsam auf das Gemüt – am liebsten würde ich endlos hier sitzen bleiben.
Plötzlich taucht aus dem Gestrüpp ein Konso auf – der erste Mensch seit vielen Kilometern. Er ist sehr dunkel und hält in der Hand ein großes, glänzendes Messer. Tesfaye wird nervös und bedeutet mir, ins Auto zu steigen. Gary ist für einen Augenblick verschwunden. Ich finde Tesfayes Reaktion falsch, gehe auf den Mann zu und biete ihm eine Zigarette an. Sein Gesicht verzieht sich zu einem freundlichen Lachen. Wir stehen nebeneinander, und Tesfaye fragt ihn, ob die Spannungen zwischen Konso und Borana immer noch bestünden, was er bejaht. Die Konso sind Ackerbauern und haben schönes Vieh. Nach den Aussagen unseres Konso brechen die Borana, die Nomaden sind, immer wieder in ihre Gebiete ein und nehmen sich, was ihnen gefällt. So sei es schon immer gewesen.
Gary taucht wieder auf, wir übersetzen das trockene Flußbett und befinden uns im Konsoland.

Eduard Graf Wickenburg: Aus einem Vortrag über seine Reise »Von Dschibuti bis Lamu«

Nachdem wir das Sajotal durchzogen hatten, stiegen wir allmählich wieder in ein Gebirgsland auf, welches unbewohnt war. Nach drei Märschen hatten wir eine Höhe von tausensechshundert Metern erreicht und befanden uns abermals in einem sorgfältig bebauten und ziemlich dicht besiedelten Lande – dem Konso.
Die Eingeborenen dieses Gebietes scheinen ebenfalls ein Negerstamm zu sein und sprechen eine dem Gurdalla verwandte Sprache. Diese Leute, besonders aber ihre Weiber haben einen entschieden negroiden Typus und eine dunkle Farbe. Sie gehen fast vollkommen unbekleidet einher, tragen aber ähnlichen Schmuck wie die Sidamovölker.
Sie sind mit einer Lanze und einem großen ovalen Schild bewaffnet, der schön gearbeitet und weiß gefärbt ist. Ihre großen Niederlassungen, die wahren Städten gleichen, haben sie meistens auf der Spitze eines Berges errichtet. Dieselben sind mit einer Steinmauer umgeben, durch welche enge, von Palisaden geschützte Tore führen. Im Inneren befinden sich terrassenförmige, mit niederen Mauern umgeben Vierecke, welche drei bis fünf Hütten enthalten und von je einer Familie bewohnt werden. Die geräumigen Hütten sind auf Piloten erbaut und enthalten zwei Stockwerde. Im oberen Stock befinden sich die Schlafstätten, während die unteren als Küche und Vorratskammer dienen. Um die Hütten befinden sich oft kleine Gärten. Ein Labyrinth enger, von Steinmauern umsäumter Wege führt durch die Stadt, in der Mitte derselben befindet sich ein freier Platz, in welchem

Holzgeschnitzte Grabstatuen der Konso

eine große Hütte steht, die nach drei Seiten offen ist. Dieselbe dient als Versammlungs- und Beratungshalle. Jede Stadt hat einen Häuptling, doch sollen diese alle einem gemeinsamen Könige unterstehen. In der Nähe der Städte befinden sich die Friedhöfe der Konso. Auf den Gräbern stehen aus Holz geschnitzte Figuren, Männer, Weiber und Kinder darstellend oder auch die von den Dahingeschiedenen erbeuteten Trophäen, Köpfe von Elephanten und Nashörnern, dann Lanzen, Schilder und Schwerte, alles aus Holz geschnitzt. Diese Schnitzereien sind zwar roh, doch nicht ohne einen gewissen primitiven Kunstsinn dargestellt.
Bis hoch hinauf auf die Spitzen der Berge des Konso reichen die Anpflanzungen von Durra und Baumwolle. Ich sah nie in Afrika so sorgfältig bebautes Land. Die Berghänge sind terrassenförmig durch Steinmauern abgebaut, wie man dies nur in Italien sieht. Über die Bäche führen kleine Steinbrücken, und die Ufer derselben sind sogar manchmal mit Steinmauern eingefaßt, auch die schmalen Pfade, welche von den Städten zu den Feldern führen.
Die Konsoleute verfertigen auch ausgezeichnete Gewebe aus Baumwolle. Bevor sie von den Abessiniern unterworfen wurden, erfreuten sie sich großen Wohlstandes und verfügten über große Herden von Rindern und Schafen; doch scheinen sie von den Abessiniern ordentlich ausgeplündert worden zu sein. Nur mit größter Anstrengung gelang es den letzteren, den Konso zu unterwerfen, da die Eingeborenen hartnäckigen Widerstand leisteten. Ato Mussa, ein abessinischer Heerführer, erzählte mir selbst, daß die Konso, obwohl nur mit Speeren bewaffnet, mit einem wahren Löwenmut gegen die mit Gewehren bewaffneten Abessinier kämpften und oft ganze Abteilungen von diesen niedermetzelten, doch schließlich mußten sie der Übermacht weichen. Der Konso ist ein Bergland, in welchem sich steile Kuppen, Kegel und Rücken von zweitausend Meter erheben, die durch tiefe Täler mit Wasserläufen voneinander getrennt sind.
Ich war übrigens der erste Europäer, welcher den Konso betrat. Zwei Jahre vor mir hatte der Italiener Bòttego, der bekanntlich später von den Abessiniern überfallen und erschossen wurde, versucht, den Konso zu betreten, wurde aber von den Eingeborenen so heftig attackiert, daß er seinen Plan wieder aufgeben mußte.

Eine ganz neue Welt tut sich vor unseren staunenden Augen auf. Zwar ist die Straße schon lange keine Straße mehr, sondern ein ausgetrocknetes Flußbett mit großen Steinblöcken und Stufen, die Tesfaye mit wahrer Artistik zu überwinden weiß – doch das Land der Konso erfüllt uns mit Entzücken. Bis weit hinauf an den steilen Hängen ist der Boden sorgfältig in oft winzige Terrassen geteilt, Wälle aus runden, glänzenden Steinen, kunstvoll konstruiert, stützen sie ab. Auf den Terrassen einzelne hohe Bäume, die bei zu großer Hitze Schatten spenden. Der Fluß, die Bäche, die Wege und Felder im Tal sind mit Stein-

mauern eingefaßt. Überall sieht man Hochstände aus Holz oder Baumnester, die zur Beaufsichtigung der Felder dienen, wenn die Ernte heranreift.
Die Konso sind nicht schön: klein und gedrungen, sehr dunkel die Haut, sehr negroid der Typus. Die Frauen tragen einen Zweistufenrock aus rohem, sackleinenartigem Stoff und merkwürdige, schwarzglänzende Turbane auf dem Kopf, aber viel Schmuck. Die jungen, eher plumpen Mädchen tragen Glöckchen an den Fußgelenken. Die Männer sind meist europäisch gekleidet.
Der Wagen muß noch einen atemberaubend steilen Hang erklettern, dann sind wir in der Stadt, die sich von anderen Ortschaften nicht wesentlich unterscheidet. Den Berg, an den sie sich schmiegt, ziehen endlose Kolonnen von Menschen hinauf, die gerade vom Markt kommen. Wir fahren ihnen nach, denn Tesfaye will uns ein Dorf zeigen, das besonders schön sein soll und in dem man berühmte Gabbis (Baumwollstoffe für Umhänge oder Decken) webt.
Der Weg wird immer steiler, die Wanderer sind, obwohl manchmal schwer beladen, vergnügt und singen. Hoch oben an einer Straßenschleife hat sich eine große Anzahl Menschen versammelt. Sie halten Trinkgefäße aus Kürbissen in den Händen, und es gibt viel Geschrei und Gelächter, als sie nur widerwillig unserem Wagen Platz machen. Hier an dieser Stelle ist es Sitte, nach dem Markt zusammenzukommen und Chika, den lokalen, aus Sorghum gebrannten Schnaps, zu trinken. Dabei werden sie so berauscht, daß es zu Auseinandersetzungen kommt, die manchmal tödlich enden.
Als wir die Gruppe hinter uns gelassen haben, sehen wir zum ersten Mal die berühmten Grabmäler der Konso: An einem Abhang stehen, von einem Wellblechdach geschützt, holzgeschnitzte Figuren – Männer, Frauen, Kinder mit Waffen und Schilden. Wenn auch das Blechdach die Wirkung beeinträchtigt, die Figuren, ihre Gesichter, die Vielfalt der Beigaben üben solch eine Faszination aus, daß wir unsere Blicke nur schwer von ihnen lösen können.
Weit unter uns – wir haben eine steile Bergkuppe erklommen – liegt jetzt das Konsodorf, eine Ansammlung von runden, sehr sorgfältig gebauten Hütten. In der Mitte ein großer Bau, das »Rathaus«, das für Versammlungen, für Feste und Tanz verwendet wird.
Tesfaye warnt uns, daß die Bewohner des Dorfes, wie er sich ausdrückt, »sehr aufdringlich« sind, und er meint, es sei ein Glück, daß der Großteil noch in der Stadt oder beim Trinkgelage auf dem Berg sei. Trotzdem strömen die Menschen herbei, rennen neben uns her, zupfen an unseren Kleidern und betteln hemmungslos um Zigaretten. Gary kommt zu seiner Enttäuschung kaum zum Photographieren: Vor lauter Menschen sieht man nicht viel vom Dorf. Wiederum bewundere ich die herrschende Ordnung, die künstlerische Ausgestaltung des großen Versammlungsraumes, denn die Konso haben um das hohe, spitze, vollendet geformte Dach eine Ranke mit goldenen Früchten (sie

wachsen in jedem Straßengraben) gewunden. Fast vor jedem Haus steht ein Webstuhl, an dem Erwachsene oder Kinder herrlich dicke, schneeweiße Baumwollstoffe weben – eine Spezialität dieses Dorfes. Ein Lehrer, der ein paar Brocken Englisch spricht, hat sich als Führer angeboten und erklärt uns die Struktur des Dorfes.

Trotz aller Aufdringlichkeit sind die Konso so liebenswürdig, daß ich vorschlage, ihnen von unseren Mitbringseln, von denen wir noch reichlich haben, etwas abzugeben. Tesfaye macht ein bedenkliches Gesicht und meint, das müßte ganz nah beim Auto geschehen.

Als wir am Auto stehen, ziehe ich Kugelschreiber, Bonbons, Sicherheitsnadeln und Haarspangen für Kinder aus meinem Sack – doch die Wirkung ist fürchterlich. Mit einem wilden Schrei stürzen sich alle auf mich, greifen nach den Sachen, reißen sie mir aus der Hand. Ich spüre Dutzende kleine, steinharte Hände, die sich an mir festkrallen, und sehe in wildgewordene, verzerrte Gesichter, aus deren weit aufgerissenen Mündern schrilles Geschrei kommt.

Gary öffnet die Wagentür einen Spalt, stößt mich hinein und schlägt die Tür zu. Bevor sich die Dorfbewohner auf die andere Seite stürzen können, sind die beiden Männer im Auto. Tesfaye gibt Gas.

Die Konso sind so wild, daß wir sie beinahe überfahren, was eine wirkliche Katastrophe auslösen würde.

Ich zittere am ganzen Körper, als wir endlich auf der Straße sind. Etwas sprachlos und bestürzt – bis auf Tesfaye, der die Situation vorausgesehen hat – fahren wir den Weg zurück, und ich wage kaum, mir auszudenken, was geschehen wäre, wenn alle Dorfbewohner, voll mit Chika, sich auf uns gestürzt hätten.

Die Gesellschaft an der Straßenbiegung ist noch lauter und noch betrunkener geworden, so daß wir nur mit Mühe durchkommen. Am Hauptplatz der inzwischen leer und ruhig gewordenen Stadt entdecken wir ein »Kaffeehaus«. Wir finden, daß wir jetzt alle drei eine Tasse Kaffee gebrauchen könnten. Im Inneren des Lokals ist es kühl und dunkel, eine Frau bereitet guten frischen Kaffee mit viel Zucker – er schmeckt herrlich, wenn auch die Tassen nicht sehr sauber aussehen. Als wir das Kaffeehaus verlassen und in den Wagen steigen, bemerke ich, allerdings mehr unbewußt, eine Gestalt, die neben dem Eingang am Boden hockt. Schon im Wegfahren schaue ich näher hin und sehe zu meinem Entsetzen ein Kind von etwa zehn Jahren – einen Jungen mit schöngeschnittenem Gesicht und großen, dunklen, schrägen Augen. Das Kind kauert, einer Spinne gleich, auf dem Bauch, die verkrüppelten Beine nach hinten abgewinkelt, so daß sie fast die Schulter berühren.

Unterhalb des Kaffeehauses treffen wir wieder einmal auf einen geschlossenen Schranken, und niemand ist in der Nähe, der bereit wäre, ihn zu öffnen. Tesfaye hupt – keine Reaktion. Er hupt wieder – tiefe Stille. Inzwischen hat

sich das arme Krüppelkind, auf die Unterarme gestützt, den Abhang hinuntergeschoben. Es sitzt neben dem Schranken und beobachtet uns interessiert. Wie erleichtert bin ich, daß ich ihm noch etwas geben kann! Ich steige aus und reiche ihm Geld und eine Orange. Das Kind lächelt, das Lächeln eines Engels. Es sitzt ganz ruhig und hält das Geld und die Orange in der Hand. Endlich schlendert ein Mann herbei, öffnet den Schranken, und mit fast derselben Bewegung geht er an dem Kind vorbei und nimmt ihm Geld und Orange aus der Hand ... Als ich aus dem Wagen springen will, um entweder dem Mann seine armselige Beute abzujagen oder dem Kind wieder etwas zu geben, winkt Tesfaye ab und sagt: »Lassen Sie, er wird dem Kind wieder alles wegnehmen!«
Die Stadt Konso liegt hoch oben auf einem Hügel; vor uns dehnen sich Täler und Kuppen und eine weite, in der untergehenden Sonne braun und violett gefärbte Ebene. Ganz weit unter uns glitzert eine Wasserfläche, die kaum zu erahnen ist: der Chamo- und der Abbayasee. Dort müssen wir heute noch hin.

Eduard Graf Wickenburg: Aus einem Vortrag über seine Reise »Von Dschibuti bis Lamu«

Das Tal des in den Abbai-See einmündenden Bilattoflusses östlich liegen lassend, zog ich hierauf auf den Abbai-See zu und erreichte denselben an seinem Nordostrande. Ich schlug mein Lager knapp am Ufer auf einem kleinen Hügel auf, man hatte dort einen prächtigen Überblick auf diesen großartigen See, der sich auf eine Länge von etwa siebzig Kilometer nach Süden erstreckt. An seinem westlichen Ufer erheben sich die bis dreitausend Meter hohen Berge von Camo, einer kahlen Felswand gleich. Im Osten windet der Gidabofluß seinen Lauf durch grünes Sumpfland, hinter dem man die Konturen der Sidamoberge erblickt. Gegen Süden endlich verliert sich die Wasserfläche des Sees scheinbar durch ein von felsigen Bergen gebildetes Tor. Viele Flußpferde beleben das Wasser des Sees, und als ich das Ufer mit meinem Fernglase absuchte, gewahrte ich in weiter Ferne ein Dutzend Elephanten, die sich gemächlich im Schlamme badeten. Von meinem Observatorium aus glaubte ich, daß es ein leichtes sein würde, dem Ufer des Sees zu folgen; hiebei hoffte ich auch mit den Elephanten zusammenzukommen. Ich unternahm daher tags darauf diesen Marsch.
Bei näherer Betrachtung gestaltete sich aber das Terrain ganz anders. Was mir als schöne grüne Wiese erschien, war ein mit übermannshohem Gras bedecktes Sumpfland. Kaum die Köpfe der Kamele ragten aus diesem Grase hervor. Das Fortkommen in demselben war ungemein mühsam und ermüdend, sozusagen ein beständiger Kampf. Ich konnte mich nur nach der Bussole über die Richtung meines Marsches orientieren.
Endlich erreichten wir den Gidabofluß, doch obwohl derselbe kaum fünfzehn Meter breit ist, so erwies er sich als unpassierbar für die Kamele, da er an die vier

*Meter tief und sehr reißend war. Wir versuchten daher an seinem Ufer fortzumarschieren und hatten hiebei oft bis an die Knie im Wasser zu waten. Einmal sprangen vier Büffel knapp vor mir im hohen Grase auf, wurden aber flüchtig, ehe ich noch ein Gewehr zur Hand bekommen konnte. Die Sonne neigte sich bereits tief dem Horizonte zu, und es war zu befürchten, daß wir auch die Nacht in diesem Grasmeere, welches kein Ende zu nehmen schien, verbringen müssen.
Spät abends endlich erreichten wir einen Wald und nach Passierung desselben offenes Land und trockenen Boden. Ich ließ gleich lagern, da Leute und Kamele vollkommen erschöpft waren, und bald verfiel Mensch und Tier in tiefen Schlaf.
Am nächsten Morgen fand ich einen schmalen Pfad, der uns an den Gidabofluß führte. Hier stellte sich uns ein neues Hindernis entgegen. Der Gidabo war durch die mittlerweile in Sidamo eingetretene Regenzeit zu einem reißenden Strome geworden, und eine Untersuchung des Grundes ergab eine Tiefe von über vier Metern. Ich ging daher daran, ein Floß zu konstruieren. Zwei Tage arbeiteten wir, und es war eine wahre Qual, mit meinen für derlei Arbeiten ganz ungeschulten Leuten dieses Werk auszuführen. Endlich hatte ich das Floß mit Hilfe von zwölf Eisenfässern konstruiert. Es schwamm prächtig an das andere Ufer, doch war es unmöglich, dasselbe gegen den reißenden Strom an das diesseitige Ufer zurückzubringen. Beim ersten Versuch kippte es um, und die darauf befindlichen Leute fielen ins Wasser. Einer von ihnen konnte nur mit knapper Not vor dem Ertrinken gerettet werden. Nach weiteren vergeblichen Versuchen, mit diesem Floß den Fluß zu übersetzen, mußte ich die Sache schließlich aufgeben und mich entschließen, am Oberlaufe des Gidabo eine Übergangsstelle zu suchen.
Nach zwei Märschen flußaufwärts fanden wir eine Furt, die offenbar auch von den Eingeborenen benützt wird. Obwohl auch dort der Gidabo eineinhalb Meter tief war und sein schäumendes Wasser mit donnerartigem Gepolter über große Felsblöcke wälzte, so gelang die Übersetzung dennoch. Ich hatte als erster die Durchführung übernommen und stürzte dabei mit meinem Pferde in ein tiefes Loch, so daß ich einen Moment vollkommen unter Wasser verschwand. Am anderen Ufer des Gidabo gerieten wir bald in die Berge von Sidamo, in eine für den Kameltransport unmögliche Gegend. Trotzdem mußten wir mit den Kamelen über unzählige, tief eingeschnittene Wasserrisse, über eineinhalb Dutzend reißende Gebirgsbäche hinüber oder durch fast undurchdringlichen Busch an steilen Berghängen hinauf. Wiederholt rollte eines dieser Thiere mitsamt seiner Last in die Tiefe, unter ohrenzerreißendem Geschrei der Kameltreiber. Wir waren volle acht Stunden marschiert und hatten kaum zehn Kilometer zurückgelegt. Überdies regnete es meist des Nachts in Strömen.
Die Gegend, durch welche wir zogen, heißt Alata, und die Bewohner derselben gehören zum Stamm der Sidamo. Die männliche Bevölkerung ist auffallend kräftig gebaut. Man kann unter ihnen zwei verschiedene Typen unterscheiden. Einen mit regelmäßigen, hübschen Zügen, einen zweiten mit negerhaftem Aus-*

drucke. Die Weiber sind viel kleiner und schwächlicher gebaut als die Männer und eher häßlich. Sie tragen Lederkittel und ihr Haar in langen Flechten, die bis an die Schulter reichen. Die Alataleute halten viel Vieh und betreiben fast keinen Feldbau. Ihre Hütten liegen einzeln mitten im dichten Busche. Dieselben haben einen Durchmesser von fünfzehn Schritten und eine Höhe von etwa drei Metern, sind aus Ästen konstruiert und mit Gras und Blättern eingedeckt. Das Licht dringt nur durch die sehr niedere Tür ein. Im Inneren befinden sich zwei Abteilungen, von welchen eine für die Leute, die andere für das Vieh bestimmt ist. In ersterer befindet sich ein Bettgestell aus Ästen; die Hütten sind ziemlich reinlich gehalten. Ein Mann, welcher fünfzehn bis dreißig Kühe besitzt, gilt schon als reich. Bei den Alata wird die Frau ebenfalls gekauft, und zwar ist der Preis für dieselbe eine Kuh. Die Alata sind Heiden und haben dieselben religiösen Anschauungen wie die Jarmerero, auch in ihren Stammessitten stimmen sie mit diesen überein. Das Gebiet der Alata wurde von den Abessiniern erst vor sieben Jahren erobert, und zwar sollen dieselben damals ein furchtbares Blutbad angerichtet haben und Männer, Weiber und Kinder niedergeschossen haben. Die Alata flohen damals bis in das Gebiet der Arussi.

Wir gelangten wieder in eine von Oromo bewohnte Gegend. Die Landschaft dort ist reizend und erinnert fast an die Berge Ceylons oder Javas. Alles ist tief grün, auf Hügel und Bergen oft dichter Wald, ein enormer Reichtum an Bächen und Quellen, in den Tälern dichte, tropische Dschungel oder Gruppen von Palmen. Aus den Büschen sehen die geräumigen Hütten der Eingeborenen hervor, umgeben von wohlgepflegten Durrafeldern oder von Anpflanzungen.

Bald nachdem wir das Lager bezogen hatten, strömten von allen Seiten Eingeborene herbei, um Durra und andere Feldfrüchte gegen die von uns mitgebrachte Leinwand oder Glasperlen umzutauschen, und es entwickelte sich bald ein reger Handel zwischen ihnen und den Karawanenleuten ...

Die Einwohner dieser Gegend, Gudschi genannt, sind viel kleiner und schwächlicher gebaut als ihre Nachbarn, die Alata, und leben ausschließlich vom Feldbau.

Als wir am nächsten Morgen den Weitermarsch antraten, lagen schwere Nebel bis tief herunter an den Bergen, und aus den Hütten der Eingeborenen rauchte es aus allen Fugen. Später senkte sich der Nebel, so daß man kaum mehr ein paar Schritte weit sehen konnte, und dann ging ein strömender Regen nieder. Mit unsäglichen Mühen zogen wir mit den fast vollkommen erschöpften Kamelen über eine hohe Bergkette, wobei einige Kamele abstürzten, um nicht wieder aufzustehen. Noch ein Marsch durch dieses Bergland, dann wurde die Gegend flacher, und schließlich gelangten wir in eine sumpfige, mit Wald bedeckte Ebene, welche sich bis an den Abbai-See hinzieht.

Am 6. Juni erblickten wir endlich wieder die Wasserfläche des Abbai-Sees, und am späten Nachmittage konnte ich mein Lager an dessen Ufer aufschlagen, gerade der Insel Hanno gegenüber. Doch in welch elendem Zustande befanden

Oromo-Frauen – Südost-Äthiopien

---

sich meine Tragthiere! Manche waren auf diesem anstrengenden Gebirgsmarsche tot liegengeblieben, die übrigbleibenden waren vollkommen erschöpft und hatten furchtbare Wunden am Rücken, vom Drucke der auf und nieder schwankenden Lasten. Ich mußte daher eine mehrtägige Rast am Abbai machen.

Die Fahrt nach Arba Minch, einem bedeutenden Ort, der genau zwischen Abbaya- und Chamosee auf deren Westseite liegt, ist lange und staubig. In der Dämmerung erkennt man große Plantagen, und in den Dörfern sieht man den Feuerschein aus den Hütteneingängen leuchten. Es geht steil bergauf, und dann passieren wir neonbeleuchtete Straßenzüge – ein für äthiopische Verhältnisse wahres Lichtermeer, das den ganzen Abhang erhellt.
Bekele Molla. Wieder ein Hotel, dem wir uns stellen müssen. Es ist schon spät, und wir sind todmüde und verstaubt von der endlosen Fahrt, auch ungeduldig. Ausfüllen der Formulare, Pässe vorzeigen, Permit abgeben; dann geht ein junger Hotelangestellter mit uns zu den üblichen Bungalows, die weit verstreut, aber im Dunkeln hübsch anzusehen, im Gelände liegen und vor deren Eingängen einzelne Last- oder Lieferwagen stehen. Zuerst die Nummer sieben

für Gary – nicht gerade ansprechend, der übliche Schmutz, aber akzeptabel. Dann mein Zimmer: Seit Harar weigere ich mich zum ersten Mal einzuziehen. Auf das schmutzige Bett schaue ich gar nicht, denn ich habe ja meinen Schlafsack. Aber die Türfüllung ist beim Schloß herausgeschlagen, so daß man nicht zusperren kann. Im Waschraum klebt der Boden vor Schmutz, und wenn man die Klospülung betätigt, fließt ein brauner Strom über den Boden und sammelt sich zu einem Rinnsal, das sich langsam in die Duschwanne ergießt. Vom Geruch ganz zu schweigen. Es gibt Moskitos in Mengen (und wie ich höre, auch Malaria). Eine ältere Frau im Turban kommt angeschlurft. Sie hat aus der Entfernung im dunklen Garten unsere vergebliche Diskussion interessiert mitverfolgt. Sie bringt mir stolz einen Stuhl und einen zusätzlichen Tisch und sprüht mit einer Dose Shelltox im Zimmer herum, daß ich nach Atem ringe. Für einen Augenblick wird sogar der Gestank aus dem Waschraum vom süßlichen Geruch des Insektensprays überlagert, um aber gleich darauf in der Kombination ins Unerträgliche zu steigen. Der Manager bringt Hammer und Nägel, nagelt den Türrahmen wieder fest und schlägt einen riesigen Nagel ein, den ich als Zusperrvorrichtung benützen soll (versuchsweise ein kräftiger Tritt, und die Tür ist wieder offen). Alle hoteleigenen Beteiligten schauen sich strahlend und zufrieden an und verschwinden im Dunkeln.
Diese Nacht ist schlimm. In unseren Lungen befinden sich Tonnen von Staub, und im verschlossenen Raum – es gibt weder Moskitonetze noch Gitter – atmet man das pure Gift vom Insektenspray ein. Als es zu dämmern beginnt, reiße ich mit schwerem Kopf Fenster und Türen auf und flüchte zum Restaurant hinauf auf die Terrasse. Vor mir liegen im rosigen Licht der beginnenden Dämmerung die Seen Abbaya und Chamo – nur durch einen schmalen, noch tiefschwarzen Landstreifen getrennt. Wie ich später erfahre, nennt man dieses Stück Land »Ejzer Deledyi« – die Himmelsleiter.
Es ist ein unvergeßlicher Anblick! Ganz still ist es, alles scheint noch zu schlafen. Ich nehme mir einen Plastikstuhl von der Terrasse, setze mich an den Rand des steilen Abbruchs, der sich zum See hinuntersenkt, und lasse all diese Schönheit, dieses grandiose Landschaftspanorama auf mich einwirken. Das entschädigt für Staub, Dreck, den Ärger über die miesen Hotels. All diese Erfahrungen scheinen plötzlich ganz unbedeutend im Anblick dieser Pracht. Große Raben – so groß, wie ich sie noch nie gesehen habe – setzen sich mir vor die Füße oder balancieren auf der Brüstung.
Es wirde heller und heller. Genau gegenüber schwingt sich die Sonne hinter den hohen schwarzen Bergen empor, taucht die Seen in ein leuchtendes Rot. Man beginnt Einzelheiten zu erkennen. Riesige Bäume tief unter mir, Wälder auf dem Landstreifen zwischen den Seen, Ufer, die von den ersten Strahlen der Sonne berührt werden.
Ich blicke auf das noch im Dunkel liegende Ufer an der Ostseite der Seen und

muß daran denken, wie mein Vater dort drüben auf die hohen Berge auf meiner Seite geblickt hat und welche Schwierigkeiten er überwinden mußte ...
Im Restaurant hinter mir hört man die ersten Geräusche. Ich stehe auf, bitte um eine, nein, gleich um zwei Portionen Tee und setze mich wieder auf meinen Ausguck. Ich kann mich kaum satt sehen an diesem Farbenspiel von Sonne, Wasser und Grün.
Als ich in mein Zimmer zurückkomme, bietet sich mir ein abscheulicher Anblick: Moskitos haben es gestürmt. An den Wänden und vor allem auf der Decke sitzen sie so dicht, daß sie wie ein Pelz das Mauerwerk bedecken. Mich packen Wut und Abscheu, und ich nehme den Spray zur Hand, um ihnen den Garaus zu machen – aber die Dose ist leer; die alte Frau hat es gestern zu gut gemeint!
So kehre ich fluchtartig auf meinen Aussichtsposten zurück und verlasse ihn erst wieder, als Gary und Tesfaye erscheinen und mir mit ihrem Vorrat an Insektenspray aushelfen.

Eduard Graf Wickenburg: Aus einem Vortrag über seine Reise »Von Dschibuti bis Lamu«

Auf der Ebene, welche sich am Ostufer des Abbai-Sees bis an die Berge von Sidamo hinzieht, hatte man ein Bild von echt afrikanischem Tierleben vor sich. Tausende von Grant-Gazellen und Wasserböcken, viele Zebras und kleine Kudus weideten auf diesen Grasflächen. Auch Fährten von Elephanten konnte man bemerken. Doch sind diese Thiere, da sie beständig von den Abessiniern gejagt werden, so scheu, daß man ihrer nur sehr selten ansichtig wird. Die Insel, welche uns gegenüberliegt, ist die größte der vielen Inseln des Abbai-Sees und hat eine Länge von acht Kilometern. Dieselbe soll dicht besiedelt sein, man konnte vom Ufer aus einige Dörfer sehen.
Nachdem meine Karawane sich etwas erholt hatte, trat ich den Weitermarsch an. Wir zogen meist knapp am Ufer auf einem breiten Wiesenstreifen hin, landeinwärts erhoben sich allmählich niedere, mit Busch bedeckte Hügel. Die Gegend schien vollkommen unbewohnt zu sein, nur einmal stießen wir auf größere Dörfer, welche aber seit längerer Zeit verlassen zu sein schienen. Wahrscheinlich gehörten dieselben den in den östlichen Bergen wohnenden Gergedda an, waren aber von denselben, wohl aus Furcht vor den abessinischen Elephantenjägern, verlassen worden. Diese Elephantenjäger sind bisweilen für die Bewohner der Gegenden, durch welche sie ihre Streifzüge führen, eine wahre Landplage, da sie die Eingeborenen mit der größten Willkür behandeln, sie manchmal vollkommen ausrauben, ja selbst ihre Weiber und Kinder wegschleppen.
Nach zwei Märschen erreichten wir den Galanafluß, welcher durch einen Wald von Akazien fließt und in den Abbai mündet. Ohne Boot war auch dessen Über-

setzung unmöglich, und ich sandte daher zu einer der Inseln, um von den dortigen Bewohnern ein Boot zu holen. Da man aber vom See nicht in den Galana einfahren kann, so mußte dieses Boot von vierzig Leuten aus einer Entfernung von mehreren Stunden herbeigetragen werden. Die Boote der Inselbewohner am Abbai sind schwungvoll nach der Art der venezianischen Gondeln gebaut, an welche sie sehr erinnern, und bestehen aus einem sehr leichten, korkähnlichen Holze. Ihre Länge beträgt fünf bis sechs Meter.
Wir arbeiteten an der Überschiffung des Gepäcks und der Tragthiere einen vollen Tag. Hiebei wurde eines meiner Pferde im Wasser von einem Krokodile gefaßt, und dieses konnte erst durch ein förmliches Salvenfeuer bewogen werden, seine Beute wieder preiszugeben. Das arme Thier wurde zwar an einem Lasso wieder an Land gezogen, doch hatte es so gräßliche Verletzungen, daß ich es durch eine Kugel von seinen Leiden befreien ließ. Nur einem glücklichen Zufall war es zu verdanken, daß keiner meiner Leute den Krokodilen zum Opfer fiel, da viele Somali im Fluß herumschwammen, um beim Übersetzen der Kamele und Pferde zu helfen. Infolge der Krokodilaffäre stieg aber die Erregung bei den so leicht reizbaren Somali so sehr, daß es zwischen ihnen und den Abessiniern in der Karawane zu einem Streite kam, der dahin ausartete, daß sich die Leute ihre Gewehre griffen und am Punkte waren, aufeinander zu schießen. Es bedurfte damals meiner ganzen Energie, um die Ruhe wiederherzustellen.

Tesfaye drängt wieder einmal zum Aufbruch, denn er will uns heute eine (auch vom staatlichen Reisebüro wärmstens empfohlene) Attraktion des Chamosees zeigen, den sogenannten Krokodilmarkt. Zuerst glaube ich, man könne dort vielleicht Krokodilhäute kaufen, worauf ich nicht besonders neugierig bin, aber es stellt sich heraus, daß es lediglich darum geht, ein Boot zu mieten, mit ihm in eine Bucht zu fahren und dort – mit Glück – lebende Krokodile zu beobachten. Ein mir sehr viel sympathischeres Angebot!
Wir fahren von Arba Minch in Richtung Süden, eine steile, in Serpentinen angelegte Straße hinunter, an der sich unübersehbare Mengen von Menschen, mit Holz und Stroh beladen, Vieh und Schafe vor sich hertreibend, hinauf und hinunter bewegen.
Bergab zum Chamosee. Grellgrünes Gras und große alte Bäume, Fischerhütten und Boote und ein freundlicher Bootsmann mit einem kleinen weißen Kahn, der einen Außenbootmotor hat. Am Weg hinaus auf den See begegnen wir Fischern auf wahrlich archaischen Booten: vier Stämme oder Rundhölzer, die den Rahmen bilden, eines oben quergelegt, dazwischen leichteres Holz als Boden, und darauf balancieren Menschen mit Stangen in den Händen.
Diese Boote bewegen sich langsam, manchmal aber auch unglaublich schnell. Was war aus den Menschen geworden, die Boote »nach der Art venezianischer Gondeln« bauten? Tesfaye berichtet, daß die Inseln in den Seen zum

Nationalpark erklärt worden sind, die Menschen dort hat man ausgesiedelt und irgendwo am Ufer wieder angesiedelt – und daß das hier ein anderer Stamm sei, der nur die primitivste Art des Bootsbaus zu kennen scheint.
An den Ufern sitzen Massen von Wasservögeln aller Formen und Arten. Als wir die Bucht – sie ist einige Kilometer von unserem Hafen entfernt – erreichen, stockt uns buchstäblich der Atem: Auf einer flachen Landzunge liegen Dutzende und aber Dutzende Krokodile – im ganzen müssen es an die hundert sein –, riesige dunkle Leiber bewegungslos in der Sonne. Sie liegen so regungslos, daß man sie im ersten Augenblick mit großen Baumstämmen verwechselt, aber man wird bald eines Besseren belehrt.
Das eine oder andere erhebt sich plötzlich, und mit Erstaunen stelle ich fest, wie schnell, wie hochbeinig, aber auch wie wendig so eine Echse ist. Kaum sind sie ins Wasser geglitten, befinden sie sich in ihrem wahren Element. Manch eines schlägt, bevor es untertaucht, mit dem Schwanz, und das Wasser verwandelt sich augenblicklich in schäumende Gischt. Immer mehr der Echsen gleiten lautlos ins Wasser, und plötzlich sind wir von ihnen umringt. Sie schwimmen an unserem Boot vorbei, den Körper ganz wenig über der Wasseroberfläche, manchmal sind sie so nah, daß ich das scheußliche gelbe Auge oder die aufgestülpten Nasenlöcher sehen kann. Gary gerät in eine wahre Photo-Euphorie und kann gar nicht dicht genug an sie herankommen. Tesfaye und ich haben offensichtlich die gleichen Gefühle, denn jedesmal, wenn so ein Monster auf uns zuschwimmt, ziehen wir uns in den äußersten Winkel des Bootes zurück, was recht lächerlich wirkt, denn hätte ein Krokodil wirklich im Sinn, das Boot anzugreifen, genügte ein einziger Schlag mit dem Schwanz, und das kleine, federleichte Boot würde kentern.

---

17 Gabbra-Hirten an den Brunnen von Balessa
18 Rinderherde in der Schlucht am Fuße des Afgab
19 Durstige Kamele nach neunzehn Tagen ohne Wasser an den Quellen von Kalacha
20 Gabbra-Hütte aus Ästen und Lederhäuten
21 Kokettes kleines Gabbra-Mädchen
22 Unendlich viele Zöpfchen umrahmen das Gesicht einer Gabbra-Frau
23 Gabbra-Männer strahlen ruhige Selbstsicherheit aus
24 Auf steilen Wegen erreicht man die Wasserstelle am Forole

Als ich meinen schreckerstarrten Blick mühsam vom Wasser zum Ufer schweifen lasse, erlebe ich etwas wirklich Wunderbares: Ein Schwarm von kleinen Vögeln nähert sich mit lautem Gezwitscher den am Land liegenden Krokodilen. Ohne die Augen zu öffen, reißen die riesigen Echsen ihre mit Reihen von gefährlich aussehenden Zähnen bestückten Mäuler auf, und die kleinen Vögel setzen sich zwitschernd hinein. Ich nehme meinen Feldstecher und beobachte mit ungläubigem Staunen und Entzücken, wie die kleinen hellen Vögelchen sich eifrig an den Krokodilzähnen zu schaffen machen. Sie picken und zupfen und stochern minutenlang, bis die Krokodilzähne von ihren Speiseresten blankgeputzt sind. Als alles vorbei ist, schließen die Krokodile langsam und wohlig ihre Mäuler, stehen auf und gleiten lautlos in den See.
Auf dem Rückweg zu unserem Hafen begegnen wir einer großen Flußpferdherde. Wir stellen den Motor des Bootes ab und beobachten die Tiere genauso interessiert wie sie uns. Immer wieder taucht knapp vor uns ein unförmiger Kopf auf – die kleinen schlauen Augen, die kreisrunden Ohren, das scheunengroße rosa Maul mit prachtvollen Eckzähnen zum Greifen nah – und verschwindet wieder unter dem Wasser. Imponierend lautlos, fast ohne Wellenbewegung schwimmen diese plumpen Tiere im Wasser.
Das Leben am Ufer gleicht einer ländlichen Idylle. Fischer in ihren fragilen Booten staken durch das Wasser, Reihen von getrockneten Fischen hängen an Leinen zum Trocknen, junge Männer tragen Bündel mit Fischen zum Markt nach Arba Minch. Wie fast alles in Äthiopien sind die Waren, die auf den Markt gebracht werden, mit Liebe und einer fast künstlerischen Sorgfalt zurechtgemacht. Der getrocknete Fisch ist säuberlich in grüne Blätter verpackt – obenauf liegen Lauch und Zwiebeln, und das Ganze sieht äußerst appetitlich aus.
Zurück ins Hotel zu einer kurzen Siesta, denn die Sonne am See war so heiß, daß wir manchmal nahe einem Hitzschlag waren. Dann besichtigen wir die berühmten vierzig Quellen von Arba Minch (wieder ein Programmpunkt des staatlichen Touristenbüros). Diese Quellen entspringen unterhalb des Hotels in einem kleinen Nationalpark. Sie sind in Beton gefaßt und entbehren jeglicher Romantik; daneben stehen Wellblechhütten, und ein nackter Mann wäscht sich am Bach ...
Der Wald ist wunderschön. Wir sehen zwar keinerlei Wild, aber es gibt unglaubliche Baumriesen mit merkwürdigen Formen. Die Sonne sickert durch die Äste, eine der vierzig Quellen (oder sind es alle) fließt still und klar dahin. Ich sitze auf einem Baumstamm über dem Wasser und höre Vogelstimmen – die geliebte Stimme des Glockenvogels –, und eine große Ruhe kommt über mich.
Abendessen, und zurück in mein heißes, nach Shelltox und Scheiße stinkendes Zimmer – aber der Vollmond glitzert über den Seen.

Eduard Graf Wickenburg: Aus einem Vortrag über seine Reise »Von Dschibuti bis Lamu«

Ein Marsch am Ostufer des Tschamo-Sees, an den Hängen der Borroda-Berge, führte uns an das Ende des Sees, wo wir auf einem kleinen Hügel unser Lager bezogen. Von dort hatte man einen herrlichen Blick auf den malerisch gelegenen, von Bergen umgebenen See. Ich möchte denselben als den schönsten aller abessinischen Seen bezeichnen, schon durch sein tiefblaues klares Wasser unterscheidet er sich vorteilhaft von den anderen Seen und erinnert ganz an unsere Alpenseen. Seine Ufer sind von hohen, mächtigen Gebirgen umgeben, deren höchste Spitzen von Wolken verhüllt waren. So sehr auch das schöne Wasser des Tschamo zum Baden einladet; so gefährlich wäre es, dies zu tun, denn der Tschamo beherbergt Legionen von Krokodilen in allen Größen. Ich sah einmal zwischen dreißig und vierzig dieser Thiere sich am Ufer sonnen. Da ich mir aber tags vorher durch das Explodieren einer Patrone eine nicht unerhebliche Verletzung am Daumen zugezogen hatte und den Arm in der Schlinge tragen mußte, so waren diese Krokodile vor meinen Kugeln sicher. Auch sehr viele Flußpferde beleben das Wasser des Tschamo. Man konnte oft Trupps von fünfzig bis sechzig Stück im See herumschwimmen sehen. Bis spät in die Nacht hinein hörte ich diese Thiere schnauben und brüllen, und beim Scheine des Mondes sah man ihre unförmigen Körper auf der silberhellen Wasserfläche auftauchen.

Als wir am nächsten Tag Arba Minch und bald darauf, nördlich fahrend, den Abbayasee hinter uns lassen, passieren wir Gegenden, wo große Baumwollplantagen sich bis an den Horizont erstrecken. Auf meine Frage, ob es auch im Abbayasee Krokodile gäbe, nickt Tesfaye begeistert und sagt: »Wir schonen die Krokodile, niemand darf sie töten – sie sollen sich gut vermehren. Eines Tages, wenn es sehr viele sind, werden wir sie alle umbringen und ihre Häute teuer nach Europa und Amerika verkaufen!«
In der Gegend nördlich vom Abbayasee wachsen Orangen, Zitronen, Bananen. Es gibt weitläufige Dörfer, auf deren Anger im Schatten der Bäume Schafe und Ziegen ruhen, Esel sich genüßlich im Staub wälzen, Kinder Obst verkaufen, und zwar mit dem gleichen Charme, der gleichen Intensität, der gleichen Unwiderstehlichkeit wie jene Kinder am Ostufer des Sees. Der hier lebende Stamm der Dorze ist bekannt für seine schönen Baumwollgewebe.
Der Kreis hat sich geschlossen. Von jetzt an reisen wir auf einer Strecke, die mein Vater nicht berührt hat. So gut wir konnten (oder durften), sind wir seinen Spuren gefolgt, und jetzt fühle ich mich irgendwie erleichtert – irgendwie beschwingt und von unbändiger Freude erfüllt. Als ginge es jetzt in die Ferien, und ich müßte in meinem Gehirn nur mehr das aufzeichnen, was mir gefällt – oder auch gar nichts!

Wir wollen auf unserem Weg zurück nach Addis Abeba heute bis Wolliso oder Giyon (das ist der zweite Name der Stadt) kommen. Ein Tag, der uns nicht nur Autokrisen, sondern auch unvergeßliche Eindrücke bringen sollte. Tesfaye macht mit uns einen Abstecher nach Soddo, einer kleinen Stadt, in der gerade Markttag abgehalten wird. Menschenmengen strömen in die Stadt und wieder aus ihr heraus. Wir kehren in einem kleinen Kaffeehaus ein, um etwas zu trinken. Hinter der Theke stehen zwei hübsche Damen, die sehr sorgfältig gekleidet sind: weiße Strümpfe, rosa Schuhe, Schottenrock und auf dem Kopf kunstvoll geknüpfte Turbane. Sie betrachten meine staubverkrusteten Zehen in den offenen Sandalen mit gewissem Mitleid. Als wir uns hinten im Haus waschen wollen, gibt es wieder einmal dieselbe Misere: braunes Wasser und keine Handtücher. Wie machen es die Damen nur, daß sie so tadellos aussehen?

Wir gehen auf den Markt und mischen uns unter die Menge, das heißt, wir werden von ihr erfaßt und wie auf einer Woge weitergetragen. Der Markt ist ähnlich wie der in Harar oder Dire Dawa und doch wieder ganz anders. Hier gibt es viele Tiere: Esel, die in der sengenden Sonne die Köpfe mit einer gottergebenen Geste auf die Schultern der anderen stützen; Pferde, die mit weit aufgerissenen Nüstern und gesenktem Kopf vor sich hin dösen; die üblichen Hühner auf der Stange. Unter geflochtenen Schirmen sitzen Menschen und bieten ihre Ware an. Man hat den Eindruck, daß ihnen das »Gesellschaftsleben« ebenso wichtig ist wie das Geschäft. Alle Gewürze Afrikas duften einem entgegen, es gibt Knoblauch und Pfefferoni, natürlich Chat und Butter, Baumwolle in allen Gewebearten und Farben, Zwirn, Hanfstricke, Shammas (die dicken Baumwollumhänge) und Gabbis (die feinen), fertige Kleider, Tierhäute, Früchte und Körbe, Körbe, Körbe, wie sie schöner nicht geflochten sein können. Gary wird von einer kreischenden Schar von Kindern verfolgt. Am Weg im tiefen roten Staub liegt eine blinde Frau. Der Kopf ist in den Staub gebettet, bettelnd hält sie die Hände hoch. Auf ihr kauert ein winziges Kind und blickt einem in die Augen. Mein Gott!

Die Autokrise kündigt sich kurz nach Soddo an. Der Wagen reagiert nur mehr schwach beim Gasgeben – dann immer weniger und weniger; Filter werden ausgewechselt, es geht ein bißchen besser, dann fängt die Misere von neuem an. Wir bewegen uns einen endlosen Berg hinauf, einmal wird die Straße flach, dann wieder steil und kurvenreich, der Wagen wird immer langsamer. Tesfaye seufzt auf und meint, wir müßten nur den Berg schaffen – auf der anderen Seite würden wir von selbst nach Hosanna hinunterrollen, und dort gäbe es eine Reparaturwerkstätte.

Als wir schon fast die höchste Stelle erreicht haben, beginnt der Wagen zu stottern, dann ist es plötzlich aus. Er springt nicht mehr an. Wir hängen in einer unübersichtlichen Kurve an einer sehr ungeeigneten Stelle.

Tesfaye läßt den Wagen zurückrollen, wir steigen aus, und ich setze mich auf einen Stein am Straßenrand – der Blick ins Tal ist überwältigend. Wir sind auf dreitausendachthundert Meter Höhe.
Dann geschieht etwas sehr Merkwürdiges: Ein großer Lastwagen, den wir vor einer Weile überholt haben, kommt heran, bleibt stehen. Zwei Männer bleiben im Führerhaus sitzen, der dritte steigt aus und geht auf uns zu. Er ist groß und schlank, fast elegant. Enge Jeans, ein hübsches kariertes Hemd, ein verwegen aufgesetzter Strohhut, am Handgelenk eine teure goldene Uhr, und in der Hand – ich traue meinen Augen nicht – eine hochelegante Aktentasche aus feinstem Leder, wie sie bei uns die Banker tragen. Er stellt die Tasche auf den Kühler unseres Wagens, klappt sie auf, und in ihr liegen lauter blanke, wunderschöne Werkzeuge, die fast wie ein Chirurgenbesteck aussehen. Er wirft einen Blick in das Innere des Wagens, schraubt dann ein bißchen am Motor herum, bedeutet Tesfaye, den Wagen zu starten, was auch sofort klappt. Er schließt die Wundertasche wieder, lächelt ein wenig süffisant, geht zum Lastwagen, steigt ein und fährt ab. Wir stehen verdattert da, und Tesfayes Gesicht ist anzusehen, daß ihm die ganze Sache nicht geheuer ist. Doch der Motor versagt von nun an bis Addis Abeba kein einziges Mal mehr.
Dieser Zwischenfall hat uns Zeit gekostet, und wir haben noch eine lange Strecke vor uns. Auf einem Hochplateau nördlich von Hosanna – wir befinden uns auf einem Paß von nahezu viertausend Meter Höhe – begegnen wir Frauen, die vom Markt heimkehren. Sie wirken in ihren grellen Kleidern – rosa, grün, pfauenblau – wie bunte, exotische Vögel, und exotisch sind ihre Stimmen, als sie mit ohrenbetäubendem Geschrei und Winken auf unseren Gruß reagieren. Das Schreien, das Lachen klingt mir noch lange in den Ohren.
Wir fahren nun durch das Land der Gurage, und Tesfaye erzählt uns, daß dieser Stamm zu den tüchtigsten und fleißigsten Stämmen Äthiopiens zählt. »Jeder kleine Junge, der Schuhe in Addis putzt, ist ein Gurage – und jeder wird, wenn er erwachsen ist, steinreich.« Ihre Hütten sind sorgfältig gebaut, die Außenwände oft in schönem Farbzusammenspiel, weiß, rosa und braun, bemalt, die Dächer kunstvoll geflochten und der Garten mit einem Wall aus kleinen runden Steinen geschützt, auf dem ein Zaun angebracht ist.
Wir sausen durch Ortschaften, und ich beginne uns selbst von Herzen zu hassen. Menschen springen zur Seite, Pferde gehen durch, Rinder purzeln über Abhänge, Kinder retten sich in den Graben, Schafe und Ziegen werden beinahe überfahren. Tesfaye fährt, was das Zeug hält!
Die Sonne geht flamingorot unter. Der Horizont wird tiefviolett, scharf heben sich die Silhouetten der Hütten gegen den Himmel ab. Aus den Eingängen flackert Feuerschein. Riesig und silbern geht der Mond auf, noch ehe die Sonne ganz verschwunden ist.

Plötzlich scharfes Bremsen – eine Reifenpanne. Inzwischen ist es stockdunkle Nacht. Welch ein Glück, daß ich eine Taschenlampe bei mir habe. Als die Männer das schwere Reserverad vom Dach holen, fällt es herunter und rollt in die Finsternis. Von hinten nähert sich in schneller Fahrt ein Geländewagen. Freund oder Feind? Ein paar Männer steigen aus, und einer fragt in tadellosem Englisch, ob er helfen kann. Er ist der »Straßenmeister« dieser Provinz und erzählt stolz, daß diese Straße fast ausschließlich von der Bevölkerung und ohne wesentliche staatliche Hilfe gebaut worden ist. Er sieht aus wie ein großgewachsener Haile Selassie, und während die Männer sich fluchend plagen, führen wir ein interessantes Gespräch über Land und Leute.
Höflich warten die Männer, bis Tesfaye und Gary mit dem Reifen fertig sind, dann fahren beide Fahrzeuge weiter und trennen sich bei der nächsten Kreuzung.
Bald sieht man in der Ferne die Lichter von Wolliso. Wir sind sehr müde und über und über mit Staub bedeckt. Ein altmodisches Hotel, das bessere Tage gesehen hat, Innenhof, eine Halle und ein Restaurant mit Weihnachtsdekorationen. Da es schon spät ist, essen wir schnell, bevor wir auf unsere Zimmer gehen. Die Kellner bedienen uns mit derselben höflichen, ja fast zärtlichen Aufmerksamkeit wie jene in Dire Dawa. Wir sind die einzigen Gäste.
Die Situation im Zimmer schlägt dann alles bisher Dagewesene. Nach einem völlig sinnlosen Kampf mit dem Manager überfällt mich eine tiefe Depression. Ich habe ein Badezimmer mit einer großen gekachelten Wanne (Wolliso hat berühmte heiße Quellen), auf deren Seitenwänden sich alle vor mir Badenden mit einem sehr persönlichen dicken Schmutzrand verewigt haben. So breite ich mein eigenes Handtuch auf den Rand, setze mich darauf und lasse das heiße Wasser wieder und wieder über Hände und Beine fließen.
Ich verlasse mein Zimmer, um ein Glas zum Zähneputzen aufzutreiben. Doch das Gebäude ist leer, still und versperrt. Die hölzerne Eingangstür zur Halle, das Tor nach außen – die Szene hat sich vollkommen verändert.
Zwei alte Männer in dicken Militärmänteln nähern sich mir. Sie tragen russische Karabiner über der Schulter und blicken mich fragend an. Ich bedeute ihnen, daß ich in die Halle will, und sie öffnen eine kleine Tür zur Rezeption, wo ein wahres Chaos herrscht. Ich fühle mich schrecklich verlassen, ja isoliert, denn ich weiß nicht einmal, wo Gary und Tesfaye zu finden sind. Sie zu suchen ist ein hoffnungsloses Unterfangen. So gehe ich zurück in mein schreckliches Zimmer, lege mich auf das Bett und bin überraschend schnell eingeschlafen.
Am Morgen ziehe ich meine letzten sauberen Sachen an und hole mir im Restaurant eine Tasse Tee. Tesfaye versucht im Hinterhof den Wagen mitsamt allen seinen Utensilien zu säubern. Gary erscheint gottergeben – er hat wenigstens noch kaltes Wasser zum Waschen auftreiben können.

Es ist Sonntag, und als wir auf der Straße nach Addis Abeba fahren, begegnen wir festlich gekleideten Menschen. Sie eilen nicht, sie tragen keine Lasten, sie gehen zur Kirche, ihr Gang ist geruhsam.
Kurz vor Addis Abeba biegen wir nach Melka Kuntura ab, einem Ort am Hawasch, der tief und reißend durch eine steile Schlucht schießt. Hier hat man sensationelle archäologische Funde gemacht – noch stehen die Baracken der Wissenschaftler auf einer kleinen Anhöhe.
Wir hören von »Lucy« oder Dinenesch, wie sie die Äthiopier nennen, was auf amharisch »Du bist wunderbar« bedeutet, dem fast kompletten Skelett, das aus einer Zeit vor dreieinhalb Millionen Jahren stammt und jetzt im Museum der Hauptstadt zu besichtigen ist.
Im Melka Kuntura hat Kaiser Haile Selassie eine scheußlich bunte große Kirche und auch ein Kloster bauen lassen. In der sengenden Sonne steht ein gesatteltes Pferd und hat den Kopf in so grausamem Winkel niedergebunden, daß ihm fast der Hals bricht.
Am frühen Nachmittag sind wir zurück in Addis Abeba, müde, staubig, aber diesmal freudig begrüßt von Aregai – er hat sich schon daran gewöhnt, daß wir schmutzig ankommen.
Gary muß am nächsten Tag nach Deutschland abreisen. Mir bleiben noch ein paar Tage Zeit. Ich sitze im Garten der Botschaftsresidenz und beobachte die großen Schildkröten, die sich, wenn die Sonne hoch steht, ein schattiges Versteck suchen.
Der Flugplatz in Debre Zeit – der in Addis ist wegen Reparaturen geschlossen – ist so bunt und völkerreich wie ganz Afrika. Als ich im Flugzeug nach Nairobi sitze, ziehen unter mir, unterbrochen von vorüberhuschenden Wolken, die großen Rift-Valley-Seen vorbei. Ich denke zurück an unsere Reise: Viertausendsechshundert Kilometer ohne Medikamente, ohne verläßliche Karten, ohne Wasservorrat!
Leb wohl, du schönes, geliebtes Äthiopien, du herrliches Land. Auf allen unseren Fahrten sind wir nur auf Freundlichkeit, auf Interesse, auf Lachen, Winken und Gastfreundschaft gestoßen. Nur zweimal hatten wir auf unserem langen Weg Schwierigkeiten – durch den schmierigen NTO-Mann in Dire Dawa und durch den fetten Administrator. Beides Funktionäre, die uns ihre Macht spüren ließen.
Lebt wohl, ihr stolzen Männer, ihr anmutigen Frauen; lebt wohl, ihr meine geliebten großäugigen Kinder; ihr Fröhlichen und Lauten, ihr Stillen und Leidenden. Am liebsten wäre es mir gewesen, euch alle mitzunehmen. Lebt wohl!

Nomaden, Banditen, Missionare

Eduard Graf Wickenburg: Aus einem Vortrag über seine Reise »Von Dschibuti bis Lamu«

Durch eine felsige Schlucht stiegen wir abwärts, und bald hatten wir das Ufer des Stephanie-Sees erreicht. Doch als wir dort unseren Durst löschen wollten, bemerkten wir zu unserer Enttäuschung, daß das Wasser vollkommen salzhältig war und außerdem dermaßen von Sumpfvögeln verunreinigt, daß es unmöglich war, dasselbe zu trinken; selbst Pferde und Maulthiere weigerten sich zu trinken.
Während wir in den letzten Monaten uns meist in einer herrlichen Gebirgsgegend bewegt hatten, so befanden wir uns jetzt urplötzlich in einer dürren, ausgebrannten Steppe, von kahlen, vegetationslosen Bergen umgeben, vor uns ein See mit ungenießbarem Wasser. Trotz alledem blickte ich mit dem Gefühle der Befriedigung auf diese Wasseroberfläche, da ich nun den ersten Teil meines langen Weges zurückgelegt hatte. Mit Freude gedachte ich meiner beiden wackeren Landsleute Teleki und Höhnel, die als die ersten Europäer vor nun mehr als zehn Jahren diesen See nach unsäglichen Mühen von Süden aus entdeckt und ihn Stephanie-See benannt hatten.
Wir hatten den See, der von den Eingeborenen Basso Murle genannt wurde, so ziemlich in seiner Mitte, am östlichen Ufer erreicht. Wir fanden aber gar kein Trinkwasser, so daß ich Leute in die Berge sandte, um welches zu suchen. Glücklicherweise fanden dieselben in einem Felsloche etwas Regenwasser angesammelt, und wir konnten daher unsere Fässer mit dem köstlichen Naß füllen. Ich marschierte hierauf bis an das Südende des Sees. Dort entdeckten wir ein Quelle von allerdings sehr salzigem, aber immerhin trinkbarem Wasser, und ich ließ halten.
Der See schien sich im Stadium des Austrocknens zu befinden. Sein südlicher Teil, etwa ein Drittel, war vollkommen ausgetrocknet, so daß man die meisten Inseln trockenen Fußes erreichen konnte. Viele Skelette von Krokodilen, die oft in ganzen Reihen nebeneinander dalagen, zeigten an, daß der See die Existenzbedingungen für diese Thiere nicht mehr bietet. Die zahlreichen inkrustierten Muscheln, welche man auf Steinen selbst über eine Stunde weit vom See findet, weisen darauf hin, daß dieser früher ein viel größeres Becken besaß und wahrscheinlich sich schon seit Dezennien im Zustande des Austrocknens befindet. Die Land-

Erlegte Python – Nord-Kenia

---

schaft am See bot ein trostloses Bild. Die sich erstreckende Ebene war mit dürrem gelbem Gras bedeckt, die wenigen Sträucher und Bäume waren laublos und sonnverbrannt; zudem sandte die Sonne eine wahre Gluthitze nieder. Trotz dieses unfreundlichen Charakters der Gegend war dieselbe enorm wildreich. Tausende von Oryx-Antilopen und Zebras (Equus Grevi), viele Grantgazellen und unzählige Strauße bevölkerten die Ufer des Sees. Auch Nashörner und Elephanten kamen vor, und des Nachts hörte man das Brüllen des Löwen. Am Wasser aber waren weite Flächen buchstäblich mit Pelikanen, Flamingos, Gänsen und allen möglichen Enten bedeckt.

Nachdem ich die Karawane drei Wochen lang am Stephanie-See hatte rasten lassen, hatten sich die Tragthiere so weit erholt, daß ich den Weitermarsch riskieren konnte. Allerdings litten jetzt wieder viele meiner Leute an schwerem Malaria-Fieber.

Immer wieder hatte ich versucht, mit namhaften Safarileitern aus Nairobi eine Fahrt in den Norden Kenias zu organisieren, um den zweiten Teil der Reise meines Vaters nachvollziehen zu können, und immer wieder hatte ich die Antwort bekommen: Zu gefährlich, zu unerforscht, ein Risiko für Menschen und Ausrüstung. Inzwischen war ich in Tansania gewesen und hatte dort mit Paramount Chief Marealle, dem Häuptling der Chagga, Erinnerungen an seinen und meinen Vater ausgetauscht – die beiden hatten einander im Jahr 1897 kennengelernt –, hatte die Küste Kenias bereist, die großen herrlichen Nationalparks gesehen und Gelegenheit gehabt, interessante Menschen zu treffen. Immer wieder hatte ich die Frage gestellt, ob es nicht jemanden gebe, der mit mir zum Berg meines Vaters reisen würde.

Eines Tages lernte ich in Naro Morn – wir waren auf dem Nachhauseweg von der Mathews Range im Samburugebiet – die Familie Brown kennen. Monty, seine Frau Barbara und sein Sohn Ken lebten in einem wunderschönen alten Farmhaus mit Blick auf den Mount Kenya und organisierten Safaris. Beim Abendessen kam die Sprache auf meine Pläne und die Vergeblichkeit meiner Bemühungen. Da sagte Monty lachend: »Wann wollen Sie fahren? Ich kenne mich in diesem Gebiet aus wie in meiner Tasche, und ich liebe die Landschaft dort oben im Norden über alles!«

Ein Jahr später sind wir, Monty, sein Sohn Ken und ich, mit zwei Geländewagen, schwer beladen mit vierhundert Liter Diesel, mit Wasservorräten, Lebensmitteln, Bettzeug, Zelten und Waffen zum Berg meines Vaters unterwegs. Vier Boys – Losikiria, Ndururi, Wario und Mutua – begleiten uns.

Es ist glühend heiß. Die Fahrzeuge holpern über steinige Wege; tiefer Einschnitt einer Wasserrinne aus der Regenzeit, bremsen, im Schrittempo hineinrollen, Gas, wieder hinaus – einmal, zweimal, hundertmal?

Manchmal bleibt der Anhänger stecken; man muß ihn herausschieben oder mit einem Seil herausziehen. Ich habe das Gefühl, daß wir keinen Schritt weiterkommen. Wären nicht die Tiere – Oryxantilopen, Zebras, Strauße –, die durch ihre Schönheit die Härte und Trostlosigkeit der Landschaft mildern, ich hätte diesen Tag gehaßt.

Endlich, als die Schatten länger werden und das Licht sanfter, erreichen wir Buluk, eine Wasserstelle zwischen Rudolf- und Stephaniesee, wo wir unser Camp aufschlagen wollen.

Aber dort herrscht eine merkwürdige, fast gelähmte Stimmung; die Menschen sind kaum ansprechbar. Vor ein paar Tagen hat hier ein Überfall eines feindlichen Stammes, der Shangilla, stattgefunden; es gab Tote unter den Eingeborenen und dem herbeigeholten Militär.

Monty lenkt den ersten Wagen weg von der Straße. Wir fahren tiefer und tiefer in den Busch, kreuz und quer, auf der Suche nach einem Versteck. Ich merke, daß alle nervös geworden sind.

Unter einem großen Baum wird plötzlich haltgemacht und in aller Eile das Lager errichtet; die Nacht ist schon über uns hereingebrochen.

Ich spüre, wie Furcht in mir aufsteigt, und sie verstärkt sich, als ich beobachte, wie die Männer ihre Gewehre reinigen, laden und entsichert neben ihre Betten legen. Auch der Aufbau des Camps ist heute höchst ungewöhnlich. Sonst gab es immer eine schöne Ordnung: die Wagen im Halbkreis, unsere Betten innerhalb des Kreises, und außen das Feuer und die Wächter. Diesmal sind die Betten weit voneinander entfernt einzeln im Busch aufgestellt, und als ich frage, was das zu bedeuten hat, antwortet Monty wortkarg, auf diese Art hätte man die besten Chancen zu überleben.

Als die »Bosse« eingeschlafen sind, stehe ich auf, wecke Freund Losikiria, den Koch, und bitte ihn, mein Bett mitten in das Lager zu stellen, in die Nähe der Fahrzeuge, in die Nähe des Feuers, in die Nähe der Menschen – denn ich fühle mich vollkommen schutzlos und ausgesetzt.

Der Wind ist so heftig, daß er alle anderen Geräusche verschluckt. Alles scheint sich zu bewegen, es kracht und knistert, rauscht und pfaucht. Stöhnend biegen sich die ausgetrockneten Stämme. Setzt man sich im Bett auf, so reißt der Wind das Kissen weg und trägt es weit fort. So sitze ich steil aufgerichtet, das wiedergeholte Kissen an die Brust gepreßt, und lausche. Wie gemütlich wäre es doch zu Hause! Plötzlich fallen mir die beiden Schlafpulver ein, die mir meine Freundin in Nairobi »für Krisenfälle« mitgegeben hat – und das ist fürwahr einer! Alle Ängste versinken im tiefen, traumlosen Schlaf.

Aufwachen um Viertel vor sieben. Die Sonne steht schon hoch am Himmel und ist ein einziges Strahlen – wir leben ja noch alle! Die Männer sind schon auf den Beinen, das Frühstück wird bereitet und das Camp eiligst, als wollte man diese Nacht schnell vergessen, abgeräumt.

Plötzlich kommt quer durch den Busch mit Riesengetöse ein Lastauto voll mit schwerbewaffneten Soldaten, die wissen wollen, was wir hier im Sperrgebiet tun. Monty beruhigt den Sergeanten, und die ganze Gruppe – alle sind abgesprungen und haben mit den Boys eine aufgeregte Diskussion angefangen – wirft nach einer Weile die automatischen Waffen über die Schultern, springt auf den Wagen und verschwindet in einer Staubwolke, nicht ohne sich vorher artig mit »Jambo Mama« bei mir verabschiedet zu haben. »Die haben mehr Angst als wir«, murmelt Monty in sich hinein.

Die Shangilla oder Merille (in alten Tagen auch Murle – nach ihrem Stamm wurde der Stephaniesee Basso Murle genannt) leben am Ostufer des Rudolf- oder Turkanasees, und auch zwischen jenem und dem Stephaniesee. Sie sind kuschitischen Ursprungs und verwandt mit all den Stämmen, aus denen sie sich Frauen geraubt haben – also den Turkana und den El Molo. Sie haben eine sehr dunkle Hautfarbe und die wenig erfreuliche Angewohnheit, ihre Feinde zu kastrieren. Sie überfallen heute noch ihre Nachbarstämme, die Gabbra und Turkana, töten sie, stehlen ihre Rinder, Kamele und ihre Frauen und verschwinden, wenn sie verfolgt werden, spurlos im Busch oder über die nahe gelegene äthiopische Grenze.

Wie ich gehört habe, ist der einzige Weiße, der Kontakt zu ihnen hat und den sie anscheinend akzeptieren, Pater Richard Tyroller von der katholischen Mission in North Horr.
Wie anders sieht alles am Tag aus! Die Landschaft ist grandios, und ich bin voller Vorfreude, denn heute werden wir auf die Route meines Vaters treffen, der von Norden aus Äthiopien gekommen ist, und sie nach Osten entlang der Huri Hills bis zum Forole weiterverfolgen.
Tagelang sind wir schon unterwegs: Unser erstes Camp hatten wir in Poror, nicht weit von Maralal, in zweitausendvierhundert Meter Höhe aufgeschlagen, wo die Nacht so bitter kalt war, daß mir die Zähne geklappert haben. Das zweite Camp, in Enderi, nördlich von South Horr, lag paradiesisch unter riesigen schattigen Bäumen. Vogelstimmen wie Glockenklang, und nachts das heisere »Husten« des Leoparden. In Lare Dabash, zwischen Mount Kulal und dem Ostufer des Turkanasees, dann das dritte Camp. Glühende Hitze, eine giftgrüne Oase in einem Kessel, eine riesige Kobra sprang ein paar Schritte von uns entfernt aus einem dürren Baumstamm, den die Boys als Feuerholz herangeschleppt hatten, richtete sich steil auf und verschwand dann eilends. In einem Lavafeld fanden wir in der Dämmerung ein winziges verirrtes Lamm, das gottergeben mit gesenktem Kopf dastand. Es wurde Lare Dabash getauft und begleitete uns auf der ganzen Reise.
Das vierte und fünfte Camp lag nicht weit vom Gipfel des westlichen Kegels des Mount Kulal – ein Vorzimmer zum Himmel, in zweitausendsechshundert Meter Höhe. Westlich von uns tief unten die gleißende Fläche des Turkanasees, nordöstlich das schneeweiße Glitzern der Chalbi Desert und im Hintergrund ein lavendelblauer Traum: die Huri Hills, Pforte zum Mount Wickenburg.
In unserem sechsten Camp, Gallas Springs, wurde unsere Mannschaft durch zwei Home Guards, Lakada und Galang, verstärkt – ich begegne den ersten Gabbra. Welch eine Fülle von Eindrücken!
Auf einem kaum auszumachenden Pfad mit abenteuerlichen Hängen und Hügeln haben wir die Brunnen von Arabtis erreicht. Dort herrscht ein unbeschreibliches Getriebe. Tausende von Tieren, Kamele, Rinder, Schafe, Ziegen warten darauf, getränkt zu werden. Von einigen Seiten ertönt ein merkwürdig rhythmischer, dröhnender Klang; er scheint aus der Tiefe zu kommen. Ich folge mit Losikiria dem Gesang und bleibe wie erstarrt stehen: In der Erde öffnet sich ein tiefer, dunkler Schlund. In diesem Schlund stehen auf Ästen, die im Gestein verspreizt sind, fünf, sechs, sieben Menschen, senkrecht wie eine Säule übereinander. Sie werfen einander mit unglaublicher Schnelligkeit Eimer aus Giraffenhaut zu. Der Mann am Ende der Pyramide leert die gefüllten Eimer in ein Becken, von dort wird das Wasser in einen Trog aus Lehm geschöpft. Ist der Trog voll, stößt der am Rand Stehende einen hellen, schril-

len Ton aus – fast wie ein alpenländischer Jodler –, und heran rast eine Gruppe von Tieren, die voller Ungeduld, aber diszipliniert und wie eine Mauer in einiger Entfernung gewartet haben. Sie trinken und trinken und trinken, bis die Bäuche ganz prall sind, so daß man Angst bekommt, sie müßten platzen. Dann ein Pfiff, und die Tiere weichen tatsächlich zurück, geben den Weg frei, damit der Trog wieder gefüllt werden kann und die nächste Gruppe an die Reihe kommt.

Ziegen, Schafe und Kamele sind noch in halbwegs gutem Zustand – am schlimmsten sind die Rinder daran, weil ja kein Gras mehr zu finden ist und sie die noch vorhandenen Sträucher nicht anrühren. Sie sehen jammervoll aus: nur Haut und spitz vorstehende Knochen, erloschene Augen. Ihre Bewegungen sind so langsam, daß man fürchten muß, sie würden jeden Augenblick umsinken.

Den ganzen Tag wird geschöpft, gesungen, getränkt. Die Tiere, die so durstig und hungrig sind, schreien mit Stimmen, die fast menschlich klingen – ich habe solche Tonlagen noch nie gehört. Dann das gedämpfte Trappeln von vielen hundert kleinen Hufen, das lautere, plumpere Geräusch der heraneilenden großen Tiere. Ab und zu hüllt ein Windstoß die ganze Szene in goldbraunen Staub, der hier knöcheltief liegt, so daß man die meist weißen Tiere nur wie Schemen ausmachen kann. Die Schöpfenden arbeiten unermüdlich, fast wie in Trance. Langsamer, getragener Gesang, wenn sie sich ausruhen, dann plötzlich wie ein Aufwachen schnell und rhythmisch, ebenso die Bewegungen der Hände mit den Gefäßen. Die Männer, fast nackt, triefen von der Nässe des verschütteten Wassers; die dunklen Körper glitzern. Die Tücher, in welche die Frauen gehüllt sind, liegen eng angeklatscht an ihrem Körper; auf ihren Haaren, auf ihrem Gesicht liegt die Feuchtigkeit wie Tau. Ein unbeschreiblich schöner, wilder Anblick.

Endlich wird es Abend, endlich, denn es hat Augenblicke gegeben, wo ich glaubte, dieses Bild, diesen Lärm nicht mehr ertragen zu können. Die Brunnen liegen verlassen da – ein bis zum Gerippe abgemagerter Hund schleicht durch das Gelände. Ein totes Kalb liegt am Brunnenrand, der zurückgeworfene Kopf mit den erstarrten Augen blickt anklagend in den rosenfarbenen Himmel. An einem Trog, in dem nur noch Schlamm liegt, stehen winzige abgemagerte Schafe und versuchen kraftlos, etwas Naß herauszusaugen – sie wirken gespenstisch. Und schon hört man im Hintergrund die Stimme von »Fisi«, der Hyäne, die in diesen Zeiten der Dürre leichtes Spiel hat.

Am nächsten Tag fahren wir zu viert – Monty, Ken, der Samburu Lakada und ich – ein Stück Weges zurück, steigen auf einen Hügel, und vor uns liegt eine riesige Ebene mit einzelnen Erhebungen: der Stephaniesee, oder besser gesagt das, was von ihm geblieben ist. Eine weißglänzende, trockene Fläche, aus der sich Inselchen erheben. Ich erinnere mich genau an die Beschreibung meines

Vaters, der dem Stephaniesee die gleiche Zukunft wie dem Seebecken Korole – heute die Chalbi Desert – vorausgesagt hat. Die Berge auf der äthiopischen Seite sind imponierend in ihrer Höhe und prachtvoll in den Farben: Tiefviolett, Purpur, Braun – nirgends ein grüner Schimmer.
Es ist sehr still, als hielte die Natur den Atem an in Erwartung von Regen. Tiere sind fast keine zu sehen. Ein Dik-Dik, ein herrlicher Trappenhahn, ein einzelner Geier auf einem trockenen Baum, Yellownecks, eine magere Hyäne, die über den Weg schleicht – oder war es nur ein dunkler Schatten?
Wir können an Hand der Karte ziemlich genau die Camps, die mein Vater aufgeschlagen hat, bestimmen, auch den Weg, den er über das heutige Sabarei, über den Sele-Gublo-Paß genommen hat.
Diesem Weg werden wir nun folgen.

Eduard Graf Wickenburg: Aus einem Vortrag über seine Reise »Von Dschibuti bis Lamu«

Am 26. Juli verließen wir endlich das staubige, heiße Lager am Stephanie-See. Ich zog zunächst südlich, durch die kahlen Felsmassen, die sich am Südende des Sees hinziehen. Wir benützten am Marsch meist von Elephanten ausgetretene Pfade. Obwohl man viele Fährten dieser Dickhäuter sah, so begegneten wir dennoch nur einem einzigen jungen Elephanten.
Wir marschierten vom frühen Morgen bis in die Nacht hinein und lagerten dann, ohne Zelte aufzustellen, unter Gottes freiem Himmel und unter dem Lichte eines herrlichen Vollmondes. Am folgenden Tage ließen wir die Berge bald hinter uns und gelangten in ein von dichtem Busch bedecktes Hügelland. Diese Gegend schien Rendezvousplatz für Nashörner zu sein, und in weniger als einer Stunde schoß ich drei dieser Thiere, ohne auch nur unsere Marschlinie zu verlassen.
Am 29. Juli erreichten wir die Brunnen von Saru. Dieselben enthielten zwar nur schmutziges, verbrauchtes Wasser, doch war uns dieses trotzdem sehr willkommen, da das in Fässern auf den Kamelen mitgeführte Wasser bereits aufgebraucht war. Die Brunnen von Saru wurden von den Boran künstlich gegraben, seit den Einfällen der Abessinier ist diese Gegend jedoch unbewohnt. Wir trafen nur eine ganz verhungerte und vollkommen abgemagerte Boranfamilie an, die sich von Wurzeln und Beeren ernährte und sicher dem Hungertode preisgegeben war. Da die Leute zu matt waren, um meiner Karawane zu folgen, so übergab ich ihnen das Fleisch eines ganzen Nashorns, welches ich in der Nähe geschossen hatte, und mußten wir sie ihrem Schicksal überlassen.
Auch am folgenden Marsche erreichten wir abermals künstlich gegrabene Brunnen. Auch dort waren keine Eingeborenen zu finden. Ich beschloß nun, meinen Marsch nach Süden fortzusetzen, da ich hoffte, so mit den Rendile zusammenzutreffen, was der eigentliche Zweck meiner Reise war.

Bald gerieten wir nun in eine der trostlosesten Gegenden, die ich je gesehen habe, in eine wahre Steinwüste. Vor uns dehnte sich eine gelbe, endlose Grasfläche aus, die von Lavablöcken übersät war. Hin und wieder erhoben sich auf derselben kleine schwarze Steinhügel, die wie Kohlenmeiler aussahen. Oft türmten sich auf weiten Strecken bis an drei Meter hohe Mauern auf, von übereinanderliegenden Lavablöcken gebildet, welche aussahen, als wären sie künstlich errichtet, oder man sah lange Streifen von wirr durcheinanderliegendem Gestein, die durch einen Strom erstarrter Lava entstanden sein müssen. Erbarmungslos sandte die Sonne ihre Strahlen auf dieses Steinmeer nieder. Am Nachmittage lag die ganze Gegend in einer Dunstschicht, und am Abend sah man die Sonne blutrot untergehen, wie durch die Glasscheiben eines Sextanten betrachtet. Über diese glühend heißen, scharfkantigen Steinmassen mußten wir gehen, und über diese Steinmauern hatten meine ermüdeten Kamele zu marschieren.
Wenn Dante diese Gegend gesehen hätte, er würde gewiß in seinem Inferno, irgendeinem Prinzipe folgend, unausgesetzt Menschen über diese heißen Felsmassen spazieren lassen!
Schon auf den ersten Märschen blieben meine Pferde und Maulthiere verdurstet liegen. Oft fielen die Kamele zwischen den Felsblöcken nieder, verloren ihre Lasten und konnten nur mit viel Mühe wieder herausgezogen werden. Gar manches fiel aber, um nicht wieder aufzustehen, und mußte durch eine Kugel von seinen Leiden befreit werden. Viele Leute konnten vor Ermattung und vor Durst kaum mehr der Karawane folgen. Einige legten sich einfach hin und erklärten, lieber sterben zu wollen, als noch weiter um ihr Leben zu ringen. Während neun langer Märsche durch dieses Durstland fanden wir nur einmal Wasser!

Steinig und steil ist der Weg über den Sele-Gublo-Paß, er wird gesäumt von verendeten Tieren. Die Landschaft ist urgewaltig, eine Symphonie aus Braun- und Purpurtönen. Hohe, überaus steile Bergketten auf der äthiopischen Seite, sanftere, niedrigere Hügel auf unserer Seite. Es gibt Bäume, deren Stämme verrenkten menschlichen Leibern gleichen, dann ist da der riesige Wurzelstock der Desert Rose, auf einem dünnen Ast eine einzige rosa Blüte.
Wir orten ein Camp meines Vaters auf einem schönen, sanften Hang mit Aussicht auf die hohen Berge, aber ohne Wasser, dann Saru, eine vertrocknete, staubige Brunnenstelle, die einen trostlosen Anblick bietet. Eine kleine Gruppe von Gabbra tränkt gerade ihre Kamele, und ich beobachte, wie die Tiere nachher aufgezäumt werden. Sie lassen keinen Mann in die Nähe, nur Frauen vermögen es mit schnellem, geschicktem Griff, das dünne, harte Seil über den Unterkiefer zu streifen und dann erbarmungslos festzuziehen. Ein Mann hat eine tiefe Wunde am Bein und eine Frau blutrot entzündete Augen – aber als sie von uns versorgt werden, lachen und plaudern sie drauflos und haben plötzlich ihre schlimme Situation vergessen.

Noch eine Brunnenstelle – Balal, in einem weiten Tal –, die mein Vater offenbar nicht entdeckt hat. Hunderte von Kamelen, das Singen dringt aus der Tiefe. Eine tote Ziege liegt mit abgezogenem Fell in ihren Gedärmen. Fast stolpere ich über eine winzige, zwergenhafte Frau mit uraltem Affengesicht, die unter einem Baum kauert – sie scheint schon gar nicht mehr dazusein, aber Teekessel und Wasserflasche liegen neben ihr. Monty meint, daß die weiterziehenden Hirten sie nicht mehr mitnehmen werden ... Bilder von beklemmender, überwältigender Fremdheit.
Dukana. Wieder Massen von Rindern, Kamelen, Schafen, Ziegen. Eine große Siedlung mit runden Hütten, Polizeibaracken, an denen wir eilig vorbeifahren – eine wehende kenianische Fahne. Da es noch relativ früh ist, beschließen wir, bis Balessa, der nächsten Brunnenstelle, zu fahren – es sind noch sechzig Kilometer.
Vor uns erstreckt sich eine endlose Ebene, flach wie ein Tisch, kaum von Bäumen oder Sträuchern unterbrochen. Der Boden ist bedeckt mit tiefschwarzen, großen und kleinen Lavasteinen, dazwischen wächst fahles Gras. Die Sonne ist im Dunstschleier so fahl wie das Gras, das sie ausgedörrt hat. Wir fahren in einer Wolke von rotem Staub, denn der Wind kommt von hinten, holt uns ein und bläst uns den Sand ins Gesicht. Manchmal steigt der Staub in roten Säulen zum Himmel, wie ein Rauchopfer.
Unter einer winzigen Akazie, die kaum Schatten spendet, liegt eine Gruppe von Kälbern. Als wir näher kommen, versuchen sie aufzustehen und sinken kraftlos zurück. Aufgegeben von ihren Besitzern, sind sie dem Tod preisgegeben. Nicht weit davon entfernt löst sich plötzlich ein Knäuel von Menschen, die um einen Baum gekauert sind. Sie reißen Gefäße, Eimer, Plastikbehälter an sich und kommen mit lautem Geschrei auf uns zugestürzt; Maggi, maggi – Wasser, Wasser!
Beide Fahrzeuge halten, und Monty und Ken füllen alle Behälter mit Wasser – aber was ist das schon! Währenddessen reichen die Boys den Menschen ihre Wasserflaschen, und sie trinken, trinken – wie die Ziegen in Arabtis, schießt es mir durch den Kopf, und ebenso diszipliniert. Neben mir steht ein alter Mann mit einem großartigen Gesicht und blutrot entzündeten Augen – um den Kopf hat er einen schmutzigen Turban, dessen Enden im Wind flattern. Er beginnt in gebrochenem Italienisch auf mich einzusprechen – er hat im Krieg auf italienischer Seite gekämpft. Ich merke plötzlich, wie mir die Tränen unter der Sonnenbrille über das verstaubte Gesicht rinnen.
Wie sagte doch mein Vater: »Wenn Dante diese Gegend gesehen hätte, er würde gewiß in seinem Inferno, irgendeinem Prinzipe folgend, unausgesetzt Menschen über diese heißen Felsmassen spazieren lassen ...«
Noch zweimal passieren wir Gruppen von Tieren, die dem Verdursten preisgegeben sind: Eine kleine Herde von Rindern mit schöngeformten riesigen

Hörnern starrt uns reglos nach, dann eine Gruppe von Ziegen – alle gleich groß, mit weißen Clowngesichtern und den weisen, geheimnisvollen, archaischen Augen. Sie wollen aufstehen, als wir kommen, aber die dünnen Beine knicken unter ihnen weg. Doch ihre Augen folgen uns, bis eine Staubwolke sie wegwischt.

Die Lavafelder werden immer unwegsamer, wir kommen fast nur mehr im Schrittempo voran. Dann ein seichter Kessel, einzelne laublose große Bäume – die Brunnen von Balessa.

Hier hat mein Vater das einzige Mal innerhalb von neun Tagen Wasser gefunden.

Balessa ist ein Ort von beklemmender Melancholie. Von fünfundzwanzig Brunnen führen nur noch drei Wasser. Sie sind sehr tief, und das Wasser ist schwer zu erreichen, weil der Brunnenschacht oft in einer Krümmung verläuft. Das Licht ist diesig, die Luft scheint stillzustehen. Unter einem Baum liegt ein einzelnes Kamel, irgendwo schreit eine Ziege. Neben dem Brunnenschacht steht eine weiße, magere Kuh, die sich vor Schwäche kaum auf den Beinen halten kann.

Die Boys richten das Camp ein. Betten werden aufgestellt, Feuer wird entzündet, Tee zubereitet. Dann machen sie sich gemeinsam auf den Weg, um in Kanistern Wasser zu holen. Schon nach kurzer Zeit kehren sie mit betroffenen Gesichtern zurück. Sie wagen es nicht, in die Tiefe zu steigen. Ein falscher Tritt, und sie stürzen ab – sie geben ihre Furcht offen zu.

Ich gehe zum Brunnenloch, an dem die weiße Kuh steht. Da ist plötzlich eine junge Gabbrafrau mit der typischen Zöpfchenfrisur, schlank, grazil, mit riesigen Augen. Sie nimmt einen alten Plastikeimer und steigt in den Brunnenschlund. Ich beuge mich vor, bis sie meinen Augen in der Finsternis entschwindet. Es dauert eine Weile, dann hört man es weit, weit unten plätschern. Die Gabbrafrau kommt wieder heraufgeturnt – wie eine Katze an der steilen Wand, wie eine Spinne! Sie hat nur eine Hand frei, um sich anzuhalten; unter ihr der gähnende Schlund, und niemand nimmt ihr das Gefäß aus der Hand. Die Kuh trinkt, und die Frau steigt dreimal in den Brunnen, um sie zu tränken. Dann nimmt sie die Kuh an einem Strick und geht langsam, langsam auf das Lavafeld zu. Sie hebt ganz leicht die Hand, als sie zurückschaut, und als ich wieder in ihre Richtung blicke, ist sie verschwunden wie ein Spuk.

Monty und sein Sohn sitzen eng nebeneinander auf einem Lavablock und unterhalten sich flüsternd. Beide sind von diesem Abschnitt der Safari sehr angegriffen. Die Boys bereiten das Abendessen; man hört ihre leisen Stimmen. Lakada und Galana sitzen auf einem rosa Bettlaken, das eine zweifache Verwendung hat: Decke und höchst modisch gefalteter Umhang über der Home-Guard-Uniform. Sie kauen Tabak. Ich hocke auf meinem Bett und weine still in mich hinein.

Mitten in der Nacht erhebt sich ein stürmischer heißer Wind und übertönt die Stimmen der Hyänen und Schakale, die sich um die Brunnen herumtreiben.
Am Morgen – es weht immer noch dieser glühende Wind und wirbelt riesige Staubwolken auf – versuche ich ein Stück des Weges zu gehen, den mein Vater von hier aus genommen hat. Es ist die Hölle. Die Lava strömt eine Hitze aus, als hätte man den Kopf in einen Backofen gesteckt. Immer höhere Steinwände türmen sich vor mir. In den Mulden tauchen glitzernde Wasserflächen auf und verschwinden beim Näherkommen – Fata Morgana. Was muß das für eine Qual gewesen sein! In der Ferne, im Osten, sieht man wie schon seit gestern hellblau und graziös die Umrisse der Huri Hills mit ihren achthundert Hügeln, Wasser und Kühle versprechend – versprechend, aber das Versprechen nicht erfüllend.
In Balessa teilt sich unsere kleine Karawane. Monty und ich fahren mit Lakada und Galana, deren Aufgabe erfüllt scheint, nach North Horr, Ken mit den Boys direkt nach Kalacha, wo wir am späten Nachmittag wieder zusammentreffen wollen.
Nie hätte ich gedacht, daß die Gelegenheit, meine eigene Sprache zu sprechen, mich so glücklich machen könnte! Oder sind es einfach die Padres Tyroller gewesen – oder beides?
North Horr gleicht einer geschäftigen Stadt – vor allem weil wir tagelang fast keine Siedlungen passiert haben. Und hier lerne ich also die Brüder Tyroller kennen, die seit acht Jahren die katholische Mission in North Horr leiten: Beide sind kurz und stämmig gewachsen, Arme und Beine sind rot von der Sonne, sie tragen Shorts und kurzärmelige, ausgebleichte Hemden. Man merkt ihnen an, daß sie unter extremen Umständen zu leben haben, und doch strahlt ungebrochen die Menschenliebe und der Humor aus ihren Augen.
Sie wissen viel über den Stamm der Gabbra und lieben seine Menschen wie ihre eigenen Kinder. Da ihre Mittel beschränkt sind und sie ausschließlich auf Hilfe aus Europa angewiesen sind, müssen sie in dieser Zeit schrecklicher Not mit ihren Lebensmittel- und Wasservorräten haushalten, was für sie eine fast unerträgliche seelische Belastung ist. Täglich fahren sie weite Strecken ab, um Menschen vor dem Verhungern und dem Verdursten zu retten. Geht der Vorrat aus, sind die Folgen nicht auszudenken. Immer haben sie das Problem vor Augen, aus stolzen Nomaden keine abhängigen, auf den Missionsstufen lungernde Bettler zu machen, die den harten Lebensbedingungen dieses Landes nicht mehr gewachsen sind.
Wir reden und reden und reden – ich kann gar nicht genug davon bekommen und bin von den beiden Männern tief beeindruckt. Allmählich löst sich der Krampf der vergangenen Tage in meiner Brust. Als wir uns verabschieden, sieht die Welt viel heller aus.
Lakada und Galana kehren von hier aus in ihre Heimat am Kulal zurück,

Monty und ich machen uns auf den Weg nach Kalacha, wo wir Ken und die Boys treffen wollen, aber nicht nur sie: Gary Rogers, der Photojournalist, der in Äthiopien dabeigewesen war, soll dort mit uns zusammentreffen, und ich bin glücklich, denn er versteht es meisterhaft, meine Beobachtungen und Vorstellungen in Bilder umzusetzen.
Kalacha ist eine größere Ansiedlung, die Missionare nennen sie sogar »town«. Es gibt eine Landepiste, eine Mission (East African Church Mission) mit zwei sympathischen amerikanischen Ehepaaren sowie eine katholische Kirche mit schöner äthiopischer Innenausstattung. Eine Quelle, aus der das Wasser mit einer Pumpe zutage gefördert wird, verwandelt die nächste Umgebung von Kalacha in ein grünes, allerdings schmales Himmelreich. Der Ort Kalacha besteht aus einer Ansammlung von runden und viereckigen Hütten, wild verstreut unter sengender Sonne, um diese Jahreszeit heimgesucht von heulenden heißen Winden, die alles in eine riesige Staubwolke hüllen und noch das letzte bißchen Feuchtigkeit verschlingen.
Geht man zur Quelle, fühlt man sich in eine andere Welt versetzt. Da stehen raschelnde Dum-Palmen und große alte Akazien mit dichtem Blätterdach. Der Weg, den die Quelle nimmt – sie versickert weiter unten im Sand –, ist von einem giftgrünen Grassaum begleitet. Am Tag und auch am Abend kommen hier Hunderte von Kamelen zur Tränke. In der Nacht gehört die Quelle den wilden Tieren.
Unser Camp wird in einer kleinen Bucht im Busch aufgeschlagen, geschützt von großen alten Bäumen. Die Quelle wird von uns ausgiebig genützt, denn alles, Fahrzeuge, Geschirr, Menschen, Kleider, wird gründlich gewaschen.
Dort, wo die Pumpe das Wasser an die Oberfläche befördert, befindet sich ein kleines Becken, in das man sich setzen kann. Das Wasser ist glasklar und süß – es kommt von den Huri Hills.
Während ich mein abendliches Bad nehme, kommt eine Herde Kamele angaloppiert. Sie haben ihre Hirten weit hinter sich gelassen und stürzen auf die Quelle zu. Sie stellen sich bis zu den Knien in das Becken und trinken und trinken – neunzehn Tage waren sie ohne Wasser –, sie kommen aus der Chalbi Desert. Die Hirtinnen setzen sich etwas abseits in einer Gruppe auf den Boden, und die sattgetrunkenen Kamele bilden nun einen engen Kreis. Alle stehen dicht zusammengedrängt und bewegen sich langsam rotierend, während einzelne Tiere am Außenrand sich in der Gegenrichtung bewegen – man wird beim Zuschauen ganz schwindlig. Allmählich löst sich dieses Bild in der Dämmerung auf. Kurz vor Einbruch der Dunkelheit kommen in sausendem Flug Sandgrouse (Flughühner) zur Tränke, kleine, taubengroße Vögel, die in der Wüste wohnen und von unglaublicher Schönheit sind.
Die Nacht ist heiß und stickig, man kann kaum schlafen, außerdem gibt es Moskitos, die sehr lästig sind. Das einzige Mittel, nicht vollkommen zersto-

chen aufzuwachen, besteht darin, sich nackt auszuziehen und in möglichst viele Laken zu wickeln, inklusive Kopf und Gesicht, was natürlich bei der Hitze auch keine ideale Lösung ist.
Plötzlich hört man ganz in der Nähe – so scheint es wenigstens – einen schrecklichen Lärm ... Keuchen, rasende Hufe, brechendes Gebüsch, überall das warnende »Bellen« von Zebras – ein entsetzlicher Laut, der mir das Herz fast stillstehen läßt, dann Stille. War das Ganze ein Alptraum?
Am Morgen finden wir nicht weit vom Camp ein von einem Löwen gerissenes Zebra, das schöne, glatte, bunte Fell zerfetzt, die toten Augen hervorquellend vor Todesangst, die langen Pferdezähne entblößt. Die Bäume rundum sind voller Geier.
Sonst sind die Nachtgeräusche friedlicher. Immer wieder hört man große Kamelherden vorbeiziehen. Sie benützen die Kühle der Nacht, um wieder auf ihre Weiden zu kommen. Das weiche Läuten ihrer Holzglocken (Kamele dürfen nur Holzglocken tragen, so schreibt es die Sitte vor; Rinder tragen Metall), das fast lautlose Schlurfen der großen Pantoffelfüße, die Stimmen der Hirten, die sich gedämpft miteinander unterhalten – manchmal singen sie auch, vielleicht um ihre Angst vor der Dunkelheit zu überwinden. Es ist ein herrliches, sehr fremdes Schlaflied.
Bei einem Besuch im Dorf machen wir Aufnahmen von den Bewohnern. Der Chief ist ein schöner, hochgewachsener Mann und läßt sich gern photographieren. Seine Frau sieht aus wie eine dunkle Madonna und seine Mutter wie ein alter Indianerhäuptling – man sagt, sie hätte großen Einfluß auf ihren Sohn.
Die Gabbra stellen noch eine Menge Gebrauchsgegenstände eigenhändig her: Schemel, auf denen sie vor ihren Hütten sitzen und die sehr eigenwillige Formen haben, Bettgestelle, die mit Häuten bedeckt sind und bei großer Hitze vor das Haus getragen werden, und herrliche Gefäße – Gourds genannt – für Wasser, Milch, Fett. Die einen sind aus der Wurzel des wilden Spargels gefertigt, der in den Huri Hills wächst. Die Wurzel wird ausgegraben, gereinigt, in Fasern zerlegt und geflochten. Die Faser ist so dicht, daß sie sofort wasserundurchlässig wird, ohne daß man sie präparieren muß. Außen werden die Behälter mit Kaurimuscheln verziert. Sie sind von unglaublicher Formschönheit. Dann gibt es Gefäße aus dem Holz einer Akazienart, oft mit schönen Mustern geschmückt. Und schließlich die Fettöpfchen, kleiner und runder in der Form, meist aus Kürbissen, die mit Tierhäuten überzogen sind, mit ungewöhnlichen Verschlüssen. Wie lange wird es dauern, bis der Plastikbehälter alle diese Schönheiten verdrängt hat?
Am späten Vormittag verlassen wir Kalacha und wenden uns nach Norden in Richtung Huri Hills.

Eduard Graf Wickenburg: Aus einem Vortrag über seine Reise »Von Dschibuti bis Lamu«

Nachdem bereits alles in Fässern mitgeführte Wasser verbraucht war und uns schon das Verdursten drohte, fanden wir rein durch einen Zufall in einem Wasserloch am Rande einer Hügelkette Wasser. Ich glaube kaum, daß die Karawane sonst noch imstande gewesen wäre, einen Tag länger auszuhalten.
Ich versammelte an diesem Wasserplatze die Trümmer meiner Karawane und gab derselben zwei Tage Zeit, sich zu erholen. Wieder waren einige Kamele vollkommen unbrauchbar geworden, so daß ich sie erschießen lassen mußte. Es fehlte mir daher an den nötigen Tragthieren, und ich war gezwungen, nun manches von meinem Gepäck zurückzulassen. Ballen von Stoffen, Kisten mit Glasperlen, sowie nur alle halbwegs entbehrlichen Vorräte, die für mich bestimmt waren, ließ ich einfach wegwerfen, mehrere Kisten Munition wurden explodiert. Da meine Recognoscierung, um die Rendile zu finden, erfolglos blieb, so beschloß ich, zunächst nach Ost zu ziehen, indem ich hoffte, wenigstens mit den Boran zusammenzukommen, um bei ihnen meine Karawane neu verproviantieren sowie frische Tragthiere kaufen zu können, denn ich wußte, daß es unmöglich sei, mit meinen Kamelen weiterzukommen.

Kommt man aus der grünen Insel Kalacha zur großen Lavabarriere, so eröffnet sich einem eine neue, beklemmende Welt, eine Welt, so großartig, so verlassen wie in den ersten Tagen der Menschheit. Wo immer man den Blick hinwendet, sieht man nur riesige, endlose Lavafelder in allen Schattierungen von Schwarz, Blau, Violett, Purpur und Braun – keine Vegetation, nur Wände und Barrikaden von Lava, die in der Sonne eine erstickende Hitze ausstrahlen. Allmählich tauchen im Norden einzelne, isoliert stehende Berge auf, oft in Doppelform. Nähert man sich ihnen, so haben sie dieselbe bräunlich-rötliche Färbung. Betrachtet man ihre Formationen, so sieht man den in Schichten erstarrten Lavafluß, der sich zum Himmel aufgebäumt zu haben scheint.
An einem dieser Berge, Afgab – biblisch der Name und biblisch die Landschaft –, hat mein Vater wie durch ein Wunder Wasser gefunden, als er am Verdursten war.
Wir lassen die Fahrzeuge stehen und gehen durch die glühende Lava den vielen Spuren nach, die Tiere in Jahrhunderten den Steinen eingeprägt haben. Die Sonne strahlt eine derartige Hitze aus, daß ich sie wie eine Zentnerlast auf den Schultern spüre. Vor uns bilden große und kleinere Lavablöcke eine Art Wall, hinter dem man Menschenstimmen – die heiseren Schreie der Männer und die leiseren Zurufe der Frauen –, vielerlei Tierstimmen, das Grunzen der Kamele, den dumpfen Laut der Rinder, die schrillen Kinderstimmen durstiger Ziegen und Schafe hört. Dreißig Meter unter uns bietet sich ein atemberau-

bendes Bild: eine schmale Schlucht fast ohne Vegetation, steile, halsbrecherische Pfade als Zu- und Abgang, auf denen sich eine ununterbrochene Kette von Tierleibern bewegt, und in der Talsohle ein unbeschreibliches Getümmel.
Die ganze Schlucht ist vollgepackt mit Tieren, mit Menschen in biblischen Gewändern. An einem Ende der Talsohle der Rest eines großen Wasserlochs – schwarz das Wasser von den vielen Verunreinigungen durch die Herden, zur Hälfte bedeckt von einem giftiggrünen Schleim. In dieser Brühe liegen bewegungslos und bis zur Nase im Wasser weiße Rinder mit langen Hörnern; Kamele schöpfen mit gespitzten Lippen das Wasser in sich hinein, Ziegen und Schafe drängen sich an einer anderen Stelle, immer wieder ins Wasser rutschend, um den besten Platz.
Auf einem runden Steinblock liegen drei Hunde. Einer ist schwarz, einer weiß, und einer hat ein rötliches Fell. Alle sind sie knochenmager und haben kluge Fuchsgesichter. Nähert sich ein Kamel einer bestimmten Stelle am Wasser, wo sich gerade eine Gruppe Rinder befindet, fährt ihm der schwarze Hund mit bösem Knurren in die Beine, so daß das Kamel erschrocken zurücktaumelt. Erst als die Rinder abziehen, erheben sich die Hunde wie auf Kommando und verlassen hocherhobenen Kopfes, sichtbar sehr zufrieden mit sich, den Felsblock – sie haben ihrer Herde das Wasser sichergestellt.
Die Frauen tragen wehende Tücher und den für verheiratete Gabbrafrauen typischen Schmuck aus gedrehtem Metall. Die Männer tragen nur jene merkwürdigen, bermudashortähnlichen Baumwollhosen, deren Schnitt mich so fasziniert. Sie sind derart beschäftigt mit dem Tränken der Tiere und dem Füllen ihrer Gefäße, daß sie kaum Zeit finden, uns zu beachten. Auf den steilen Zuwegen strömt ununterbrochen eine nicht endende Welle von Herdentieren, die von schreienden jungen Hirten angetrieben werden. Welch ein Anblick!

Eduard Graf Wickenburg: Aus einem Vortrag über seine Reise »Von Dschibuti bis Lamu«

Einen Tagesmarsch nördlich vom Forole stießen wir auf ausgedehnte Dörfer der Gabbras, ein dem Boranstamme verwandtes Volk, welches Tausende von Kamelen besitzt. Am Morgen, wenn diese Thiere auf die Weide getrieben werden, war die Umgebung der Dörfer, so weit der Blick reichte, mit Kamelen bedeckt. Die Gabbra benahmen sich mir gegenüber sehr freundlich und glaubten, ich sei gekommen, um sie von den Abessiniern zu befreien. Die unter den Gabbra zufällig anwesenden abessinischen Soldaten verbaten ihnen aufs strengste, mir Kamele und Schafe zu verkaufen. So vergingen zwei Tage, ohne daß sich die Gabbra bei mir zeigten. Ich sah mich daher gezwungen, dem Anführer der Abessinier zu drohen, daß ich mit ihm genau nach dem Strafgesetz seines Landes verfahren würde, im Falle er die Gabbra hinderte, mit mir zu verhandeln. Dies wirkte, und

Oromo aus dem Norden Kenias

in wenigen Tagen hatten wir zehn Kamele und achtzig Schafe und Ziegen zusammengekauft.
Die Gabbra sind, wie schon erwähnt, mit den Boran verwandt, und daher Oromo. Sie sollen ursprünglich Hörige gewesen sein, wie dies auch ihr Name anzeigt. Das Wort Gabbra bedeutet nämlich Sklave. Auch sie sind große, kräftig gebaute Leute von sehr lichter Hautfarbe. Im allgemeinen gleichen sie sehr den Boran. Die alten Männer tragen den Turban am Kopfe und sind mit langen Stecken versehen. Die Jungen tragen keinen Turban und sind mit Lanzen bewaffnet. Die Frauen sind im allgemeinen schwärzer als die Männer. Eine Eigentümlichkeit der Gabbra ist, daß ihre Augen blau sind, eine Erscheinung, die mir sonst bei keinem Galla auffiel, die ich aber später noch an vielen Rendile bemerkte. In ihren Stammessitten, ihrer Bewaffnung sowie ihren religiösen Anschauungen gleichen die Gabbra den Boran, doch anderseits haben sie auch wieder manche Gebräche der Rendile angenommen. Es kommt häufig vor, daß die Gabbra Rendile-Frauen heiraten. Es scheint, daß die Boran und Gabbra ein von den Galla in Schoa etwas verschiedenes Oromo sprechen. Bis vor etwa drei Jahren führten die Gabbra ein echtes Nomadenleben und bewohnten das Gebiet bis

an den Rudolfsee und südlich bis an die Rendile, mit denen sie auf freundschaftlichem Fuß zu stehen scheinen. Seitdem sie aber von den Abessiniern unterworfen wurden, werden sie von diesen gezwungen, bei Saki, südlich des vierten Parallel, zu leben.

Meine erste Begegnung mit den Stammesangehörigen der Gabbra fand an einem glühendheißen Nachmittag nordwestlich des Mount Kulal statt.
Wir waren unterwegs zu den Gallas Springs, wo wir übernachten wollten. An einer Wasserstelle standen Menschen und Kamele. Wir hielten, stiegen aus und füllten unsere Wassersäcke, und Monty und Ken begannen ein Gespräch. Ich hielt mich etwas im Hintergrund und beobachtete mit Staunen und Faszination diese Männer. Es waren nur Männer und Knaben am Wasser versammelt. Sie waren hochgewachsen, feingliedrig, mit langen, schlanken, sehnigen Armen und Beinen und auffallend zarten Händen. Die Stirn hoch angesetzt, das Haar nicht gekraust, sondern gelockt. Schmale Gesichter, hohe Backenknochen, scharfe Nasen, übergroße Augen, die Lippen nicht allzu dick, prachtvolle Zähne. Ihre Kleidung bestand aus kurzen Baumwollhosen, die mit einem Riemen zusammengehalten waren, sowie einem lässig über die Schulter geworfenen Umhang. Auf dem Kopf trugen sie Turbane, die mit solcher Eleganz gefaltet waren, daß alle Hutmacher Europas vor Neid erblassen müßten. Speer und Stock ergänzten die Ausstattung. Die erwachsenen Männer trugen großteils Bärte. Das Haar der Jungen, die keinen Turban trugen, saß kurzgeschnitten wie eine Kappe in Locken um den Kopf.
Als wir am Abend nach einigem Herumirren die Gallas Springs gefunden hatten, war das Licht vom durchsichtigen Ton wilden Honigs. Der Himmel war von Vogelschwärmen erfüllt. Es waren Sandgrouse, die zur Abendtränke aus der Wüste gekommen waren. Am Wasser lauerte ein unendlich trauriger, magerer Hund, der vergeblich versuchte, sich einen Vogel zu schnappen.
An einem Wasserloch füllte ein junger Mann seine Flasche und trank aus seinen zur Schale geformten Händen. Er blickte auf, als ich herkam, und senkte dann die langen, gebogenen Wimpern. Die Bewegung seiner Hände verriet Unsicherheit. Der nächste Blick traf mich voll mit großen, ruhigen Augen, und als ich ihm zulächelte, erwiderte er das Lächeln langsam. Plötzlich bemerkte ich, daß seine Ohren seltsam verstümmelt waren – der Rand des Ohres und das Ohrläppchen bestanden aus lauter kleinen Hautfetzen und Zacken. Inzwischen waren die Boys zum Wasser gekommen. Der Junge stand unschlüssig herum und wußte nicht, ob er gehen oder bleiben sollte. Losikiria und Mutua hatten bald die Verunstaltungen des jungen Gabbra bemerkt und machten sich mit Worten und Gesten darüber lustig. Ich hatte mich inzwischen auf einen Baumstamm neben meinem Bett gesetzt und trank eine Tasse Tee. Der Junge kam, hockte sich neben mich, und als ich ihm Tee anbot,

schüttelte er verneinend den Kopf. Ich holte mein Tagebuch und begann zu schreiben. Neben mir saß schweigend der Junge. Es wurde dunkler, und die Sonne verwandelte sich in einen Feuerball.

Monty, der mit den Boys gesprochen hatte, kam und verscheuchte den Jungen, bevor ich widersprechen konnte, mit ein paar scharfen Worten. Der Junge stand auf, warf seinen Umhang über die Schulter und ging gehorsam fort. Ich blickte ihm nach, sah seine Silhouette gegen den Himmel. Er hob den Arm zum Gruß, dann war er verschwunden, und auch der magere Hund war nicht mehr zu sehen.

Die Gabbra sind Kuschiten, eine Splittergruppe der Oromo oder Galla. Wahrscheinlich kommen sie aus dem äthiopischen Hochland. 3000 v. Chr. gab es entlang des Nils und in Nubien ein kuschitisches Großreich, nach dessen Zerfall eine Völkerbewegung nach dem Süden einsetzte.

Die Geschichte der Gabbra, die nur auf mündlicher Überlieferung beruht, läßt sich mit ziemlicher Genauigkeit zweihundert Jahre zurückverfolgen. Unter ihren alten Männern gibt es Chronisten, die mit unglaublicher Sicherheit die besonderen Ereignisse, Kriege, Wetterkatastrophen, Krankheiten von Mensch und Tier aufzählen können. Die Gabbra haben einen eigenen, sehr komplizierten Kalender, der für sie nicht nur geschichtlichen Wert hat: Er hilft ihnen durch Berichte über Geschehnisse der Vergangenheit, die sich ihrer Meinung nach in Zyklen wiederholen, für die Zukunft vorauszuplanen und so größeres Unglück zu verhindern. Ihre Zeit ist in Tage, Wochen, Monate und Jahre eingeteilt, Gruppen von sieben Jahren und Zyklen von längerer Dauer. Der Tag beginnt bei ihnen mit dem Sonnenuntergang. Der Monat beginnt mit dem Neumond. Es gibt zwölf Monate, das Jahr hat dreihundertfünfundsechzig Tage, doch gibt es keine Schaltjahre. Die einzelnen Tage haben eine eigene Bedeutung und einen eigenen Namen, z. B. Samstag – Sabdi – der Tag des Rindes, Montag – Alsini – der Tag der Schafe und Ziegen, Donnerstag – Kamis – der Tag der rituellen Gesänge usw. Die Gruppe der sieben Jahre wird nach den Namen der Tage benannt, dazu kommen wichtige Ereignisse im Leben der Gabbra – man nennt das »Bora«.

Die Erinnerung an diese Jahre, deren Ereignisse nach der Vorstellung der Gabbra immer wiederkehren, ist ihnen eine Hilfe zu überleben.

Es gibt einen alten Mann namens Yatani Sorole, der als Prophet verehrt wird. Sein Wissen erstreckt sich nicht nur auf die Vergangenheit, er ist auch in Astrologie, Genealogie und Astronomie bewandert. Viele Menschen aus dem Stamm der Gabbra kommen und fragen ihn um Rat. So sieht seine historische Auskunft aus: »1870 – Alsini Gure – das Montag-Jahr, in welchem die Gabbra ihre Kamele teilten. Die Dürre der vergangenen Jahre setzte sich fort, viele Kamele starben, ein Plan war notwendig, um neues Weideland zu suchen, die Gabbra halfen einander und teilten ihre Tiere.«

Die Gabbra sind Nomaden. Alle ihre Ausrüstungsgegenstände sind leicht und transportabel. Ihre Häuser bestehen aus einem halbkugelförmigen Gerüst aus gebogenen Ästen, das zusammengelegt und auf Kamele geladen werden kann. Dieses Gerüst wird mit Gras, Palmblättern, Ästen, Häuten und Fellen oder geflochtenen Matten bedeckt. Ihr Mobiliar ist aus extrem leichtem Holz gefertigt.

Sie wechseln bis zu zwanzigmal im Jahr ihren Wohnsitz, immer auf der Suche nach guten Weiden. Das Wasser ist sogar das kleinere Problem – es gibt eine Reihe verläßlicher Brunnen, die fast unerschöpflich sind. In der Regenzeit bilden sich Lachen und Tümpel, das Wasser bleibt in Felslöchern stehen. Das nasse Grünfutter in der Regenzeit macht die Tränke überflüssig.

Das große Problem besteht darin, einerseits die Weiden in der Umgebung der Wasserstellen nicht zu erschöpfen, andererseits die Weiden nicht zu weit vom Wasser anzusetzen, damit die Tiere nicht vom langen Marsch zu sehr ermattet sind. Wenn sie auf andere Gebiete ausweichen, muß deren Sicherheit beurteilt werden und die Gewißheit herrschen, daß es dort wirklich Futter gibt. Hier entwickelten sich jahrhundertealte Strategien, die heute noch gültig sind – und die Gebiete jenseits der äthiopischen Grenze einbeziehen.

Diese Menschen, die im Gebiet zwischen Forole und Chalbi Desert leben, haben eines der härtesten und unwirtlichsten, in der Trockenheit schrecklichsten Gebiete als Lebensraum gewählt, vielleicht in der Hoffnung, in Ruhe gelassen zu werden. Fast zwei Drittel ihres Gebietes sind als Weideland ungeeignet oder nur bedingt geeignet: die Chalbi Desert mit ihren Salzen, die jedes Leben ersticken, die riesigen Lavafelder zwischen Dukana und Balessa, zwischen Balessa und den Huri Hills, zwischen Turbi und Marsabit.

Kommen regenreiche Jahre, so gibt es neue Gefahren: Krankheiten für Tier und Mensch – Malaria, Lungenentzündung, Krankheiten durch Zeckenbefall.

Die Gabbra glauben an einen Gott: Waqqa. Er erhört ihre Bitten, wird mit Gebeten und Ritualen verehrt, man bringt ihm an bestimmten Orten Tieropfer dar. Er ist die Quelle des Guten, der Hüter des Friedens, der Harmonie, des Wohlstandes; er kann aber auch Böses über die Menschen bringen.

Frauen haben bei den Gabbra keinerlei Rechte (außer dem erstaunlichen Recht, sich einen Nebenmann zu nehmen, wenn der eigene nichts taugt), aber viele Pflichten: Sie bauen die Häuser, zäumen und beladen die Kamele, stellen Gefäße her und halten sie in Ordnung, sie holen das Holz zum Feuermachen, sie melken die Herdentiere. Bringt eine Gabbrafrau ein Kind zur Welt, hat sie drei Jahre Ruhe vor dem nächsten. Gabbrafrauen strömen eine eigentümliche Kraft aus, Selbstsicherheit, ja Heiterkeit. Es ist, als wüßten sie, daß ohne sie absolut nichts läuft.

Gabbrafrauen können von faszinierender Schönheit sein: Meist sind sie hochgewachsen und schlank, haben einen auffallend graziösen, königlichen Gang.

Das Haar wird in der Mitte gescheitelt und in Zöpfchen bis ungefähr zum Kinn geflochten; dann stehen die Enden lockig ab und umrahmen das Gesicht vorteilhaft. Oft tragen die Gabbrafrauen ein schwarzes oder golddurchwirktes Netz über dem Haar und darüber nach Madonnenart ein Tuch. Die verheirateten Frauen haben einen eigenartigen Kopfschmuck aus zweierlei gedrehtem Metall, der am Hinterkopf in einer abstehenden Spitze ausläuft. Arme und Knöchel sind mit Metallreifen geschmückt, die schöne Muster aufweisen. Um den Hals tragen die Gabbrafrauen entweder eine Kette aus einer Unzahl von viereckig geformten Aluminiumperlen, die sich wunderschön von der dunklen Haut abheben, oder große metallene Münzen, die im Halbkreis angeordnet sind, ein primitives Muster zeigen und gemeinsam mit farbigen Glas- oder Plastikkugeln auf einer Schnur aufgefädelt sind. Ringe und Ohrringe dürfen natürlich nicht fehlen. Früher war dieser Schmuck aus Silber – doch nach einer Katastrophe in den neunziger Jahren des vorigen Jahrhunderts, die über die Gabbra hereinbrach, wurde der Schmuck verkauft oder es wurde damit Vieh eingehandelt. Heute wird er mit denselben uralten Mustern aus Aluminiumteekesseln und -töpfen, die eingeschmolzen werden, hergestellt – und wirkt doch erstaunlich edel.

Die Kleidung der Frauen besteht aus Tüchern; meist sind es die in allen Dukas (der kenianischen Form einer Gemischtwarenhandlung) erhältlichen Kangas, manchmal hauchdünne Baumwolltücher, wie sie die Somalifrauen tragen. Ein Tuch wird auf der Schulter geknüpft, eines dient für den Kopf und die Schultern, eines als Umhang (dieses ist manchmal aus gröberem Stoff und sehr groß), der in einer Schleife über der Brust zusammengebunden wird und zugleich die Tasche ersetzt. Es ist erstaunlich, mit welcher Geschwindigkeit die Frauen aus einem Zipfel einen Beutel knüpfen, in den sie ihre Habseligkeiten einknoten.

Bezaubernd sind die Gabbrakinder, oft nackt, und wenn sie älter werden, in der traditionellen Kleidung ihrer Eltern. Die kleinsten tragen eine winzige Glocke am Oberarm, damit man sie, wenn sie sich verlaufen, leichter findet.

Die Gesellschaftsordnung der Gabbra ist vollkommen auf der Familie aufgebaut, von ihrem Funktionieren hängt alles ab. Mann und Frau leben mit ihren Söhnen und deren Frauen zusammen. Die Herden gehören dem Vater – auch wenn er einen Teil davon an seine Söhne weitergegeben hat, können diese erst nach seinem Tode über sie verfügen. Das ist unter den gegebenen Umständen notwendig, denn eine kleine Familie, eine kleine Gruppe ist nicht imstande zu überleben.

Das Austreiben der Herden, das Melken, das Suchen nach neuen Weideplätzen, das Wasserschöpfen in den Brunnen und ihre Reinhaltung, all das ist, um ein modernes Wort zu gebrauchen, äußerst arbeitsintensiv und nur in einer größeren Gruppe zu bewerkstelligen.

Über die unmittelbare Familie hinaus spielt die Abstammung, also der Stammbaum, bei den Gabbras eine wesentliche Rolle. Derjenige, der die älteste Abstammung nachweisen kann, ist angesehen und geehrt, es fällt ihm leichter, hohe Ämter und Würden zu übernehmen.

Familiengruppen mit derselben Abstammung bilden den Clan. Sie üben gemeinsam ihre Religion aus, leisten einander Hilfe beim Brunnengraben, führen gemeinsame Transaktionen durch, wie die Verlagerung ihrer Herden, deren Betreuung. Sie suchen gemeinsam Material für ihre Hütten und lösen gemeinsam Streitfälle. Der Sitz des Clans, sozusagen das Basislager, wird Ola genannt. Hier hält man diejenigen Tiere, welche die Familie mit Milch und Fleisch versorgen; die anderen Tiere sind in Nebenlagern, Forra genannt, untergebracht.

Alle Familienclans – es sind deren sechs – haben eigene Namen: Gara, Algana, Odhola, Galbo, Sharbaha und Jalle. Diese sechs Clans bilden den Stamm der Gabbra. Sie haben dieselben Mythen und Rituale, anerkennen aber die traditionellen Weiderechte eines jeden Clans.

Es gibt eine ganz seltene Zusammenkunft aller Gruppen, die streng geheimgehalten wird. Sie wird von den politischen und geistigen Führern einberufen, findet aber nur unter besonderen Bedingungen statt. Erfahrungsgemäß liegt zwischen solchen Zusammenkünften ein Zeitraum von dreißig bis fünfzig Jahren. Man hat mir erzählt, daß die Huri Hills, vor allem aber die große Ebene am Fuß des Forole – das Tal des Schattens genannt – ein besonders beliebter Standort für diese Treffen ist.

Die Grundzelle der Gabbrafamilie ist das Basiscamp, Ola genannt. Es wird von seinem Begründer, dem Abba Ola, geführt; ihm obliegt auch die Durchführung der Rituale.

Es gibt Fälle – und, wie man mir erzählt hat, gar nicht so selten –, wo Frauen die Führung eines Ola übernehmen. Manchmal sind es Witwen des Abba Ola, doch manchmal sticht eine Frau durch Klugheit, Kraft und Initiative so hervor, daß man ihr die Führung der Siedlung anvertraut – ja ihre Kinder nehmen ihren und nicht den Namen ihres Mannes an.

Jungen und Mädchen werden nach wie vor beschnitten, und zwar zwischen ihrem fünfzehnten und zwanzigsten Lebensjahr. Diese Zeremonie findet ohne besondere Feierlichkeit statt und wird einzeln ausgeführt.

Das politische Leben des Mannes beginnt nach der Beschneidung. Es wird in vier Altersgruppen eingeteilt: Komicha, Yuba, Dabella und Yarsa.

Komicha ist eine Vorbereitung auf die Pflichten und Aufgaben des politischen Lebens. Die junge Männer führen Botengänge durch, machen neue Weidegründe ausfindig und betreuen die Herden in den Außenlagern.

Die Yuba tragen die Verantwortung für den Clan. Es sind verheiratete Männer, meist um die dreißig – Gabbramänner heiraten selten, bevor sie dreißig

sind. Es wurde mir gesagt, daß sie erst dann heiraten, wenn ihre Mütter keine Kinder mehr bekommen können – eine kluge Art der Geburtenregelung.
Die nächste Altersgruppe, Dabella, widmet sich mehr den religiösen Pflichten, doch steht sie ihren Nachfolgern mit Rat und Tat zur Seite.
Die letzte Gruppe, Yarsa, schließlich trägt keine Verantwortung mehr, wird aber hochgeehrt und in Einzelfällen immer noch um Rat gefragt.
Der Übergang von einer Altersgruppe zur nächsten sollte eigentlich alle acht Jahre stattfinden, wird aber von den Gabbras nicht so genau genommen – es können auch sechzehn, vierundzwanzig, zweiunddreißig Jahre vergehen, denn die Umstände müssen günstig sein.
Natürlich gibt es bei den Gabbra politische und geistige Führer, die über einen möglichst umfangreichen Stammbaum verfügen und zahlreiche Verdienste aufweisen müssen.
Den untersten Rang nimmt der Jalaba ein. In einem Clan gibt es zwischen drei und acht von ihnen. Sie kümmern sich um interne Streitigkeiten, dürfen Strafen auferlegen, entscheiden, ob und wie hoch in Armut geratene Clanmitglieder unterstützt werden.
Eine viel höhere Stufe nimmt der Hayyu ein – er untersteht nur mehr dem obersten Führer der Gabbra. Der Hayyu verfügt über hohes Ansehen, sein Amt ist erblich. Er hält bei unlösbaren Streitfällen Gericht, fällt Urteile, präsidiert über die »Heiligen Orte«, die jeder Clan für seine religiösen Übungen hat, und beaufsichtigt die großen Zusammenkünfte; er hilft auch mit zu entscheiden, wann eine Altersgruppe in den nächsten Rang aufsteigt.
An der Spitze der Hierarchie steht der Quallu. Sein Amt ist ihm von Waqqa persönlich gegeben – auch seine Familie soll von Waqqa abstammen. Der Quallu hat übernatürliche Kräfte und wurde ausgesandt, eine Gemeinschaft auf Erden zu gründen. Er kann Segnungen und Flüche aussprechen. Der Quallu einer Stammesgruppe wird nicht gewählt, sein Amt ist erblich, und er tritt es ohne besondere Zeremonien an. Seine Funktionen sind ausschließlich religiöser Natur, etwa Opfer zur Versöhnung des Gottes Waqqa darzubringen. Er setzt Jalaba und Hayyu ein, ist Vermittler zwischen Gott und den Menschen und muß als solcher hervorragende Eigenschaften aufweisen: Friedensliebe, Frömmigkeit, Verträglichkeit. Der Quallu ist in den Augen der Gabbra Papst und König zugleich.
In der langen harten Geschichte der Gabbra ereignete sich um die Jahrhundertwende eine entsetzliche Katastrophe, die sie an den Rand ihrer Existenz brachte. In den Jahren zwischen 1890 und 1900 brach Unglück über Unglück über sie herein: Die Rinderpest verbreitete sich von Ägypten bis Südafrika und vernichtete innerhalb kürzester Zeit neunzig Prozent des Rinderbestandes der Gabbra. Auch Büffel und andere wilde Wiederkäuer wurden nahezu ausgerottet.

In den neunziger Jahren starben viele an Malaria, außerdem suchten die bisher unbekannten Blattern die Gabbra heim, und es gab Tausende von Toten. Bald darauf herrschte eine schreckliche Dürre, die länger als sonst andauerte. Damals waren Rinder der Hauptbesitz der Gabbra – Kamele und Kleintiere spielten eine untergeordnete Rolle. Sie stellten sich daraufhin mehr auf die Haltung von Kamelen um, die gegen Krankheiten und Dürrekatastrophen resistenter sind. Eine weitere Veränderung ihrer Lebensformen fand statt: Die Gabbra hatten immer Pferde gehalten und waren wegen ihrer Reiterattacken bei den Nachbarstämmen gefürchtet. In der Zeit des großen Hungers wurden sogar Pferde, Esel und Maultiere geschlachtet, um den Menschen als Nahrung zu dienen. Der Pferdebestand litt darunter, und die Folge war, daß die Gabbra den Überfällen der Nachbarstämme nicht mehr standhalten konnten. Sie ernährten sich von Wurzeln und Pflanzen, sie versuchten wilde Tiere zu erlegen, sie töteten einen Großteil der in ihrem Gebiet vorkommenden Elefanten, um das Elfenbein gegen neue Herden eintauschen zu können. Eine der tragischsten und verzweifeltsten Taten war der Verkauf ihrer Kinder als Sklaven an die Somali und die Konso in Äthiopien.

Die Zeit um die Jahrhundertwende war eine Zeit der schwersten Auseinandersetzungen zwischen den Nomaden im Norden von Kenia. Die Gabbra wurden von einem Winkel ihres Gebietes in den anderen gehetzt. Man überfiel sie an Wasserstellen, vertrieb sie von den Weidegründen in der Nähe des Turkanasees. Die Äthiopier, früher großzügig, wenn die Gabbra in ihrem Gebiet weideten, setzten sie unter Druck, verlangten ihnen Steuern ab und unterwarfen sie schließlich im Gebiet der Huri Hills.

In dieser Zeit entsetzlicher Prüfungen hat sich die Gemeinschaft der Gabbra bewährt, und es ist ihnen gelungen, durch jahrhundertealte Strategien, durch ihre Anspruchslosigkeit, gegenseitige Hilfsbereitschaft und geistige Einstellung zu überleben.

Das System der Gabbra ist überaus labil. Es ist so stark und zugleich so zerbrechlich wie ein Schilfrohr. Durchschneidet man den Stamm, so sieht man das komplizierte Netz aus Verstrebungen und Hohlräumen, die ihm Halt geben. Ungünstiger Einfluß von außen kann ihre Struktur aus dem Gleichgewicht bringen – die Folgen wären nicht abzusehen. Zwar sind sie stark und zugleich biegsam wie eh und je, aber die Dürre der achtziger Jahre hat eine neuerliche schwere Prüfung für sie gebracht: Ihr Rinderbestand ist um fünfundachtzig Prozent zurückgegangen, der Bestand an Kleintieren um sechzig Prozent, ihr Kamelbestand um sechs Prozent.

Flüchtlinge, vielfach mit den Gabbra und den lokalen Borana verwandt, strömen aus Äthiopien über die Grenze. Man sagt, daß ein Drittel der benachbarten Borana in Äthiopien an Hunger zugrunde gegangen ist. Die Flüchtlinge tauchen unter und bilden eine neue Belastung.

Es gibt Hilfe von staatlicher und kirchlicher Seite, aber ist sie nicht eine Gefahr, die zur Änderung der Lebensform führen kann?
Ist nicht zu erwarten, daß die Menschen in den Zentren wie Maikona, Kalacha, North Horr oder Marsabit bleiben und sich füttern lassen, das Nomadenleben aufgeben und abhängig werden?
Man kann nur hoffen, daß die Gabbra mit ihrem unbändigen Überlebenswillen auch diesmal mit den auf sie einstürmenden Problemen fertig werden.

Das Tal des Schattens

Fast bin ich am Ziel – ein Ziel, das kaum erreichbar schien. Der abenteuerliche Weg führt bergauf, immer bergauf über endlose purpurne Lavafelder. Wie Wächter stehen einzelne erloschene Vulkane an der Pforte zu den Huri Hills. Allmählich wird die Landschaft sanfter; der Blick zurück auf die schneeweiß glitzernde Chalbi Desert ist berauschend.
Hier sind die Berge rund und sanft und ganz mit Gras bewachsen. Weite Täler wechseln mit Hochplateaus. Hügel in skurrilen Formen. Merkwürdige Bäume wachsen auf den Huri Hills: die Urform eines Baumes – ein Baum, der Millionen Jahre alt ist – nur bei Isiolo und in Tansania findet man sie noch, eine Art Mischung von Baobab und Akazie. Große, fette Blätter, dicke, saftige Stämme.
Unter einem riesigen alten Feigenbaum halten wir Mittagsrast. Auf den Nachbarbäumen, auf steilen Hängen sitzen Paviane und unterhalten sich lautstark. Als wir aufbrechen, bemerken wir, daß wir direkt unter einem Bienenschwarm gepicknickt haben – wenn man weiß, wie aggressiv die afrikanischen Bienen sind, gar kein angenehmes Gefühl.
Eines der weiten Täler ist rot. Das Rot reicht bis an die Hänge der umgebenden Hügel. Als ich aussteige, um dieses Phänomen näher zu betrachten, sehe ich, daß die Farbe von Millionen rostroter Samendolden herrührt. Plötzlich stürze ich gleich neben dem Weg in eine tiefe Erdspalte, die völlig mit Gras überwachsen ist. Monty, der mir heraushilft, gibt mir die Erklärung: Die Huri Hills sind eine Kette von Aschenkegeln, die durch die Jahrhunderte eine Humusschicht angesetzt haben. Diese Schicht, die nicht allzu hoch ist, gibt immer wieder nach, und es entstehen Risse und Löcher in der Erde, die sehr tief sein können. Unser Weg, der fast nie befahren wird, weist immer wieder solche Löcher auf, die vorsichtig umgangen werden müssen. Manchmal kommen wir nur im Schrittempo voran, höchst anstrengend für den Fahrer.
Die Landschaft ist schön und fremdartig. Wie gut erinnere ich mich an Herbert Tichys Ausspruch (er ist hier mit Joy und George Adamson und der Löwin Elsa gewandert): »Wenn du die Huri Hills erreicht hast, bist du plötzlich in Asien, in der Mongolei, gar nicht in Afrika . . .«
Als wir eine weitere Talsohle durchqueren, sehen wir hinter einem Hügel Rauch aufsteigen. Er treibt mit dem Wind über uns hinweg. Und da passiert

es auch schon: Vor unseren Augen wälzt sich im nächsten Tal in rasendem Tempo ein riesiges Grasfeuer an uns vorbei. Die Luft ist voll mit großen Greifvögeln, die auf kleine Tiere, die im Brand gefangen sind, lauern.
Dann geht alles ganz schnell: Das Feuer ist plötzlich überall – vor uns, hinter uns und seitlich von uns. Es kriecht die Berghänge hinauf und stürzt sich ins Tal, durch den starken Wind beschleunigt. Nicht weit von uns befindet sich ein schon abgebrannter Hügel, auf den wir uns schleunigst retten.
Wir sitzen in der Falle! Die Boys werfen einander bedeutungsvolle Blicke zu und murmeln, »daß man uns hier nicht will!«
Stundenlang sitzen wir fest, doch es ist ein grandioser Anblick: Immer wieder bricht das Feuer an anderen Stellen aus und blockiert den Weg. Der Gedanke, daß wir mit vierhundert Liter Diesel an Bord ins Feuer geraten, ist gar nicht so angenehm – aber hier oben sind wir ja in Sicherheit.
Endlich scheint der Weg an einer schmalen Stelle passierbar. Ken und die Boys stehen mit Ästen und Pangas, den großen Messern, die jeder Eingeborene trägt und die für alles zu verwenden sind, bereit und schlagen das restliche Feuer aus, und wir preschen mit Volldampf durch.
Irgendwann – wir haben inzwischen unzählige sanfte Hügel und Täler passiert – taucht der Forole in weiter Ferne auf, blaßblau, langgezogen, majestätisch. Große Gruppen von Dornbüschen, die den Weg völlig überwachsen haben, erschweren uns das Weiterkommen. Tiere tauchen auf: Strauße und Paviane, Gazellen, einzelne Giraffen, ein Rudel weiblicher Kudus. Sie wirken sehr zutraulich und weichen kaum ein paar Schritte vor unserem Fahrzeug zurück.
Die letzten Hügel der Huris sind erreicht. Vor uns öffnet sich ein weiter, sanft geneigter Hang, von hohem goldfarbenem Gras bedeckt, aus dem einzelne dunkle Bergkuppen wie Inseln emporragen – das Tal des Schattens. Am Ende dieser Ebene steht isoliert ein prachtvoller, wuchtiger Berg, der Forole oder Mount Wickenburg.
Meine Gefühle überwältigen mich. Jahrelang habe ich versucht hierherzugelangen, und immer wieder sind meine Pläne fehlgeschlagen, so daß ich zu zweifeln begann, überhaupt an diesen Berg gelangen zu können. Und jetzt fahren wir direkt auf ihn zu!
Der Weg ist besser geworden, wir müssen uns beeilen, denn die Sonne steht schon tief am Himmel und die Dunkelheit wird bald hereinbrechen. Im Wagen, wo nach all der Aufregung eine gewisse Lethargie geherrscht hat, wird es lebendig. Alle reden durcheinander, die Müdigkeit ist nicht nur bei mir verflogen.
Wir biegen vom Weg ab und arbeiten uns vorsichtig durch den Busch. Nein, so geht es nicht, denn auch hier in der Ebene gibt der Boden plötzlich nach! Es wird ein spannendes Spiel, heil bis zu einem großen Baum mit ausladenden Ästen zu gelangen, unter dem wir das Camp aufschlagen wollen.

Der Berg ragt steil vor uns empor. Aus der Nähe sieht man, daß er ganz aus rotem Granit ist, die Flanken mit dichten Dornbüschen bewachsen. Auf den Felsen große weiße Kalkflecken, Droppings genannt, die Ausscheidung von Lämmergeiern.
Als erstes holt Monty Brown einen Stuhl aus dem Wagen und stellt ihn für mich auf, mit Blick zum Berg. Da sitze ich nun und kann die Augen nicht abwenden, starre auf den Berg und bemerke nichts vom Getriebe um mich herum: Camp aufstellen, das heißt Betten aufschlagen, auspacken, Brennholz holen, Feuer machen, Dusche aufstellen, Tee zubereiten, kochen . . .
Erst als die Silhouette des Berges sich nur mehr schemenhaft gegen den etwas helleren Himmel abhebt, kehre ich wie im Traum zu meinen Begleitern zurück.
Zur Feier unserer Ankunft – Monty und sein Team waren selbst noch nie am Forole – hat Losikiria ein besonders gutes Essen zubereitet: gefülltes Huhn (eine wohlschmeckende Fülle aus Bohnen, Kartoffeln und Kräutern), vorher Tomatensuppe, nachher Kompott aus der Dose, frischgebackenes Brot, Bier und der übliche Tee.
Als wir uns auf die Betten legen wollen, fallen plötzlich aus dem Baum über uns Tausende von kleinen kupferfarbenen Käfern zu Boden und bedecken Bettücher, Boden, unser Gepäck. Sie müssen durch den Rauch oder das Licht in Verwirrung geraten sein, sind aber völlig harmlos.
Die Nacht ist sehr still. Man hört nur wenige Tierstimmen. Mein Herz klopft immer noch zu schnell, als daß ich schlafen könnte. In der Ferne ist die Stimme eines Löwen zu hören – doch klingt sie sehr weit weg. Der Ruf eines großen Nachtvogels ertönt wieder und wieder. Der Mond ist aufgegangen und taucht das schlafende Camp in ein eigentümlich blaues Licht. Das sterbende Lagerfeuer sendet eine einzelne helle Rauchsäule wie ein Opfer in den Himmel.
Im nächsten Augenblick – ich glaube an eine Sinnestäuschung – ist Motorengeräusch zu hören. Ich setze mich im Bett auf und lausche. Da, keine zweihundert Meter von uns entfernt, zwischen dem Berg und unserem Camp, der Schatten eines Wagens; die Scheinwerfer zerschneiden die Dunkelheit. Mir fällt der Kommentar meiner Freundin Fiona zur Lage an der äthiopischen Grenze ein. Sie meinte, dort oben wäre es relativ ruhig, nur würden Waffenschmuggler ihr Unwesen treiben, mit denen man ein Zusammentreffen nach Möglichkeit vermeiden sollte. Ein bißchen mulmig ist mir schon zumute – sie werden uns in der Dunkelheit doch nicht entdeckt haben! Dann sehe ich die dünne Rauchsäule unseres Lagerfeuers, die immer noch deutlich sichtbar in die Höhe steigt. Das Motorengeräusch verstummt. Ob sie uns überfallen werden?
Monty ist aufgewacht und fragt verschlafen, was los sei. Ich sage ihm, daß ein

Fahrzeug an uns vorbeigefahren ist. Er murmelt nur: »Hier gibt es keine Fahrzeuge außer den unseren«, und sinkt wieder in tiefen Schlaf.
Als ich am Morgen aufwache, glücklich, daß wir nicht überfallen wurden, ist der Himmel auf der äthiopischen Seite des Berges wie blankgeputztes Messing. Der Forole ragt pechschwarz und imponierend vor uns auf. Die Boys sind schon aufgestanden, man hört ihre verschlafenen melodischen Stimmen; sie beginnen Tee zu kochen. Eine Ginsterkatze, ein wunderschönes Tier, dem Leoparden verwandt, hat die Nacht auf dem Baum verbracht und versucht nun verzweifelt auszubrechen. Endlich springt sie mit einem Riesensatz über alle Betten und verschwindet im dürren Gras.
Wir beschließen, die Umgebung des Berges zu erforschen und eine kleine Erkundungsfahrt zu unternehmen.
Es ist schön, sich am Fuß des Forole herumzutreiben. Man sieht eine Menge wilder Tiere, Oryxantilopen, sogar eine Herde Zebras, was hier eine Seltenheit zu sein scheint, bereits vertraute Vögel wie Trappen, Yellowneck, Sparefowl, Vulturine Guineafowl, und in der Ferne eine Kamelherde.
Aus der Ebene östlich des Forole erheben sich kleine isolierte Vulkankegel und weiter weg große, einzelne Berge mit schönen Namen: Eledimtu, Kujal, Elebora ...
Gegen Abend machen wir uns zu einem Besuch im »Dorf« auf. Dort werden wir schon erwartet. Ein Gruppe von Gabbra-Boran steht vor einer Hütte: Zwei Männer und eine Frau mit herrlichem Profil, hinter ihnen eine Gruppe von Alten, die ein ganz unglaublicher Anblick sind. Einer der Männer, der Abba Ola, der Dorfälteste, wirft mit dramatischer Geste seinen Umhang über die Schulter und meint vorwurfsvoll, daß es höchste Zeit für unseren Antrittsbesuch sei, sie hätten unsere Ankunft schon gestern beobachtet.
Wario platzt mit der Frage nach dem nächtlichen Auto heraus, bevor ihn Monty stoppen kann, und erhält sofort eine Abfuhr. »Auto? Hier gibt es außer den euren keine Autos.« Keine fünfzig Meter von der Stelle, an der wir stehen, sieht man deutlich die frischen Spuren eines fremden Fahrzeugs.
Guffu, der Alte, erzählt uns die Geschichte der Straße durch die Huri Hills nach Äthiopien. Sie wurde im Zweiten Weltkrieg von Südafrikanern gebaut und in kürzester Zeit befahrbar gemacht. Englische Truppen sind auf ihr in Äthiopien eingedrungen, um die Italiener zu bekämpfen. Er berichtet von den »Nashörnern« aus Eisen, den Panzern, die alles plattgewalzt haben, und den blonden Riesen mit den lauten Stimmen, mit Armen so dick wie Baumstämmen, auf denen Haare wuchsen, so lang wie das Gras in den Huri Hills.
Als Monty ihm von meinem Vater erzählt, und daß er hier durchgekommen ist, nach vielen Tagen ohne Wasser, meint der alte Mann: »Früher waren die Männer wie die Felsen, und es hat ihnen nichts ausgemacht, ohne Wasser leben zu müssen – jetzt sind die Männer aus Papier!«

Etwas seitlich von der Siedlung steht ein riesiger unförmiger Wurzelstock, der über und über mit rosa Blüten bedeckt ist – ich erkenne die Desert Rose wieder. Sie kann fast ohne Feuchtigkeit wachsen und blühen. Die Afrikaner gewinnen aus ihr ein Gift – oder wenn man so will, ein Medikament, das den Herzrhythmus stark beschleunigt. Gibt man davon nur ein bißchen zuviel, so stirbt der Mensch sehr schnell an Überfunktion der Herztätigkeit. Ich gehe hin und pflücke ein paar Blüten, die ich auf das Grab meines Vaters in Österreich legen will. Dann sammle ich ein paar schöne Steine, sie sind rot, mit schwarzen und weißen Kristallen. Ich schicke Monty und die anderen mit dem Fahrzeug fort und wandere langsam querfeldein zum Camp zurück. Blumen von ganz besonderer Zartheit blühen im trockenen Gras, sie sind hellgelb und haben eine blutrote Mitte. Beim Gehen stürze ich plötzlich fast bis zu den Schultern in eine der hinterlistigen Erdspalten. Ich kämpfe mich mühsam heraus und bin froh, daß ich in Rufweite des Camps bin, denn im hohen Gras könnte es einem passieren, daß man sozusagen »vom Erdboden verschwindet«.

Die Nacht ist ruhig und der Morgen herrlich frisch. Wie immer wache ich vor den anderen auf und wandere ein bißchen in der Gegend umher. Da steht nicht weit vom Camp ein Baum, der über und über mit riesigen Pflaumen bedeckt ist. Als die Sonne aufgeht, kommt Bewegung in die Pflaumen, sie bewegen sich und fliegen schließlich unter mörderischem Geschrei davon – es waren Perlhühner. Auf fast jedem größeren Baum sitzt ein schwarzweißer Fischadler und putzt eifrig sein Flügelkleid.

Vom Camp hört man Stimmen, Rauch steigt auf – das Frühstück wird zubereitet.

Heute wollen wir zu den Wasserstellen, die etwas oberhalb der Siedlung an der Westflanke des Berges liegen. Ein langer, heißer Anmarsch in der windstillen Ebene durch Busch und Gestrüpp, das sich mit Sicheldornen (die Engländer nennen diese Art von Dornbüschen liebevoll »Wait-a-bit-thorn«) schmerzhaft in Arme und Beine krallt.

Dann große runde, schwer zu überkletternde Felsen, flache Steinplatten, vom Wasser der Regenzeit glattpoliert, manchmal fast schwarz, oft steil, so daß man sich mit Händen und Füßen hinaufarbeiten muß. Bäume, denen man den Durst, der schon lange dauert, anmerkt. Ab und zu ein herrlicher Ausblick auf die Ebene unter uns, die Huri Hills wie ein Aquarell weit, weit am Horizont.

Mir wird übel, wenn ich daran denke, daß Mensch und Tier gezwungen sind, auf diesem Weg das einzige vorhandene Wasser zu holen. Wie müssen sie sich über die Steine plagen, wie stolpern sie schwerbeladen bergab über alle Hindernisse, während wir zu Hause den Hahn aufdrehen und das Wasser achtlos laufen lassen!

Die beiden Wasserlöcher sind fast leer. In der einen Felsspalte stehen noch

zehn Zentimeter Wasser und dienen nur mehr unzähligen Insekten, die es mit aufgeregtem Summen umschwärmen, als Tränke. Am oberen Wasserloch steht eine junge Frau und füllt mit einem lächerlich kleinen, kellenartigen Gefäß geduldig eine braune, übelriechende und völlig von Pavianen verschmutzte Brühe in Behälter, die dann auf Eseln aufgepackt und zu Tal getragen werden. Und sie singt auch noch bei dieser frustrierenden Tätigkeit!
Am Rückweg haben wir eine faszinierende Begegnung: Auf einer kleinen Lichtung, ganz von trockenem Laub und Astwerk bedeckt, sitzt ein alter Mann. Ich kann meine Augen kaum von ihm losreißen, und den anderen geht es ebenso.
Er hockt in Joga-Stellung auf dem Boden, bewegungslos und völlig entspannt. Ein kluges, wildes, von Runzeln durchfurchtes Gesicht, lebhafte dunkle Augen, zierliche Hände und Füße. Ein Umhang in der Farbe des Laubs, ein Turban, neben sich Lanze und Stock, und am Oberarm drei dicke, vom Alter tiefgelb gefärbte Elfenbeinringe. Hassan, unser Führer, erzählt, daß dies sozusagen ein Rangabzeichen sei für einen Mann, der seine Feinde mit eigener Hand getötet hat. Der alte Mann heißt Molu und kommt aus Äthiopien. Dort soll er riesige Herden von Kamelen, Rindern, Ziegen und Schafen besitzen, auch Pferde und Frauen in großer Zahl. Er kommt, um ein Zwiegespräch mit dem Forole zu halten, und verbringt Tage, Wochen am Berg, nimmt keine Nahrung zu sich, holt nur einen Schluck Wasser aus dem Wasserloch.
Ich kann nicht verstehen, daß wir ihn beim Hinaufgehen nicht gesehen haben – wir müssen doch unmittelbar an ihm vorbeigekommen sein? Aber kaum ein paar Schritte weiter, als ich mich umdrehe, ist er eins geworden mit den Blättern und den dürren Ästen, den Felsen; und als ich noch einmal zurückschaue, kann ich ihn nicht mehr sehen.
Hassan hat mir in einem kleinen schmutzigen, erdfarbenen Lappen schöne Halbedelsteine angeboten, die er am Forole gefunden hat. Sie sind hellgrün, von der Farbe unreifer Oliven, und werden auch Olivin genannt. Ich kaufe sie ihm um eine kleine Summe ab und bin glücklich, wieder einen winzigen Teil des Berges mit mir zu tragen.
Losikiria hat unten im Camp zum Zeichen der Freude für mich eine Torte gebacken. Auf die Oberfläche hat er mit einem Messer unverkennbar die Umrisse des Forole gezeichnet.
Ich setze mich etwas abseits auf einen Stein und blicke auf den Berg: O Forole, es ist schön, hier zu sein! Wie oft haben du und ich schon ein Zwiegespräch geführt. Ich kenne alle deine Formen und Farben – die mächtige Nase, das Horn auf deiner linken Seite, die zwei merkwürdigen menschenähnlichen Felsformationen auf deinem Kamm. Ob mein Vater auch nur einen Bruchteil der Faszination verspürt hat, die du auf mich selbst ausübst – ob er so viele Gedanken auf dich verwendet hat?

Aber natürlich bist du für mich nicht nur irgendein Berg, sondern das Symbol, ja die Wiedergeburt eines Vaters, den ich nur so kurz gekannt habe: stark, unzerstörbar, geheimnisvoll und in sich ruhend.

Es berührt dich nicht, was sich unten in deinen Tälern und auf der Ebene in sich immer wiederholenden Zyklen ereignet. Wolken ziehen über deinen Gipfeln, die Dürre läßt Mensch und Tier aufstöhnen wie Hunderte von Jahren zuvor und Hunderte von Jahren danach. In deinen Felsen gibt es noch wilde Tiere, die ungestört leben – der magere, fast mähnenlose helle Löwe, der für diese Landschaft so typisch ist, der majestätische Kudu, den er jagt. Es gibt Quellen, die niemand kennt, Halbedelsteine, eingebettet in den Granit deiner Steinformationen, und riesige Lämmergeier, die fast bewegungslos mit ihrer mächtigen Flügelweite im Aufwind deiner Felswände stehen.

Wie schrieb mein Vater? *»Gleichsam den Abschluß der Huri-Kette bildet der Foroli, ein mächtiger, felsiger Bergstock, der sich isoliert auf der Ebene bis zu einer Höhe von zweitausend Meter erhebt. Allerhand Sagen der in der Nähe wohnenden Oromo knüpfen sich an diesen weithin sichtbaren Berg. Es entspringen dort einige Quellen mit gutem Trinkwasser . . .«*

Vielleicht fühle ich mich den Gabbra deshalb so verbunden, weil sie deine Besonderheit erkannt haben und dich als ihren heiligen Berg verehren? Die Menschen, die hier leben, sagen, man soll leise sprechen in deiner Gegenwart, und kein böses Wort soll über die Lippen kommen. Die Galbo, eine Stammesgruppe der Gabbra, kommen auf der großen Ebene – dem Tal des Schattens, wie sie sie nennen – vor dir zusammen, singen und beten und opfern Ziegen und Schafe.

Am Morgen sitzt etwas abseits vom Feuer eine junge Frau. In ihren Armen hält sie ein Kind, das alle Anzeichen des Verhungerns trägt. Nur allzugut kennt man den Anblick von den Reportagen über Äthiopien: ein viel zu großer Kopf mit viel zu großen glanzlosen Augen, ein winziger, verhutzelter, äffchenartiger Körper, dünne Ärmchen und Beinchen, ein aufgedunsener Bauch. Ein leises Wimmern tönt aus diesem Häufchen Elend. Die Frau hat ein schönes, ernstes Gesicht mit einer leicht gebogenen Nase – sie muß sehr jung sein. Ich hole Ndururi zum Dolmetschen, und sie erzählt, daß sie aus dem Norden kommt. All ihr Vieh und ihre Kamele sind durch die Dürre umgekommen, ihr Mann ist gestorben – jetzt hat sie nichts, nichts, nichts.

Ndururi und ich füttern sie mit frisch angerührter Trockenmilch und stark gezuckertem Tee. Das geben wir ihr auch mit, sowie etwas Geld, damit sie in der Duka einkaufen kann.

Sie hatte beim Sitzen ein großes erdfarbenes Tuch lose um Kopf und Körper geschlungen. Nun steht sie auf, schiebt das Kind mit einer schnellen Bewegung auf den Rücken, beugt sich ein wenig vor, und ich sehe mit Staunen, wie das Kind mit einer instinktiven Bewegung die winzigen Ärmchen unter ihre

Achseln, die winzigen Beinchen um ihre Hüften schlingt und sich dort festklammert; auch das leise Wimmern ist verstummt.
Sie legt das Tuch über Rücken und Kind und bindet es auf der Brust mit einer großen Schlinge fest. In einem Zipfel des Tuches verschwinden Tee, Zucker, Pulvermilch und Geld und werden mit einem Knoten gesichert.
Bevor sie sich abwendet, berührt sie meinen Arm – ich halte ihre Hand. Sie fühlt sich an wie die trockene, seidige Rinde eines jungen Baumes – zart und fest. Könnte ich dir nur beistehen, meine Schwester.

Eduard Graf Wickenburg: Aus einem Vortrag über seine Reise »Von Dschibuti bis Lamu«

Unter Führung von zwei Gabbraleuten trat ich am 22. August die Weiterreise an. Vom Foriliberge erreichten wir zunächst mehrere sich isoliert aus der Ebene erhebende Berge, wo wir Wasser fanden. Nach Ost dehnte sich nun eine vollkommen wasserlose Gegend vor uns aus, welche bis an den Dschub zu reichen schien. Ich zog daher in südwestlicher Richtung auf eine Bergkette los, deren Konturen sich am fernen Horizonte erhoben. Nach vier langen Märschen durch Wüstenland ohne Wasser, wir führten das nötige Trinkwasser abermals auf den Kamelen mit, erreichten wir endlich die früher gesehene Kette und lagerten dort in der Nähe eines Wasserlochs.
Ich konstatierte nun, daß wir uns am Fuße der Marsabitkette befanden. In der Nähe unseres Lagers entdeckte ich einen tiefen Kratzer von cirka tausend Schritten Durchmesser. Die ganze Umgebung glich einer Steinwüste und war fast vollkommen vegetationslos. Auch hier sah man ähnliche Massen von Lavablöcken, wie ich früher erwähnt habe, und einzelne kleine schwarze Hügel.
Wir fanden am Wasser viele Fährten von Kamelen und Menschen, doch war weit und breit kein menschliches Wesen zu sehen. Ich sandte daher Leute nach allen Richtungen aus, um nach den Rendile zu suchen, und unternahm auch selbst zu diesem Zwecke einen Wüstenmarsch. Ich geriet bald in ein Terrain, welches mit Lavablöcken förmlich verbarrikadiert war, und trat daher noch in der Nacht den Rückmarsch an.

Der Abschied vom Forole macht mich traurig, es ist ein Abschied von einem Freund. Eine ganze Weile fahren wir noch den Berg entlang in östlicher Richtung, und es ist aufregend, wie er sich verwandelt und schließlich zu einem gewaltigen, spitzen Bergkegel wird.
Auf einer flachen Ebene, begrenzt von hohen Bergketten, die schon in Äthiopien liegen, scheinen einzelne pyramidenförmige, fast zierliche Vulkane zu schweben.
Monty, Gary und ich steigen aus und suchen, der Karte meines Vaters fol-

Oromo – Nord-Kenia

gend, nach seinen Lagern. Im Gegensatz zu seinen Aufzeichnungen finden wir nirgends einen Hinweis, daß es hier Wasser gibt, auch Tierspuren sind kaum zu sehen, nur merkwürdige, fast unheimliche Felsenformen, die an riesige Tiere erinnern. Wir sehen die unförmigen Wurzelstöcke der Desert Rose, aber sie sind vertrocknet und tragen keine Blumen. Nashornvogel und Curaco scheinen Hochzeit zu halten, denn ununterbrochen tönen ihre Lockrufe von Baum zu Baum. Plötzlich schießt ein buntes Etwas unter einem Busch hervor, überquert die Straße und bleibt kaum fünfzig Meter weit unter einem Strauch sitzen: Ein Cheetah hat uns in seiner Schönheit mit all der Leblosigkeit dieses Gebiets versöhnt.

Bald sind wir in Turbi, einer vom heißen Wind und der glühenden Sonne gezeichneten Siedlung, das Tor zur Ebene des Todes, wie die Borana die Strecke zwischen Turbi und Marsabit nennen. Hier beginnt auch für uns die berüchtigte Piste Moyale–Marsabit, von den Fahrern die Selbstmordpiste genannt. Sie durchschneidet eine endlose, trostlose Halbwüste ohne Baum und Strauch und ohne Wasser.

Ken fährt virtuos auf der mit knietiefen Schlaglöchern und locker rollendem

Schotter gespickten Straße. Ich bin erleichtert, als in der Ferne die ersten Umrisse der Marsabit-Kette auftauchen – so ähnlich den Huris und doch wieder durch das vollkommene Fehlen jeglicher Vegetation so verschieden.
In der Ebene habe ich kleine Steinkegel entdeckt, und Ken erklärt, daß die Borana aus Steinen Umzäunungen für ihre Tiere bauen, um sie in der Nacht zu schützen – hier gibt es nicht einmal Dornen!
Wir begegnen zuerst einzelnen, dann immer größer werdenden Gruppen von Menschen, die ihre Herden von der Tränke zurücktreiben. Ein riesiger trockener Krater liegt rechts von der Straße – ohne Zweifel derselbe, den mein Vater erwähnt hat. Eine große Wasserstelle, dicht umdrängt von unzähligen Tieren und Menschen, und schließlich die »Stadt« Marsabit.
Hunderte von Menschen, Tausende von Tieren sind unterwegs – oder kommt es mir nur so vor, weil ich tagelang kaum einen Menschen gesehen habe? Diese Ansammlung hat ihren guten Grund, denn alles, was das furchtbare Dürrejahr 1984 überlebt hat, sammelt sich hier, um zu trinken – die Herden der Borana, die der Rendile und die der Samburu. Das ergibt ein ungemein buntes Bild an Menschentypen, Stammeskleidung, Waffen und Schmuck.
Pater Moosbrugger, ein Tiroler Pfarrer, der sich viel in Afrika aufhält, hat mich gebeten, den ihm bekannten Missionaren in Marsabit eine Nachricht zu überbringen. Nach einigem Herumirren durch das abenteuerliche Gewirr von Gassen entdecken wir eine große, schmucklose Kirche mit dottergelbem Anstrich, daneben ein paar bescheidene Gebäude: die Mission. Ich klopfe. Es ist früher Nachmittag, und alles scheint vor der glühenden Sonne geflüchtet zu sein. Nach einiger Zeit öffnet sich die Tür, ein schlanker, weißhaariger Mann in grünem Pullover öffnet, und bevor ich ein Wort sagen kann, lacht er mich an und sagt: »You must be Maria Theresa!«
Ich hatte mich vor Wochen vage angekündigt.
Der freundliche Missionar ist Padre Molino. Bald gesellt sich Father John zu uns. Es ist kühl und angenehm dunkel in den Räumen der Mission und sehr still. Man bietet mir Kaffee und Zigaretten an, und wir plaudern über allgemeine Dinge – Europa und die Heimat des Padres, Italien. Allmählich verlagert sich das Gesprächsthema auf die Nomaden und ihre Situation. Die beiden sind sehr besorgt. Besorgt deshalb, weil es darum geht, die Hungernden nicht zu Bettlern zu machen, die ihr weiteres Leben auf den Stufen der Mission verbringen, sondern ihnen die Möglichkeit zu geben, ihr gewohntes Leben wieder aufzunehmen. So gibt es ein System, nach dem Essen nur mit Arbeit verdient werden kann – oder es gibt Geld für die Arbeit. Mit diesem Geld kann dann mit Hilfe der Padres Saatgut für die wenigen Felder am Fuße des Marsabit angekauft werden, oder Tiere, der Grundstock einer neuen Herde. Ein System, das die Nomaden seit Jahrhunderten ausüben, wenn sie einander in Notzeiten helfen.

Die Padres haben schlechte Nachrichten. Nicht weit von North Horr hat es gestern ein Gemetzel gegeben. Eine Gabbrasiedlung wurde von Viehdieben überfallen, viele Männer, Frauen und Kinder wurden getötet und ihr Vieh davongetrieben. Polizei hatte mit Hubschraubern die Räuber verfolgt, und in Buluk, der Wasserstelle, wo sich der Zwischenfall mit den Shangilla abgespielt hatte, dessen Zeuge wir beinahe geworden wären, sei es zur regelrechten Schlacht gekommen. Die Padres Tyroller hätten Verwundete ins Krankenhaus nach Marsabit gebracht. Also so, dachte ich, sieht die andere Seite des Lebens der Missionare in diesem Gebiet aus.

Eduard Graf Wickenburg: Aus einem Vortrag über seine Reise »Von Dschibuti bis Lamu«

Nach drei Tagen erhielt ich endlich die Nachricht, daß einige der von mir ausgesandten Leute Rendiledörfer erspäht hätten. Ich begab mich daher am nächsten Tage mit einer stärkeren Escorte zu diesen Dörfern. Wir kamen durch eine so öde, mit Lavablöcken bedeckte Gegend, daß man es für unmöglich halten mußte, daß Menschen in dieser Wüste wohnen. Nachdem wir siebeneinhalb Stunden marschiert waren, wurden wir endlich riesiger Kamelherden ansichtig. Bald darauf liefen auch schon von allen Seiten halbnackte Wilde herbei, den Bogen schußbereit in der Hand. Ich ließ meine Leute sofort halten und den Rendile durch einen Mann, der ihrer Sprache mächtig war, zurufen, daß ich nicht in feindlicher Absicht gekommen sei. Ich bin überzeugt, daß es damals nur eines Zufalls bedurft hätte, eines zufällig losgehenden Gewehres oder dergleichen, um uns in einen Kampf mit diesen Wilden zu bringen. Nach und nach beruhigten sich die Gemüter, und wir schlossen Freundschaft. Der Häuptling brachte einen großen Topf mit Wasser gemischter Kamelmilch, den ich austrinken mußte. Ich blieb mehrere Tage unter den Rendile, um von ihnen Kamele und Schafe einzuhandeln.

Die Rendile sind richtige Wüstenbewohner und hatten ihre Dörfer in einer vollkommen baumlosen Steppe aufgeschlagen, in welcher nur hin und wieder spärliches Gras aus dem Boden schoß. Es ist ganz unglaublich, daß sie ihre zahlreichen Herden dort erhalten können. In der Nähe der Rendiledörfer entdeckte ich ein größeres ausgetrocknetes Seebecken, Koroli genannt, aus dem einige Quellen mit klarem, aber sehr salzhältigem Wasser entspringen, genau so wie in den ausgetrockneten Teilen des Stephanie-Sees. Man hatte in diesem ausgetrockneten See gleichsam ein Zukunftsbild für den Stephanie-See vor sich.

Die salzigen Quellen sind der Grund, warum die Rendile dort lagern, da sie behaupten, dieses Wasser sei den Kamelen sehr zuträglich.

Die Rendile erinnern sehr, ihrem Aussehen nach, an die Massai, sie sind von großem, schlankem Wuchse, haben regelmäßige hübsche Gesichtszüge. Ihre Sprache

besteht fast zur Hälfte aus Somaliwörtern, hat aber nichts mit der Oromosprache zu tun. Die Rendile selbst behaupten, daß sie ursprünglich Somali waren, von Osten in ihre heutigen Gebiete eingewandert sind und dort im Laufe der Zeit ihre ursprüngliche Sprache teilweise vergessen haben. Wahrscheinlich dürfen sie mit den zwischen Dschub und Webi Schabeli lebenden Rahawehn stammverwandt sein.
Heute gleichen sie jedenfalls in ihren Sitten und Gebräuchen viel mehr den Massai als den Somali. Wie bei den ersten, so gelten auch bei den Rendile die jungen Leute als die eigentlichen Krieger. Sie bemalen ihr Gesicht und Haar mit roter Erde, während die verheirateten Männer das Haupthaar abrasieren. Sie sind mit einer Lanze und einem viereckigen Schilde bewaffnet, während die alten Männer Bogen und Pfeil tragen. Auch die verheirateten Weiber tragen den Kopf glatt rasiert nach Art der Massaiweiber. Ihr Schmuck hingegen ähnelt dem der Galla. Die Rendile haben auch die Massaisitte angenommen, sich die Ohrläppchen unförmig zu erweitern und darin kleine Spiralen von Draht zu tragen. Die Dörfer der Rendile bestehen aus vierzig bis fünfzig Hütten, welche aus den zum Satteln der Kamele nötigen Matten in sehr primitiver Art errichtet sind. Die Nahrung der Rendile besteht hauptsächlich aus Kamelmilch, zuweilen auch aus dem Fleische von Kamelen, Schafen oder Ziegen. Die Rendile trinken sehr gerne das Blut der Kamele, welche sie durch einen Einschnitt oberhalb des Auges zur Ader lassen. Das Blut wird entweder in noch warmem Zustand getrunken oder mit Milch gekocht und so genossen. Bei Koroli waren nur sechs Stämme der Rendile versammelt, die anderen Stämme traf ich im späteren Verlaufe meiner Reise an. Bei Koroli mochten etwa zweitausend Rendile beisammen sein.

Genau wie mein Vater machten wir einen Abstecher zu den warmen Quellen bei Kargi. Die Fahrt ist lang, heiß und ermüdend. Die Siedlung Kargi, von Rendile bewohnt, ist ein lebender Alptraum: eine von Menschen verursachte Wüste, kahlgeweidet bis zum letzten Grashalm, total übervölkert, fast ausschließlich auf Hilfe von außen angewiesen. Das hat sich auch auf die Psyche der hier lebenden Rendile ausgewirkt.
Dutzende von Kindern rennen hinter unserem Fahrzeug her und schreien mit schrillen, aggressiven Stimmen: »Sweety, sweety?« Als wir nicht stehenbleiben, kracht ein Stein gegen die Heckscheibe.
Wenn Monty hier in der Gegend ist, schlägt er immer an derselben Stelle sein Camp auf. Es ist ein schönes Plätzchen, ein kleiner Palmenhain, rund wie eine Muschel, oberhalb eines ausgetrockneten Flußbetts. Jenseits von diesem erheben sich steile schwarze Lavawände. Es gibt kleine Buchten im Hain, in denen man die Betten aufstellen kann – so hat jeder sein Séparée.
Noch am Abend fahren wir zu den Quellen. Am Rand der Wüste, am Fuße steiler schwarzer Lavawände sickert Wasser aus dem Boden, bildet kleine Bek-

ken und Bassins. Gras und magere Büsche wachsen entlang des Wassers, der Boden ist von Tausenden von Tierspuren zertrampelt. Alles ist voll mit Wasservögeln, die vor Anbruch der Nacht riesigen Lärm machen: große Nilgänse, verschiedene Sorten von Enten, unendlich viel Kleinzeug, Störche, Ibisse – ein Chor von schrillen Vogelstimmen begleitet den dramatischen Sonnenuntergang über der Chalbi Desert.
Wir nehmen alle ein Bad. Es ist so heiß, daß jede Art von Abkühlung willkommen ist. Im Schutze des Toyota plätschere ich vergnügt in einer Mischung aus Wasser und Kamel-Pipi und denke mit Genuß daran, was für eine Miene meine guten Freunde in Europa dazu machen würden. Monty, Ken und Gary sitzen bis zum Hals in den anderen Becken, Ken wäscht sich sogar die Haare – sie sind nachher von einem schönen Rotbraun! Das Merkwürdige ist, daß die Haut, wenn man sie nachher beschnuppert, was ich mit einigem Mißtrauen tue, nach frischem Wasser riecht.
Als wir zum Camp zurückkommen, ist alles schon ausgepackt und aufgebaut. Mein Bett steht in einer kleinen Bucht, einem freien Platz, der von niedergebrochenen, wild durcheinanderliegenden Dum-Palmen eingerahmt ist – und ziemlich abseits von den anderen ...
Dem Abendessen war ein Vorspiel vorausgegangen. Als wir das Camp bezogen, waren Monty, Wario, sein alter Fährtensucher, und ich ins Flußbett hinuntergestiegen. Im Flußbett war eine frische Spur zu sehen – nicht zu klein und nicht zu groß. Monty sah Wario fragend an: »Fisi or Simba?« (Hyäne oder Löwe?) Wario hatte mit dem den Afrikanern eigenen Instinkt meine Nervosität erkannt und sagte dramatisch und wie aus der Pistole geschossen: »A small lioness!« (Eine junge Löwin.)
Irgendwie wünsche ich mir glühend, das Abendessen würde nie zu Ende gehen – ich habe Angst. Immer wieder schiele ich hinüber in mein »Schlafzimmer«, wo alles so gemütlich für die Nacht gerichtet ist: ein frisch überzogenes Bett, daneben ein Tisch mit allen Utensilien, die man für die Nacht braucht – Taschenlampe, Wasserflasche, Zahnputzbecher, Waschschüssel, Klopapier, Insektenspray – nur der Fernsehapparat fehlt. Ich habe mich doch nach anfänglichen Ängsten ganz an das Schlafen im Freien gewöhnt, warum gerade heute die Furcht?
Das Abendessen ist nur zu bald beendet, denn alle sind sehr müde. Ich lege mich ins Bett, lösche zögernd die Petroleumlampe, die jeder von uns wie immer in die Hand gedrückt bekommen hat, und harre der Dinge, die da kommen würden. Als nichts geschieht, löst sich meine Spannung und ich bin drauf und dran, in den Schlaf hinüberzurutschen. Da ertönt plötzlich, gar nicht weit von meinem Bett entfernt, ein langgezogener, schauerlicher Schrei, der in einem geisterhaften Kichern endet – die Hyäne! Natürlich fallen einem da alle Schauergeschichten von Hyänen ein. Mein Herz klopft, und ich starre, auf-

recht im Bett sitzend, in die Nacht. Sie ist inzwischen hell geworden, denn der Vollmond ist aufgestiegen und taucht alles in ein bläuliches Licht, das die Schatten vertieft. Nach einer langen Weile höre ich jenseits der Lavawand ein leises Hyänenkichern – also ist sie abgezogen, rede ich mir ein.
Ich binde meinen Kanga um, stehe auf und rücke mein Bett unter einen Baum, denn der Mond strahlt mir mitten ins Gesicht. Das Camp ist in tiefen Schlaf gesunken. Ken liegt zusammengerollt auf seinem Bett, Monty schnarcht leise, Gary hat sich vollkommen verhüllt, so daß man nur seine Formen auf dem Feldbett ahnen kann, die Boys sind dicht um das ängst ausgegangene Feuer gelagert. Schon streckt der Schlaf seine Arme nach mir aus, als ein Laut mir das Blut in den Adern erstarren läßt: ein leises, aber sehr deutliches »Husten« eines Löwen – ganz nah. Jetzt verfluche ich in meiner Angst meinen ganzen Ausflug und wünsche mich meilenweit entfernt in ein sicheres Bett. Die Palmen rascheln und knattern unter plötzlichen Windstößen wie herabstürzender Platzregen – das Geräusch ist so täuschend ähnlich, daß ich unwillkürlich in der Erwartung eines Gusses zum Himmel blicke, aber nur der Mond steht über der Lavawand – er steht jetzt senkrecht über mir. Du lieber Himmel, wie soll ich diese Nacht überstehen! Soll ich die Taschenlampe schwenken, meine Cremetiegel nach dem Löwen werfen, mit dem Leintuch winken?
Die Lage ist so prekär, daß ich über mich selber lachen muß und mich mit dem Gedanken beruhige, daß die Männer für den Löwen (die Löwin) doch ein besserer Happen wären – und daß bisher alles gutgegangen ist.
Ich lege mich zurück, sehe noch einmal in den Mond, der mir spöttisch zulächelt. Das Rauschen der Palmblätter ist jetzt wie das Rauschen von schweren seidenen Gewändern. Sie gehören wohl guten Feen, die sich flüsternd über mich beugen und mich in den Schlaf wiegen.
Als ich aufwache, geht die Sonne gerade auf. Ich stehe auf, ziehe meine Schuhe an und mache einen Gang um das Camp. Tatsächlich haben wir nächtlichen Besuch gehabt – die Spuren von »Fisi« und »Simba« sind unmittelbar am Rand des Camps deutlich zu sehen.
Schon früh am Morgen brechen wir auf, um die Lavawand bei den Quellen zu besteigen. Die Landschaft strahlt eine Atmosphäre voller Geheimnisse aus. Das Licht ist schwefelgelb und sehr diesig, alle Umrisse sind durch Dunst verwischt und unklar, die Sonne nur eine gleißende Masse. Wir fahren zu den Quellen und steigen gleich in die Lavawand, bis wir das Hochplateau erreicht haben.
Dort bietet sich ein unglaubliches Bild. Wie Gebirge, die ins Meer abfallen, stürzt sich die schwarze Lava in steilen Hängen und Abbrüchen in die Tiefe. Unten, flach wie ein Meer, die Chalbi Desert, die man zur Zeit meines Vaters »Seebecken Korole« nannte. Schneeweiß ihre Salzkristalle, gelb, beige, grau

ihr Sand – unendlich und ohne Begrenzung am Horizont mit dem fahlen Himmel verschwimmend. Unter uns die Quellen – eine giftgrüne Spur, die schlangengleich im Sand versickert.
Zwischen Lava und Talsohle, von hier oben besonders deutlich zu sehen, eine unübersehbare Ansammlung von mächtigen Steinhügeln, Steinplateaus, Steinringen: die Gräber der Riesen. Die Gräber sind überall zu finden, wo es Wasser, also Quellen, Wasserstellen oder Brunnen gibt. Man sagt – und wissenschaftliche Untersuchungen haben es bestätigt –, daß es Gräber eines Stammes sind, der vor dem Eindringen der jetzigen Nomadenstämme hier gelebt hat – man nannte den Stamm die Wardai. Sie sollen von überdurchschnittlicher Größe gewesen sein und Meister im Brunnengraben. Besonders tiefe Brunnen und solche, die in harte Felsen gegraben sind, werden auf ihre Fähigkeiten zurückgeführt.
Wir steigen zu den Gräbern hinunter und betrachten sie aus der Nähe. Es ist unglaublich, mit welcher Sorgfalt und welchem Kräfteaufwand diese riesigen Hügel aufgeschichtet sind. Sie messen mehr als zehn Meter im Durchmesser, sind sechs bis acht Meter hoch. Das Fundament besteht aus einem Ring aus großen Lavablöcken, auf die sich kegelförmig Stein auf Stein aufbaut, oft von ähnlicher Größe und Form – und das nicht zufällig. Auf der Spitze steht manchmal ein ovaler oder keilförmiger Stein, auf dem das Sonnenzeichen eingeritzt ist. Anders die Plateaus: Sie zeigen den gleichen Aufbau, sind aber flacher. Ihre breite Oberfläche ist mit weißen Tuffsteinen dicht bestreut. Dann die Ringe: ein hoher, ringförmiger Wall, vollkommen kreisförmig, in der Mitte eine kleine Erhebung – dort befindet sich das eigentliche Grab. Man hat Hügel abgetragen und Skelette von beachtlicher, aber nicht übernatürlicher Größe in hockender Stellung gefunden; als Beigabe wenige primitive Geräte. Die untersuchten Skelette waren aller über fünfhundert Jahre alt.
Während ich auf halber Höhe zwischen Plateau und Wüste stehe, habe ich plötzlich eine Erscheinung. Eine riesige Wasserfläche liegt zu meinen Füßen, bevölkert von großen Fischen, Krokodilen, Nilpferden. An den Ufern stehen Herden von Elefanten, Büffeln, Zebras und Antilopen. Es gibt Nashörner, Giraffen und Raubtiere im Überfluß, ein Unzahl von Wasservögeln. Der Garten Eden? Nein, das Seebecken von Korole vor Tausenden von Jahren. So muß der Turkanasee einmal ausgesehen haben, der Stephaniesee, ein paar hundert Jahre, bevor ihn mein Vater beschreibt. Und hier haben die Wardai im Einklang mit der Natur gelebt, bevor sie von nachdrängenden Stämmen dezimiert und vertrieben wurden. Es wird angenommen, daß der kleine Stamm der Orma am Tanafluß der letzte Rest der Wardai ist.
Der gelbe Hitzedunst verwischt alle Konturen. Vor uns liegt die Realität, eine weiße, leblose Wüste – und doch gibt es Leben, das aus ihr kommt. Als wir zu den Quellen gehen, nähern sich jenseits, weit voneinander entfernt, zwei

Grevyzebras, die wegen ihres wunderschönen bunten Fells nahezu ausgerottet sind. Langsam, in weitem Abstand und mit äußerster Vorsicht gehen sie in einem großen Bogen zum Wasser, immer wieder stehenbleibend, witternd, zögernd. Ihre Körper, in der Nähe so bunt, verschmelzen mit den Farben der Wüste. Wie recht die Zebras mit ihrer Vorsicht haben! Eine Löwenspur ist tief in den nassen Sand eingegraben.

Aus der Wüste kommen frühmorgens und in solchen Massen, daß sie den Himmel verdunkeln, die Sandgrouse, taubengroße, sandgelbe Vögel, so zierlich und fragil, daß man sie stundenlang beobachten möchte. Sie kommen in sausendem Sturzflug, eilen zum Wasser, schöpfen mit dem Schnabel viermal, fünfmal, höchstens sechsmal Wasser – und schon erheben sie sich und schwirren davon. Sandgrouse, die Junge haben, schöpfen mit dem Schnabel Wasser und deponieren es unter den Flügeln. Dort bleibt die Flüssigkeit im dichten Federkleid und wird von den Jungen, die noch zu klein sind, um mitzufliegen, herausgesaugt. Ich beobachte eine bezaubernde Szene: Ein Sandgrousepärchen landet direkt vor mir mit zwei halbwüchsigen Jungen. Anstatt zum Wasser zu eilen, stürzen sich die Küken auf ihre Eltern und suchen nach Flüssigkeit unter deren Flügeln. Sie werden energisch weggeschoben und zum Wasser bugsiert, wo sie durstig trinken.

Das Sandgrousemännchen unterscheidet sich von dem Weibchen durch ein schwarzes Federkollier um den Hals, es sieht so elegant aus wie die Halskette des Lord Mayor of London.

An den Quellen gibt es kreisrunde winzige Becken, deren Inhalt in grellem Rosa oder Grün aus dem Sand leuchtet. Fast hat man das Gefühl, in einem verzauberten Land zu sein. Das Staunen nimmt zu, wenn der Boden zu flimmern beginnt und Oryx, Strauß und Antilope über ihm zu schweben scheinen, wenn glitzernde Wasserflächen, Bäume am Horizont auftauchen und im Dunst verschwinden, wenn große Kamelherden vom Boden losgelöst vorüberziehen, eingehüllt in Wolken von Staub, die viele Meter hoch wie Rauchopfer zum Himmel steigen. Schemenhaft schweben die Hirten vorbei, man hört ihre Stimmen, die Glocken der Kamele – das alles wirkt wie ein Traum.

Im Lager sitzt ein alter Rendile. Er hat ein scharfes Raubvogelgesicht mit kühn gebogener Nase, lebhafte, intelligente Augen, ist groß und schlank, und seine Haut hat einen hellen, rötlichen Goldton. Bis auf einen Lendenschurz ist er nackt, mit den üblichen Waffen, Speer und Stock, und einer Wasserflasche ausgestattet. Im Gespräch mit Monty stellt sich heraus, daß die beiden im selben Regiment gegen die aufständischen Mau-Mau gekämpft haben. Man sieht dem Alten an, was für ein Spaß der Krieg für ihn gewesen ist – seine Augen glänzen, wenn er von seinen Erlebnissen berichtet.

Wir wollen noch heute die Chalbi Desert überqueren, so müssen wir diesen Ort der Wunder, wenn auch ungern, verlassen.

Eine schmale Fahrspur führt in die Wüste – sie verliert sich manchmal im Sand, teilt sich und zeigt in verschiedene Richtungen. Wie gut, daß Monty so siche in seiner Orientierung ist. Weiße Salzkrusten bedecken den Boden und knirschen unter den Rädern. Die Hitze nimmt einem den Atem, ist wie eine Last, und als wir weiter vordringen, gibt es kein Anzeichen von Leben mehr. Ein totes Kamel liegt verkrümmt auf der Piste, die Fahrspuren umgehen es rechts und links. Plötzlich habe ich ein merkwürdiges Gefühl des Sinkens während der Fahrt. Und bevor ich mir darüber im klaren bin, bremst Monty abrupt, schaltet Vierradantrieb und Rückwärtsgang ein, ruft dem uns folgenden, von Ken gesteuerten Wagen warnend zu, und wir bewegen uns mit voller Kraft nach rückwärts. Die tiefen Spuren, die unsere Räder in den Sand eingegraben haben, sind mit Wasser gefüllt! Die Chalbi Desert hat, meist nach der Regenzeit, Stellen, wo das Wasser dicht unter der Oberfläche stehenbleibt und nur von einer dünnen Salzkruste bedeckt ist. Man kann in große Schwierigkeiten kommen, wenn man in eine solche Falle gerät.
Wir müssen jetzt einen großen Umweg machen, denn der Boden auf der üblichen Route hält nicht. Irgendwo taucht ein dunkler Streifen auf, eine Erhebung, irgendwo tauchen Tiere auf – Strauße, Zebras, Antilopen. Hinter einer Bodenwelle stehen große, weitausladende Bäume, viele von ihnen sind vom Sturm umgebrochen. Eine ovale Wasserstelle, die wie ein kleiner Teich wirkt – eine Oase. Ziegen, Schafe liegen im Schatten eines Baumes. Ein anderer Baum, mit tief herabhängenden Ästen, und darunter eine dicht zusammengedrängte Gruppe von Menschen, die uns mißtrauisch, beinahe feindlich mustern, alle halten ihre Speere in der Hand. Da es Mittag ist und wir froh sind, die Chalbi Desert ohne größere Schwierigkeiten durchquert zu haben, lagern wir am umgefallenen Stamm eines großen Baumes und halten Picknick. Zwischen grünen Bäumen ertönt das Läuten hölzerner Glocken. Eine Herde Kamele zieht langsam und würdevoll zum Wasser – große, kleine, alte, junge. Sie senken die Köpfe und beginnen zu trinken, immer wieder absetzend; zehnmal, zwanzigmal neigen sie sich zum Wasser. Ein kleiner, wunderhübscher Gabbrajunge ist ihnen nachgelaufen. Er nimmt eine Handvoll Schlamm vom Ufer und schmiert ihn auf das Euter eines der Kamele, um dem Kamelkind das Trinken abzugewöhnen.
Gary, unser Photograph, leidet Qualen, denn die Szene ist von so einzigartiger Schönheit, so alttestamentarisch, daß er es kaum ertragen kann, nicht photographieren zu dürfen. Der Grund: Im vorigen Jahr haben Amerikaner hier, ohne zu fragen, photographiert und wurden fast »gespeert«.
Zwei größere Jungen lösen sich aus der Gruppe unter dem Baum, kommen auf uns zu und klettern vor unserer Nase auf den Baumwipfel über uns, um uns ja unter Kontrolle zu haben. Ihre Speere haben sie mitgenommen.
Ich bitte Ndururi, den Vermittler zu spielen und mit den Gabbra zu verhan-

deln. Auch ich kann es kaum ertragen, daß soviel Schönheit nicht auf ein Bild gebannt werden darf. Ndururi schlendert hinüber, dann folgt ihm Ken, und auch Gary gesellt sich vorsichtig dazu. Es ist wie ein Treffen zweier feindlicher Parteien: auf der einen Seite steif und abwehrend die Gabbra, sie alle haben ihre Speere in der Hand, in respektvollem Abstand Ndururi, Ken und Gary – die Spannung steigt.

Da ertönt helles Gelächter unter den Gabbras, der Bann ist gebrochen, alles strömt auf uns zu. Es sind fast lauter junge Menschen, von einer wilden, ursprünglichen Schönheit. Ihre Kleidung besteht aus Lumpen, die in prächtige Falten gelegt sind – die Haare stehen ihnen wild um den Kopf, in ihrer Natürlichkeit sind sie herrlich anzuschauen. Es sind zwei Gruppen, die sich hier getroffen haben, die einen kommen aus den Huri Hills, die anderen aus der Wüste.

Zwei kleine Mädchen regen Garys Künstlerauge besonders an. Beide sind kaum sechs Jahre alt und von so verschiedenem Aussehen, daß man verblüfft ist. Die eine, Aridjal, hat ein herzförmiges Gesicht, hohe Backenknochen, schräge, große, lachende Augen, einen breiten Mund, rötliches Haar, goldfarbene Haut. Die andere, Tallas, ist eine ernste kleine Madonna. Sie trägt ein Tuch über den Kopf geschlungen, ihr Gesicht ist ein ebenmäßiges Oval mit übergroßen dunklen Augen. Das ganze Wesen ist von solch einer Zartheit, als könnte es der Wind davonblasen. Das Haar ist tiefschwarz, und auch die Haut ist dunkel wie Ebenholz.

---

25 Guffu, der Dorfälteste
26 Der Weise vom Berg
27 Rendile-Krieger bei der Oase von Kargi
28 Frau des Häuptlings von Kalacha
29 Tallas, die kleine Madonna
30 Unterwegs in der Chalbi-Wüste
31 Wasserstelle südlich des Siria-Plateaus
32 Junge Samburu-Krieger – man nennt sie »die Schmetterlinge«

Im Hintergrund taucht eine Eselherde auf. Die Tiere tragen Wasserbehälter auf ihrem Rücken. Hinter ihnen stiebt ein kleiner schwarzer Wirbelwind, Adda. Sie beobachtet aus sicherer Entfernung die Situation ein Weilchen und macht dann energisch klar, daß sie auch mittun will. Ihr schwarzes Haar steht steif wie Draht um ihren Kopf, die Augen sind groß, wild und sehr selbstbewußt, die Haut bräunlich, das Näschen winzig.
Alle drei Mädchen werden nun von Gary auf einen Baumstamm gesetzt und photographiert. Es ist interessant zu beobachten, wie verschieden sie reagieren. Alle sind anfangs ängstlich, aber das gibt sich bald. Aridjal posiert in Kürze wie ein professionelles Mannequin; Tallas blickt ernst, aber unerschrocken in die Kamera, den Kopf leicht gesenkt, von einer wunderschönen, unbewußten Anmut. Adda ist die Couragierteste, sie lacht sogar – das hätten die anderen nicht gewagt – mit blitzenden weißen Zähnen.
Die drei Kinder strahlen einen solchen Zauber aus, daß Gary und ich zutiefst beeindruckt sind. Lange sitzen wir dann noch beisammen – die Mädchen haben sich ganz nah zu mir gesetzt, befühlen meine Kamera, meine Ringe, meine Sonnenbrille mit vorsichtigen, samtweichen Pfötchen und brechen in schallendes Gelächter aus, als sie sich gegenseitig die Sonnenbrille aufsetzen. Rundherum steht der ganze Clan – ein alter Mzee (Herr) namens Bakeja, ein jüngerer, der wie Anthony Quinn auf afrikanisch aussieht, er heißt Mamo, und alle wollen sie photographiert werden. Sie schwatzen aufgeregt durcheinander.
Es gibt kleine Gaben von Tee und Zucker und ein bißchen ausgehandeltes Geld, und ich hole aus meiner Tasche Sweeties, die die Kinder andächtig bestaunen und unter großem Gekicher in den Mund stecken. Ihre Augen leuchten und ihre Wangen glühen. Wegen des bißchen Tees? Wegen des Zuckers? Wegen der Sweeties?
Haben sie uns nicht tausendmal mehr gegeben durch ihre natürliche Schönheit, durch die Berührung ihrer kleinen Hände, durch ihr Lachen?
Als wir die Oase nach vielen Stunden verlassen, stehen sie alle und blicken uns nach. Ich kann meinen Blick kaum von der immer kleiner werdenden Gruppe losreißen.

Eduard Graf Wickenburg: Aus einem Vortrag über seine Reise »Von Dschibuti bis Lamu«

Nachdem ich mehrere Tage bei den Rendile geblieben war und von denselben Kamele sowie Ziegen und Schafe gekauft hatte, marschierte ich wieder in mein früheres Lager zurück. Ich bestieg hierauf den Marsabit, um denselben zu erforschen.
Der Marsabit ist eine dreißig Kilometer lange Bergkette, welche sich zweitausend

Meter hoch isoliert aus der Ebene erhebt. Ringsum befinden sich auf viele Kilometer wasserlose Steppen. Am Marsabit entdeckte ich drei große Krater, von denen der eine einen kleinen See enthält. Der Marsabit ist mit dichter Vegetation von üppigen Grasflächen bewachsen; seine höchsten Spitzen sind mit Urwald bedeckt. Auch Quellen mit klarem Wasser findet man dort, doch enthalten dieselben eine Gattung Blutegel, die sich am Halse oder unter der Zunge der zur Tränke kommenen Tiere festsetzen, so daß diese infolgedessen eingehen. Aus diesem Grunde meiden auch die Rendile den Marsabit. Dieser ist ein Eldorado für Jäger, da man dort viele Elephanten, Nashörner, Antilopen und auch Büffel findet.

Nach unserem Abstecher zu den warmen Quellen bei Kargi und in die Chalbi Desert sind die Wälder und Seen am Marsabit ein einzigartiges Erlebnis. Es ist später Nachmittag. Wie kann man das Gefühl beschreiben, nach vielen Tagen blendender Helligkeit, Staub und grellem Licht plötzlich in eine grüne Dämmerung zu tauchen? Grün in allen Schattierungen bis zu Schwarz – es wirkt auf Körper und Seele, auf brennende Augen und ausgetrocknete Lippen wie Balsam.
Die Landschaft könnte einem Bilderbuch für Dschungelfahrten entnommen sein: mächtige, moosbedeckte Baumriesen, kleine, tiefblaue Seen und eine Üppigkeit, ein Wachsen, ein Wuchern, das wir fast schon vergessen zu haben meinen in dem Land, aus dem wir kommen.
Man fühlt, wie die Spannung, das Sich-Wehren gegen extremes Licht, extreme Hitze, extremen Wind einer Entspannung Platz macht ...
Unterwegs begegnen wir einer Menge Tiere: Affen, die in den turmhohen Bäumen spielen, einem Rudel weiblicher Kudus, denen wir aus nächster Nähe ins samtdunkle Auge blicken können, einer Gruppe Elefanten, die uns den schmalen Weg verstellen – da gibt es nur eines: sich in Geduld fassen und warten, bis sie den Weg freigeben.
Unser Camp am Lake Paradise erfüllt alle Voraussetzungen für das Wort paradiesisch. Es liegt auf einem kleinen Plateau oberhalb des kreisrunden, tiefblauen Sees; keine Menschenseele weit und breit.
Die Zelte – diesmal haben wir Zelte, denn es gibt hier zu viele Raubtiere – stehen im dichten Gras. Das Gras in Afrika hat eine andere Struktur als bei uns: Es ist fester, fetter, wenn man mit nackten Füßen drübergeht, fühlt es sich so elastisch an wie Sprungfedern.
Der See, immer wieder gekräuselt von Windböen, die vom Kraterrand einfallen, ist von Hunderten Wasservögeln bevölkert: Reiher, Pelikane, Ibisse, kleinere Watvögel, Störche und eine Unmenge von Sumpf- und Teichhühnern. Aus unerfindlichen Gründen heben sich plötzlich alle diese Vögel wie auf Kommando vom Wasser ab. Das Plätschern Hunderter paddelnder Vogelfüß-

chen, das Rauschen Hunderter Vogelflügel – die ganze Gesellschaft rast über das aufgewühlte Wasser, um sich mit fast ebenso großer Geräuschentwicklung an einer anderen Stelle des Sees niederzulassen. Über dem See stehen große Greifvögel, schweben und schaukeln manchmal wie Schmetterlinge; ein Schwarm schwarzer Ibisse kreist immer wieder über dem Wasser, schwingt sich über die Bäume am Rand des Kraters, kehrt wieder, vollführt Flugmanöver, Drehungen, Wendungen und verschwindet schließlich.

Als es Abend wird, treten an der gegenüberliegenden Seite Büffel aus dem Dickicht. Sie begeben sich langsam und ohne Hast, aber auch ohne Ängstlichkeit ans Ufer, trinken, wälzen sich im Schlamm, liegen bis zur Nase im Wasser. Nach geraumer Zeit ziehen sie auf das höhergelegene grasbewachsene Ufer, äsen, liegen und käuen wieder. Kälbchen springen um ihre Mütter und werden genau beaufsichtigt – ein schönes Bild.

Der erste Elefant tritt aus dem Wald. Er ist viel vorsichtiger, und es vergeht viel mehr Zeit, bis er zum Wasser geht. Zögernd steht er am Rand des Gehölzes, wittert mit dem Rüssel, spielt mit den Ohren. Immer mehr Elefanten treten heraus; am Ende sind es siebenundzwanzig Tiere, davon drei große Bullen, junge Bullen, Mütter mit halbgroßen und winzigen Jungen.

Ein ganz kleiner Elefant – er kann erst ein paar Tage alt sein – ist vorwitzig. Er stolpert zum Wasser und fällt dort in ein Loch, so daß das Wasser über ihm zusammenschlägt. Großalarm! Schreie von allen Elefantenmüttern, die zu der Stelle stürzen, wo der kleine Elefant im Wasser um sich schlägt. Eine große Elefantendame drängt energisch vorwärts, legt den Rüssel unter den Bauch ihres Kindes und hilft ihm ans Ufer. Klatschnaß und schlammbedeckt steht er da und wird von den anderen genauestens mit dem Rüssel untersucht, ob auch ja nichts passiert ist. Das Resultat scheint zufriedenstellend zu sein. Und nun holt die große Elefantendame, die ihn gerettet hat, mit dem Rüssel aus und versetzt dem Kleinen einen keineswegs sanften Schlag über den Rücken – das bedeutet: Keine Alleingänge mehr, bitte, merk dir das!

Inzwischen hat sich alles beruhigt. Die riesigen Tiere genießen den Kontakt mit dem Wasser: Sie trinken, spielen herum, legen sich hinein, bespritzen einander von oben bis unten unter lautem Prusten und Trompeten – man könnte stundenlang zuschauen.

Die Bäume rings um das Camp sind von vielen Vögeln bewohnt. Einer von ihnen, ein unauffälliger, amselartiger Vogel, hat eine herrliche Stimme, wie ein zweistimmiger Glockenton. Im Volksmund wird er Bellbird genannt, offiziell Tropical Boubou. Für mich sind Lake Paradise und der Bellbird in der Erinnerung untrennbar verbunden.

Langsam wird es Nacht. Die Umrisse der großen Tiere am anderen Ufer verschwimmen in der Dämmerung, das Geräusch der Zikaden wird betäubend laut.

Die Boys haben ein Riesenfeuer gemacht. Die Luft ist kühl und angenehm frisch, so frisch, daß ich zum erstenmal einen Pullover und lange Hosen anziehe. Nach dem Abendessen – die anderen sind schlafen gegangen, gedämpft dringen die Stimmen der Boys aus dem Hintergrund – bleibe ich noch ein wenig sitzen, halte mein Jagdglas in den Händen und genieße die Ruhe.
Der Mond ist aufgegangen und verwandelt das Wasser in pures Silber. In dieser glänzenden Flüssigkeit bewegt sich langsam, bis zu den Knien, bis zum Bauch im Wasser watend, die ganze Büffelherde an mir vorbei. Das nasse Fell der Tiere glitzert in tausend Lichtern, die mächtigen Hörner glänzen hell. Ein großer Bulle bleibt stehen, wittert in meine Richtung, und durch das Jagdglas blicke ich ihm unmittelbar ins Auge. Dieses Auge ist rötlich und sehr einschüchternd, und als er ein paar Schritte aus dem Wasser in meine Richtung tut, faßt mich Panik. Ich möchte aufspringen und mich ins Zelt retten – doch ich sitze wie gelähmt. Dann schüttelt er das gewaltige Haupt, daß die Wassertropfen wie Diamanten in der Luft zerstieben, und geht zurück in den See.
Nach diesem Erlebnis beschließe ich, mich ins Zelt zurückzuziehen. Die Petroleumlampe steht gemütlich vor dem Eingang. Ich lösche sie und trete noch einmal vor das Zelt, um mir im Mondschein die Zähne zu putzen. Dabei fällt mir plötzlich auf, daß keine fünfzig Meter vom Zelt entfernt zwei große runde Felsblöcke liegen, an die ich mich gar nicht erinnern kann. Zurück ins Zelt, Glas geholt – es sind zwei Elefanten, die sich neugierig herangeschlichen haben und die ihnen fremde Szene beobachten. Wieder ein Blick Auge in Auge durch das Glas. Ein Elefantenauge ist etwas Erschreckendes, weil es in dem riesigen Kopf so klein und böse wirkt. Wieder ein Gefühl der Panik, das Gefühl, laufen zu müssen. Die Boys allerdings haben die Elefanten auch schon bemerkt und schwingen ihre Taschenlampen auf und ab. Langsam, fast als hätte man sie gekränkt, drehen sich die Tiere um, ziehen die kleinen Schwänzchen an den Körper und verschwinden lautlos, wie sie gekommen sind.
Die Nacht ist voller Geräusche, die vom Wasser verstärkt widerhallen: das Trompeten von Elefanten, ein Laut, der so urgewaltig ist, daß er mich erschauern läßt, ferne Schreie von Hyänen, einmal das Grollen eines Löwen, aufgeregtes Keckern von Pavianen, der langgezogene Ruf des Schakals – ich liebe diese nächtliche Symphonie.
Ein strahlender Morgen folgt. Frühstück und Wasserholen im See.
Alle Tiere sind wie ein Spuk verschwunden. Aufbruch und Abschied vom Lake Paradise, einem der schönsten Flecken der Erde. Wir wollen noch zum großen Krater am Saum des Parks fahren – dort hatte mein Vater ein Camp.
Ein schmaler, sehr unübersichtlicher Weg. Hoffentlich begegnen wir keinen eiligen Elefanten! Rauf auf eine kleine Anhöhe, und unter uns liegt ein riesiger Krater. Die Wände sind bewachsen, es gibt nur zwei oder drei steile Zugänge, um zur Talsohle zu gelangen. Auf ihnen bewegt sich eine endlose Kette von

Tieren. Auf dem Boden saftiges Gras, in der Mitte des Kraters ein kleiner, allerdings sehr schmutzig wirkender See. An seinen Ufern Tausende von Spuren im trockenen hellen Schlamm, ganze Straßen, die alle zum Wasser führen. Rinder, Schafe, Ziegen in Gruppen, im Wasser trinkend, am Ufer wartend. Menschen, klein wie Puppen, laufen eifrig hin und her. Mein Blick fällt plötzlich auf zwei mächtige Elefantenbullen, die gar nicht weit von dieser bewegten Szene bis zum Bauch im hohen Gras stehen und in aller Gemütlichkeit ihr Frühstück einnehmen. Ein alter Samburu, mit einem abenteuerlichen Gemisch aus europäischer und traditioneller Kleidung ausgestattet, gesellt sich zu uns und erzählt uns, daß er sich nicht erinnern kann, in seinem langen Leben ein solches Gemisch von Stämmen am Marsabit gesehen zu haben.
Zurück auf die große Waschbrettstraße. Jetzt sind es wandernde Samburu, die bunt und exotisch wie Paradiesvögel das Bild bestimmen. Wir fahren bergab und immer weiter bergab. Die Luft wird wieder heiß und drückend. Akazienwälder tauchen auf, deren Blätter und Blüten so fragil sind, daß man sich fragt, wie sie dieses Klima überstehen können. In der Ferne tauchen spitze Berge auf, wir nähern uns Laisamis.
Dort erwartet uns eine unangenehme Überraschung: Straßensperre, schwerbewaffnete Soldaten, die uns die Weiterfahrt verweigern. Monty verhandelt geduldig mit den Posten, kann aber nichts erreichen. Wir müssen hier warten, bis sich eine Fahrzeugkolonne gebildet hat, die dann unter militärischem Schutz weiterfahren darf. Auf die Frage, wie lange das dauern wird, zuckt der Posten mit den Schultern und meint: »Es kann in einigen Stunden sein, kann aber auch Tage dauern!«
Wir lagern in der Nähe der Straßensperre, im Schatten eines armseligen Baumes, dem die Dürre schon fast den Garaus gemacht hat. Ununterbrochen ziehen Herden mit ihren Hirten an uns vorbei, hochgewachsene Frauen führen weiße Kamele, die mit dem ganzen Hausrat der Rendile bepackt sind und aussehen, als hätten sie Schiffsmaste auf ihrem Rücken, hinaus in die Steppe. Wir trinken Tee, denn das beruhigt – etwas anderes können wir nicht unternehmen. Nach einer Weile geht Monty wieder zu den Soldaten, um mit ihnen zu verhandeln, und kehrt unverrichteter Dinge zurück. Es ist heiß und staubig, über uns senkt sich in der nachmittäglichen Hitze eine gewisse Lethargie. Plötzlich kommt ein uraltes Lastauto angekeucht, das mit Schafen beladen ist, und bleibt quietschend vor der Sperre stehen. Großes Palaver, Geschrei von seiten des Fahrers, Geschrei von seiten der Posten – sie sind einander ganz schön in die Wolle geraten. Monty springt plötzlich auf und rennt zum Posten. Ein kurzes Hin und Her, dann kommt er grinsend zurück: »Wir dürfen fahren! Jetzt haben wir unsere Kolonne.« Der Soldat, sichtlich müde der Proteste, hatte zugestimmt, daß wir miteinander weiterfahren dürfen – von militärischem Schutz ist nicht mehr die Rede! Nach ein paar hundert Metern und

einer Wegbiegung, die uns den Augen der Soldaten entzieht, überholen wir den Lastwagen, dessen Fahrer freundlich winkt, und fahren zügig gegen Süden.

Wir überqueren den Guaso Njiro und halten dort am Flußufer Picknick. Das Wasser ist braun und reißend, an den Ufern sieht man dichtes Gestrüpp und herrliche große Dum-Palmen.

Als wir an die Straßensperre von Isiolo kommen (hier geben wir an, wir kämen aus der Samburu Lodge), stehen Lastwagen mit schwerbewaffneten Soldaten am Straßenrand. Losikiria steigt aus dem Wagen und fragt einen Soldaten, was ihr Ziel wäre, und erhält die Antwort: Wir müssen in den Norden, denn irgendwo zwischen Laisamis und Marsabit gibt es schwere Zwischenfälle...

Spätabends kommen wir – todmüde – in Naro Morn an, und hier erwartet uns eine große Überraschung: Ich hatte mit Monty über die nächste Strecke meines Vaters gesprochen, die von Laisamis an den Tana River geführt hatte. Er erklärte mir, daß es unmöglich sei, mit einem Privatfahrzeug auf dieser Route zu fahren – außerdem gebe es fast keine Straßen und man müßte riesige Umwege machen. Aber er hatte eine Idee: »Warum fliegst du nicht die Strecke ab, das ist einmal etwas anderes, und ich könnte dir vielleicht einen Freund vermitteln, der dich bis zum Tana River fliegt.« Der Freund fand sich tatsächlich, aber kurz vor Antritt unserer Reise zertrümmerte er sein Flugzeug auf der Landepiste von Kalacha. Eine plötzliche Seitenbö, die das Landen in der Gegend der Chalbi Desert so gefährlich macht, hatte das Flugzeug erfaßt, es überschlug sich und lag nun wie eine zerknitterte Pappschachtel auf dem Boden. Dem Piloten war wie durch ein Wunder nichts passiert. So hatte ich mich damit abgefunden, daß es diesmal keine Möglichkeit geben würde, die Strecke zum Tana zurückzulegen.

In Naro Mor erwartet uns mein Freund und Gönner John Millard, der vom Scheitern meiner Pläne gehört hatte, mit Ungeduld. Es war ihm gelungen, Tony Dyer, einen großen Weizenfarmer aus der Gegend um den Mount Kenya, für meine Pläne zu interessieren, und Dyer hatte eingewilligt, mit mir die Strecke zum Tana River zu fliegen. Schon morgen früh sollen wir starten!

Frei wie ein Vogel

Eduard Graf Wickenburg: Aus einem Vortrag über seine Reise »Von Dschibuti bis Lamu«

Am 19. September verließ ich die Marsabitkette, und bald befanden wir uns abermals in der Steppe. Ohne Führer und ohne Weg marschierten wir durch dieses wasserlose Land und erreichten am dritten Tag Laisamis, wo wir Wasser fanden. In der Nähe lagerten dort abermals Rendilestämme. Ich nahm von diesen einen Führer auf und zog durch spärlich von Rendile und Laigop bewohntes Land zu den Brunnen von Semel und von da an den Guaso Njiro-Fluß, den wir nach fünf scharfen Märschen erreichten. Dies war, seitdem wir den Sapan verlassen hatten, also seit drei Monaten, das erste fließende Wasser, welches wir erblickten.

Auch am Guaso Njiro befanden sich viele Dörfer von Laigop und Rendile. Die Laigop, deren Karia (Hütten) ich später bis an den Lorian antraf, sind wohl ein Zweig der Massai, denen sie auch vollkommen gleichen. Sie behaupten, daß sie erst seit einigen Monaten am Guaso Njiro und Lorian wohnen; früher bewohnten sie die Gegend östlich des Rudolf-Sees bis an den Stephanie-See. Sie scheinen große Räuber zu sein und häufig Beutezüge zu den benachbarten Völkern zu unternehmen. Während meiner Anwesenheit unter ihnen begegnete ich auch einer Abteilung rotbemalter Krieger, die auszog, um die am westlichen Ufer des Rudolf-Sees wohnenden Turkana zu überfallen. Mit den Rendile stehen sie aber auf Friedensfuß, obwohl sie teilweise mitten im Rendilegebiet wohnen.

Von letzteren sowie von den Gabbra werden sie mit dem Namen Korre bezeichnet, während die Massai sie Samburu nennen.

Ich folgte hierauf dem Laufe des Guaso Njiro und erreichte nach vier Märschen durch eine staubige, von vulkanischer Asche bedeckte Ebene den sogenannten Loriansumpf, in welchen sich der Guaso Njiro ergießt. Der Unterlauf des Flusses war vollkommen ausgetrocknet, so daß wir das Trinkwasser nur durch Graben erhalten konnten. Auch der Lorian war bis auf einige Tümpel mit schlechtem, von Elephanten und Flußpferden verunreinigtem Wasser ausgetrocknet. Das Wort Lorian bedeutet in der Sprache der Laigop einfach »der Sumpf«. Der Lorian liegt in einer trostlosen Gegend, umgeben von dürrem Steppenlande. Eine Herde von dreihundert Elephanten bevölkerte damals den Sumpf.

Ziegenherde am Tanariver

Vom Lorian beschloß ich nun direkt an den Tana-Fluß zu ziehen. Zwei Märsche südlich stießen wir auf einen ausgetrockneten Flußlauf, und dort fanden wir durch Graben das letzte Wasser. Vier Tage lang marschierten wir hierauf durch ein vollkommen sonnverbranntes, schier endlos scheinendes Buschland. Da schon am dritten Tag alle mitgeführten Wasservorräte erschöpft waren, so litt die Karawane furchtbar an Durst, und noch einmal tauchte vor uns das Gespenst des Verdurstens auf. Viele von meinen Leuten fielen erschöpft am Wege nieder und konnten nur mit Gewalt dazu gezwungen werden, ihre letzten Kräfte aufzuraffen und der Karawane zu folgen. Am Abend des vierten Tages stießen wir abermals auf einen ausgetrockneten Flußlauf, doch war nirgends eine Spur von Wasser zu entdecken. Fast begann ich schon selbst zu zweifeln, ob es noch möglich sein würde, mit dieser erschöpften Karawane den Tana zu erreichen, da hörte ich plötzlich vor uns das Brüllen von Elephanten, und als wir diesem folgten, da fanden wir im Flußbette tiefe, von diesen klugen Thieren aufgerissene Löcher, welche Wasser enthielten. So waren wir auch diesmal durch einen glücklichen Zufall dem Verdursten entgangen. Am nächsten Morgen hielt ich von einem niederen Hügel aus Umschau und erblickte, wenn auch in weiter Ferne, eine dunkle

Baumreihe, die sich wie eine riesige grüne Schlange durch die sonst ganz dürre Ebene zog ... Mit Freude erkannte ich, daß hier der Tana sein müsse. Noch ein langer Marsch, und wir standen am Ufer dieses Flusses.

John Millard hat die Flugstrecke minuziös ausgearbeitet, und so können wir hoffen, diesen Abschnitt der Route fast genau abzufliegen. Wir sind für halb acht Uhr morgens am Flugplatz von Nanjuki verabredet. Das Unternehmen ist deshalb ein bißchen kompliziert, weil dieses Gebiet (wieder einmal) praktisch gesperrt ist, vor allem für zivile Flugzeuge. Seit Jahren gibt es hier Auseinandersetzungen mit den Somalis, die dieses Land für sich beanspruchen.

Tony Dyer hat beschlossen, den Behörden einen Streich zu spielen: Der Flug ist offiziell von Nanjuki nach Marsabit gemeldet – auf der Höhe von Laisamis wollen wir uns buchstäblich »in Luft auflösen« und nach Osten zum Tana fliegen, und zwar so tief, daß kein Radar uns entdecken kann.

Um sechs Uhr morgens bin ich hellwach und erstaunlich frisch. Es ist noch stockdunkel, aber die Stimmen der Vögel sind schon zu hören. Ich stehe auf, gehe hinaus in den Hof, und vor meinen andächtigen Augen liegt der Mount Kenya in all seiner frühmorgendlichen Pracht. Hoffentlich klappt alles – es kann soviel schiefgehen!

Der Flugplatz von Nanjuki: eine kurze, asphaltierte Piste, ein, zwei verlassene Wellblechbaracken, der obligate Luftsack und rundherum Stille, Vogelgesang, flüsternder Wind, goldene Sonne.

Nach ein paar Minuten erscheint, von Norden kommend, lautlos das Flugzeug, senkt die Nase, setzt sanft auf und rollt uns entgegen. Nachdem der Propeller zum Stillstand gekommen ist, steigt Tony Dyer, unser Pilot, aus.

Blaues, offenes Hemd, alte Khakihose, ein uralter, handgestrickter Pullover, auf dem Kopf ein großer weicher Filzhut. Ein kluges, sehr gelassenes Gesicht, kurzgeschnittenes graues Haar und durchdringende knallblaue Augen – spontan habe ich das Gefühl, bei ihm gut aufgehoben zu sein.

Wir gehen noch einmal, an Johns Autokühler gelehnt, die Route auf der Karte durch. Wenn alles nach Plan geht, wird der Flug vier bis fünf Stunden dauern.

Wir klettern ins Flugzeug, schnallen uns fest, rollen auf die Piste, und in ein paar Minuten verwandelt sich die Erde unter uns in ein Mosaik aus Hütten und blinkenden Blechdächern. Man sieht Rauch aufsteigen, kleine Felder in tiefem Schokoladebraun liegen unter uns. Die Stadt Nanjuki gleitet im Westen vorbei, dann Bäume, grasendes Vieh, tiefe Einschnitte, kleine Wasserstellen, die wie Saphire leuchten, und bald rote Bergkegel und riesige trockene Flußbetten in abenteuerlichen Windungen. Plötzlich taucht der Guaso Njiro, hier noch ein imponierender brauner Fluß, begleitet von giftgrüner Vegetation, unter uns auf und verschwindet ebenso schnell.

Es ist empfindlich kalt im Flugzeug, denn wir fliegen jetzt ziemlich hoch. Ein eiskalter Hauch durch Tür und Fenster macht mich erschauern. Ich wickle meine nackten Beine in Johns Wollweste und stopfe eine Safariweste zwischen die Türe und mich – so ist es besser.
Im Nordwesten taucht Laisamis auf, von hier oben ein Haufen unregelmäßig angeordneter Blechdächer, die im Sonnenlicht matt schimmern.
Eine sanfte Wendung nach Osten – wir befinden uns jetzt sozusagen im Niemandsland.
Wir verlieren an Höhe. Gary macht auf seiner Seite die Türe auf, um photographieren zu können. Warme Luft strömt herein – das Abenteuer kann beginnen!
Ich kann nicht sagen, daß mir die alte Maschine vom Typ »Beaver« das Gefühl der Schwerelosigkeit, des Schwebens gibt; dazu ist ihre Stimme zu laut, sind ihre Bewegungen zu plump. Doch sie vermittelt, der Hand ihres Piloten wie ein gehorsames altes Pferd gehorchend, ein Gefühl großer Sicherheit.
Gestern nacht habe ich geträumt, daß ich mit ausgebreiteten Armen (an denen Flügel gewachsen waren) hoch hinaufgestiegen bin, schneller und immer schneller. Ich hatte die Augen fest zugepreßt und nicht gewagt hinunterzuschauen, hatte nur das Rauschen des Windes um mich gehört. Endlich hatte ich die Augen geöffnet und unter mir die Erde in all ihrer Pracht gesehen. Aber es war die Erde Afrikas, und um mich waren Vögel, die mich neugierig umkreisten. Ein lautloser Schrei hatte sich aus mir gelöst, ein Schrei unbändiger Freude, daß wir Erdgebundenen hier oben schweben durften.
Die zwei alten Herren vor mir im Cockpit verstehen sich prächtig. Sie schreien einander in die mit Kegelchen verstopften Ohren, deuten auf die Karte, nicken einander zu und drücken einander wechselseitig das Steuer in die Hände.
Gary schaut starr auf den näher kommenden Boden, der sich uns braun und nackt darbietet.
Rote Felsen tauchen auf, ein paar spärliche Akazien, Bergkegel wie in einer Urlandschaft. Ein Flußbett, trocken wie Asche, verliert sich in zahlreichen Krümmungen in der Ferne, begleitet von einem grünen Saum.
Mich befällt plötzlich ein heftiges Gefühl der Ratlosigkeit, denn ich kann mir nicht vorstellen, daß mein Vater sich da unten fortbewegt haben soll. Wir fliegen seit einer halben Stunde auf einer Strecke, zu der er Tage gebraucht hat. Wir sitzen behaglich auf relativ weichen Sitzen und blicken in die Tiefe, während er da unten wieder einmal ums Überleben kämpfen mußte. In mir steigt der Wunsch auf, auf dem Boden zu sein, seine Mühen mit ihm teilen zu können – dann umhüllt mich wieder das herrliche Gefühl des Fliegens, die Faszination, Boden, Menschen, Tiere und Vegetation einmal aus der Vogelperspektive beobachten zu können.

Eine kleine Wendung nach Nordosten, Tony taucht tief hinunter, und wir rasen über eine völlig trockene Wasserstelle. Es gibt keine Anzeichen irgendeines Lebewesens. Die Hitze hat der Erde tiefe Risse zugefügt.
Ein Hochplateau liegt unter uns, dann ein weites Tal, von tafelförmigen Bergen umgeben. Das Gras ist grau, und Tierspuren überziehen die Erde wie ein feines Netz. Kleine, spitze Pyramiden, die Schatten werfen, vermitteln zuerst den Eindruck von Grabstellen – aber dann erkenne ich, daß es sich um Termitenhügel handelt, Kunstwerke von Insekten, die sterben müssen, wenn die Sonne ihre Körper berührt.
Mit einemmal verwandelt sich die Welt unter uns. Der Boden ist von einem Teppich dichten grünen Grases bedeckt, und ich wundere mich, daß keine Tiere, ob wild oder zahm, zu sehen sind. Aber da sind sie schon: Eine kleine Herde Oryxantilopen läuft um ihr Leben, Grantgazellen und ein einsamer Straußenvogel, dem der Luftstrom des Flugzeuges die zarten schwarzweißen Federn durcheinanderwirbelt. Zebras tauchen auf und noch mehr Strauße, dann endlich einzelne Hütten, Schafe, Ziegen, winkende Menschen, so groß wie Däumlinge.
Wieder trockene Steppe. Linker Hand liegt ein endloses, flaches, in einem Steilabfall endendes Plateau, das Merti-Plateau.
Und schon ändert sich die Landschaft abermals: hohe Bäume, immer mehr und mehr, ein Wasserloch, das von Tieren umlagert ist, winzige Maisfelder.
Herrliches grünes, mannshohes »Elefantengras« bewegt sich leise im Wind und wird von unserem Sog heftig durchgeschüttelt. Unzählige Bäche durchfließen das Gras. Hellrosa Blüten in Millionenzahl über dem Grün – sie geben dem Gras einen rosa Schimmer. Schilf in allen Schattierungen von Blaßgelb bis Ocker wächst unter uns, aber kein Lebewesen ist zu sehen.
»Und wo ist der Guaso Njiro?« rufe ich dem Piloten im Cockpit zu.
»Das ist der Guaso Njiro!« ruft er zurück. »Oder das, was von ihm übriggeblieben ist.«
Hier verliert er sich, wird aufgesogen und versickert schließlich in der Steppe.
Unter uns ist eine Militärstation aufgetaucht. Regelmäßig gebaute Wellblechhütten, ein größeres weißgetünchtes Gebäude, vor dem die kenianische Flagge weht. Hoffentlich fällt es ihnen nicht ein, aus Langeweile auf uns zu schießen, denn eigentlich haben wir hier nichts zu suchen.
Auf einem Baum sitzen an die dreißig Geier – irgendwo muß Aas liegen. Die Maschine macht plötzlich einen wilden Hüpfer, wir haben einen Geier nur um ein paar Meter verfehlt. Mir schießt durch den Kopf, daß eine solche Begegnung tödlich sein kann. Michael Grzimek ist auf diese Weise in der Serengeti abgestürzt.
Tote Landschaft unter uns – das waren einmal die berühmten Lorian-Sümpfe, das Eldorado aller Elefantenjäger ...

Eduard Graf Wickenburg: Aus einem Aufsatz »Jagden in Afrika«

Am Lorian gab es Massen von allen möglichen Wildgattungen, besonders fand ich am Ufer alles von Elephanten zertrampelt. Die Gegend dort ist vollkommen baumlos, der Sumpf liegt inmitten einer mit gelbem Gras bedeckten Ebene. Schon zeitlich am Morgen zog ich aus, um Elephanten zu suchen. Nicht weit vom Lager kam ich in den eigentlichen Sumpf. Bis an die Knie im Wasser watend, versuchte ich in das dichte Röhricht einzudringen. Ich geriet dabei in eine offene große Pfütze, in der sich unzählbares Sumpfgeflügel herumtrieb. Pelikane, Marabus, Reiher, große grünschillernde Wasserhühner, kleinere mit roten Schnäbeln und Füßen, schwarze Ibisse, Störche mit roten Köpfen, braune Kiebitze und ein Heer von kleineren Wasservögeln. Als ich mich näherte, erhoben sich alle diese Tiere wie eine Wolke... Am Wasser schwammen zwei Hippos ganz gemütlich herum, und ich störte sie dabei weiter nicht. Hingegen schoß ich eine vier Meter lange Schlange, die gegen mich herangeschwommen kam. Ein weiteres Vordringen im Sumpfe war unmöglich, ich lenkte daher meine Schritte wieder rückwärts und beschloß, den Sumpf von der Ostseite zu umgehen. Nachdem ich so eine Stunde durch das Röhricht gewandert war, entdeckte ich in der Ferne zwei Thiere, eigentlich nur ihre Rücken, und ich dachte, es seien Büffel. Der Wind war gut, und so kamen wir unbemerkt näher. Da merkte ich zu meiner Freude, daß es Elephanten waren, und noch dazu war einer davon ein riesiger Kerl. Das Terrain des Anpirschens war sehr ungünstig, sogar gefährlich, da man sich im Falle einer Attaque nirgends retten konnte. Das Röhricht war nämlich gerade so hoch, um einen am Fortkommen zu hindern, bot aber keine Deckung. Zudem mußte man im Sumpf knietief waten, oft durch metertiefe Löcher, die von den Elephantenfüßen ausgetreten waren. Man war daher ganz unbeweglich. Ich benützte sozusagen jeden höheren Schilfhalm, um mich mit gutem Winde anzupirschen. So kam ich bis auf dreißig Schritte an diese Riesen.

Auf Elephantenjagd ist es immer das beste, möglichst nahe heranzukommen, damit gleich der erste Schuß den Dickhäuter unschädlich macht. Ein Schuß aus dem Mannlicher mit Stahlmantelgeschoß hinters Blatt, und der Riese drehte sich im Kreis herum. Schwer angeschossen zog er dann ganz langsam weiter. Nun bekam er noch die restlichen Kugeln des ganzen Magazins. Rasch schob ich ein neues Magazin in den Stutzen und lief ihm nach durch Sumpf und Rohr. Er ging aber nicht mehr weit. Dann blieb er stehen und wandte sich gegen mich, es sah aus, als wollte er mich annehmen. Doch blieb er regungslos stehen, offenbar war er schon im Verenden. Ich ging nun noch näher heran und gab ihm mehrere Fangschüsse mit dem O-Bore (schwerkalibriges Gewehr, das für Elephanten verwendet wird). Endlich, unter furchtbarem Gekrach des Röhrichts, stürzte er zusammen und fiel verendet auf die Seite. Die ganze Zeit, während ich auf den Elephanten geschossen hatte, saßen zwei kleine weiße Vögel, offenbar Madenhak-

ker, auf seinem Rücken. Sie flogen erst weg, als er umfiel. Als ich vor dem verendeten Elephanten stand, sah ich erst, welch Ungeheuer dieses Thier war, mit zwei mächtigen Hauern. Ich kletterte hierauf auf seinen riesigen Leib und hielt von dort Umschau, wie von einem Hochstand. Da sah ich in der Ferne überall Elephanten im Röhricht stehen. Es bot sich mir ein wahrhaft großartiges Schauspiel dar, wie es wohl selbst Afrikajägern nur äußerst selten vergönnt ist. In einem Halbkreis um mich herum standen Gruppen von zehn, zwanzig, dreißig und fünfzig Elephanten, die nächsten kaum mehr als zweihundert Schritt entfernt, die weitesten auf fünf- bis sechshundert Schritt. Die mir nächste Gruppe bestand aus acht wahren Ungeheuern mit langen Stoßzähnen. Unter diesen Riesen überragte wieder einer alle anderen. Es stand etwas abseits von ihnen. Unter den anderen Dickhäutern waren alle Größen vertreten, vom ganz kleinen Baby angefangen, das wohl erst vor nicht langer Zeit das Licht der Welt erblickt hatte, bis zu den erwähnten Ungeheuern. Wie mächtige graue Felsblöcke standen die meisten regungslos da, andere bewegten sich bedächtig durch das Röhricht.
Die Kleinen aber hielten sich knapp an ihre Mütter. Ich glaube, durch zwei Stunden lang beobachtete ich dieses seltene Schauspiel, denn ich hätte nie geglaubt, daß heute noch auf einem Fleck so viele Elephanten beisammen sein können. Es ist mir eigentlich auch leid, dieses so friedliche Bild zu zerstören und den Tod unter diese ehrwürdigen Geschöpfe zu säen. Wie ein uraltes Gebäude aus längstvergangenen Zeiten erschienen sie mir, und fast kam ich mir als Frevler vor, wenn ich dieses zerstöre. Jeden wahren Naturfreund muß ja der Gedanke mit Ehrfurcht erfüllen, daß die Vorfahren dieser Geschöpfe lange vor dem Menschen auf Erden wandelten. Nach und nach entfernten sich die einzelnen Gruppen immer mehr und mehr von meinem Standplatze, und nur noch die acht Riesen blieben zurück. Die Sonne neigte sich allmählich dem Horizonte zu.

Unter uns liegt Habaswein, ein Siedlung, die aus ein paar Hütten und einer Landepiste besteht. Wir drehen scharf nach Süden, dem Tana River entgegen. Wie mir Kenner dieses Gebietes nach unserem Flug erzählen, ist das Land ab Habaswein mehr oder weniger unter somalischer Kontrolle. In den sechziger Jahren sind hier Tausende von Elefanten (man spricht von achtzehntausend) gewildert und in der Folge ausgerottet worden. Auch das andere Wild wurde auf ein Minimum dezimiert. Siedlungen wurden überfallen, die Bewohner entweder getötet oder vertrieben und all ihrer Habe beraubt.
Das Gebiet um Habaswein bis hinauf nach Laisamis ist so unsicher geworden, daß es trotz günstiger Lebens- und Weidebedingungen fast menschenleer ist. Kaum ein Mensch wagt es, sich dort anzusiedeln, nur ein paar Verwegene, die es riskieren, ihr Vieh, ihre Kamele und ihr Leben zu verlieren.
Das Militär hat sich diese Situation zunutze gemacht und dort eine Luftwaffenbasis errichtet, an der Granaten und Raketen erprobt werden.

Der Himmel ist inzwischen grau geworden, die Wolken liegen tief. Ein rüttelnder Wind macht den Flug unruhig und das Photographieren schwierig. Ab und zu klatschen ein paar Regentropfen auf die Windschutzscheibe. Wir überfliegen ein weites, trockenes Flußbett. Unter uns wird es lebendig. Gruppen von Kamelen, Rindern und Kleintieren stehen im Sand, Menschen graben tiefe Löcher, um Wasser zu gewinnen – das war wohl Papas letzte Wasserstelle vor dem Tana River.

Die Landschaft, die jetzt folgt, muß alle Schrecken des Verdurstens verheißen haben. Kein Baum, kein Strauch, nur ein Mosaik von grauen, fahlgelben und bläulichen Grasbüscheln, rote Erde, keine Tierspuren auf dem Boden.

Plötzlich ein in vielen Äderchen verlaufendes Flußbett, knochenweiß, nach Süden weisend; weiße Sandhügel und am Horizont der dunkle Leib einer dikken trägen Schlange: der Flußlauf des Tana. Noch ein paar Minuten, und wir sind dort. Da fließt er unter uns, breit und braun, mit Hunderten von kleinen Stromschnellen, Hunderten von kleinen Inseln, auf denen hohe Bäume wachsen, Sandbänken, auf denen riesige Krokodile – deutlich auszumachen – sich aalen, Buchten, in denen Rinder und Kamele getränkt werden, Menschen, die zum Flugzeug hinaufwinken.

Wir verfolgen den Lauf des Tana River noch ein Stückchen nach Süden, drehen eine Ehrenrunde für Eduard Wickenburg, und dann geht es nordwestwärts – unserem Ausgangspunkt entgegen.

African Queen

Eduard Graf Wickenburg: Aus einem Vortrag über seine Reise »Von Dschibuti bis Lamu«

Von den dort wohnenden Eingeborenen, den Wapokomo, einem freundlichen Negerstamm, kaufte ich eine Anzahl von Kanoes, die aus einem ausgehöhlten Baumstamm bestanden. In diesen beschloß ich mit einem Teile meiner Leute und dem Gepäck bis an das Meer zu fahren, während ich die übriggebliebenen Kamele und den Rest der Leute am Ufer nach der Küste marschieren ließ. Acht Tage und ebenso viele Nächte ruderten wir unaufhaltsam den Tana hinab. Ich ließ nur zweimal des Tages etwa eine Stunde landen, um abzukochen. So legten wir in dieser ganz unglaublich kurzen Zeit die zweihundert Kilometer, die uns vom Meere trennten, zurück und erreichten die Küstenstadt Kipini. Am folgenden Tag fuhr ich in einer arabischen Dhow nach Lamu ...

Im Jahre 1987 bietet sich mir während eines Aufenthaltes in Mombasa die Gelegenheit, den unteren Lauf des Tana River mit einem Boot zu erforschen. Und nicht nur das: Ich soll auch Kipini, den Ort, wo mein Vater mit seiner »Einbaumflotte« das Meer erreicht hatte, und Lamu, von wo er seine nächste Expedition startete, kennenlernen.
Mit meiner Freundin Lindi und deren Tochter Sandra, die über die gebotene Abwechslung entzückt zu sein scheint, starte ich von Mombasa nach Malindi, wo das Ehepaar Retief Safaris den Tana River hinunter organisiert. In einem Boot, das sie »African Queen« nennen – ein vielversprechender Name!
In Malindi sollen wir mit den Retiefs und ihrem Partner Terry O'Meara zusammentreffen. Und ich merke mit großem Amüsement, daß sie drei uralte Damen in all ihrer Gebrechlichkeit erwartet haben und nun höchst verblüfft sind. Ich hatte ihnen beim Aushandeln der Safari gesagt, daß mein Vater im Jahr 1901 den Tana River hinuntergefahren war. Sie hatten pflichtschuldigst all die Mühsale aufgezählt: stechende Hitze am Fluß, Unmengen von Moskitos, gewisse Unbequemlichkeiten im Camp, eine unsichere Situation mit den Somalibanden, die dort ihr Unwesen treiben. Als sie uns sehen, sind sie sichtbar erleichtert. Wahrscheinlich haben sie erwartet, uns aufs Boot tragen zu müssen!

Die Fahrt in Richtung Garsen ist heiß, holprig und eintönig. Wir sind in einem großen Geländewagen mit viel Gepäck, Proviant und fünf Afrikanern, die auf dem Boot und im Camp helfen sollen, unterwegs. Ich sitze vorne neben Terry, der mit großem Geschick den Wagen von einer Seite der Straße zur anderen lenkt, um nicht in zu viele Schlaglöcher zu fallen. Lindi und Sandra sitzen hinter uns und ganz hinten die »Boys« (ein Ausdruck für Safarihelfer, der zwar in Europa einen unangenehmen Beiklang hat, aber in Ermangelung eines besseren immer noch – und keineswegs in abfälliger Weise – gebraucht wird). Das monotone Geräusch des Wagens, die Hitze, das unterdrückte Reden und Lachen der Boys hinten im Wagen machen mich so müde, daß ich fest einschlafe – dabei hat man mir gesagt, daß die Somalis auf dieser Strecke sogar öffentliche Verkehrsmittel beschießen! Als wir zum Fluß abbiegen, sind alle erleichtert.

Da liegt sie nun, die »African Queen«, ein uraltes Boot, geflickt und ausgebessert, nicht sehr sauber, mit ein paar Klappstühlen unter einem hölzernen Sonnendach. Eine riesige Gruppe von Kindern und Dorfbewohnern beobachtet, wie das Gepäck und der Proviant verladen werden und wir abfahren.

Kaum sind wir in der Mitte des Flusses, tut sich für uns eine neue Welt auf. Das Wasser ist schokoladebraun und die Strömung ziemlich stark. Die Ufer sind von einem so leuchtenden Grün, wie man es nur in Afrika sieht. Unzählige Wasservögel fliegen an den Ufern entlang, und wenn wir um eine der Windungen des Flusses biegen, gleiten Krokodile von heißen Sandbänken in die Flut – dann kann man ihre häßlichen Augen und die Nasenlöcher aus dem Wasser herausragen sehen; eine kleine Bugwelle verrät ihre Anwesenheit. Sie sind sehr scheu, denn sie werden, wie Terry erzählt, in der Nacht am Ufer gejagt.

Terry hat die Klappstühle auf das Dach gestellt, wir klettern hinauf und thronen nun viel höher, viel luftiger, mit einem herrlichen Blick auf die Ufer. Bei engen Windungen des Flusses geraten die Stühle in sanftes Rutschen, und die Aussicht, im Fluß zu landen, ist nicht wirklich einladend – aber bald gewöhnen wir uns an die Bewegungen des Bootes.

Die Stimmungen an den Ufern wechseln ständig. Da tauchen die hohen, hutartigen Hütten der Orma auf, Rinder stehen am Ufer, und hochgewachsene Frauen in bunten Kangas waschen Wäsche oder schöpfen Wasser. Die Orma sind Oromo und sollen der letzte Rest jener legendären Wardai sein, deren Gräber ich am Rand der Chalbi-Desert bewundert habe. An den Ufern liegen Einbäume, formschön und herrlich in das Landschaftsbild passend.

Sind die Orma am linken Ufer des Tana zu sehen, so können wir am rechten Ufer Bekanntschaft mit den Pokomo machen, jenem Stamm, von dem mein Vater Einbäume gekauft hatte, um den Fluß hinunter an die Küste zu rudern. Die Pokomo sind Bantu, sehr dunkel, sehr fröhlich und in diesen Regionen

vom Fremdenverkehr noch unberührt. Ihre Siedlungen sind lange Straßendörfer mit runden Hütten und Schilfdächern; eine kunstvoll geflochtene Tür verschließt das Haus. Innen gibt es zwei Räume, die sauber und wohltuend kühl sind. Vor den Hütten stampfen Mädchen und Frauen wie in uralten Zeiten in hölzernen Mörsern und mit hölzernen Stößeln Gerste.
Gegen Nachmittag beginnt das Licht sanfter zu werden, die Farben werden intensiver. Wie Feuerfunken gleiten Rote Bienenfresser über das Wasser, der kleine grauweiß gestreifte Eisvogel gaukelt am Ufer entlang und verschwindet in einer der Höhlen in den Böschungen. Plötzlich ein lauter Knall – dann Stille –, der Motor ist abgestorben! Terry zieht sich das Hemd aus und springt ins Wasser, um zu sehen, was los ist – ich denke an die vielen Krokodile. Der Propeller ist ab, wir haben unter Wasser einen Baumstamm gerammt. Aber wir führen ein zweites, allerdings viel kleineres Boot, das den Proviant geladen hat, mit uns. Von diesem Boot lassen wir uns nun den Fluß hinunterziehen, was gar nicht so einfach ist, denn es herrscht immer noch starke Strömung, und Kisungu, der Bootsmann des kleinen Bootes, muß sich erst mit seiner neuen Aufgabe vertraut machen. Oft bewegen wir uns in wildem Zickzack durch das Wasser; einige Male stoßen wir sogar ans Ufer. Besonders schwierig ist es, den immer enger werdenden Windungen zu folgen. Das Ufer und der Fluß werden im Abendlicht immer schöner, grüngolden, geheimnisvoll. Es beginnt zu dämmern, aber es wird nicht dunkel, denn der Mond zieht herauf, und sein starkes Licht verwandelt alles in eine Zauberlandschaft. Die Ufer sind nur mehr undeutliche Silhouetten. Große Bäume, schlanke Palmen gleiten vorbei, Nachtvögel rufen, und der Schlamm am Ufer – es ist Ebbe – glitzert wie gelackt, wenn die silbernen Wellen des Bootes ihn berühren. Plötzlich weiten sich die Ufer, es tauchen hohe, schneeweiße Dünen auf, ein Feuer brennt im Busch, Lichter nähern sich – wir sind im Camp angekommen.
Aussteigen auf einen hohen, aus dünnen Ästen kunstvoll geflochtenen Steg, die Boys aus dem Camp nehmen das Gepäck. Wir gehen durch dichten Busch bergauf, dem Feuer entgegen. Zelte tauchen aus der Dunkelheit, vor jedem steht eine Petroleumlampe, es gibt Dusche und Klo-Zelt und ein großes Messe-Zelt, in dem gegessen wird. Das ganze Camp ist unglaublich behaglich, die Inneneinrichtung der Zelte ideal: zwei Betten, dazwischen ein Tisch mit Wasserthermos, Taschenlampe, Klopapier, Insektenspray, draußen Waschtische und Eimer, Seife, Handspiegel, Handtücher, Klappsessel. Wir stürzen uns unter die Dusche, die herrlich warmes Wasser enthält, ziehen uns frische Kleider an und gehen zum Feuer, wo Drinks auf uns warten. Dann kommt Paolo, der mit am Boot war, und meldet, daß das Essen bereit ist. Es gibt Suppe, dann Fisch in Kokosmilch gedünstet, Kartoffeln und Gemüse, Obstsalat, Wein und Wasser. Als wir fertig sind, ist es fast Mitternacht, und erst jetzt merken wir, wie müde wir sind.

Es gibt nichts Schöneres, als nach langer Zeit wieder im Zelt oder unter freiem Himmel zu kampieren! Man richtet sich gemütlich ein, stellt seine Utensilien auf, packt die Kleider aus.
In den Zeltwänden sind Fenster angebracht, die mit einem dichten Netz gegen Mücken versehen sind. Die Lampe soll die ganze Nacht vor dem Zelt brennen, so rät es uns Terry. Die Nacht im Zelt ist gemütlich, man fühlt sich geschützt, aber doch nicht so ganz, man hört alle Geräusche fast überlaut in der Stille. Fledermäuse oder Nachtvögel flattern um die Lampen und werfen bizarre Schatten auf die Zeltwände. Man schläft leicht, wacht auf, schläft dann gleich wieder ein. Ab und zu steigt ein wenig Sorge wegen der Somalibanden auf, doch das Camp liegt sehr versteckt und ist eigentlich nur vom Fluß her zu erreichen.
Wenn der Morgen naht, sieht man allmählich Konturen gegen den heller werdenden Himmel, dann hört man die ersten Stimmen der Vögel vom Fluß – meist ist es der »Heilige Ibis«, der mit lauter, rauher Stimme den Tag ankündigt, dann tönen aus dem Busch vielerlei Vogelstimmen in allen Variationen, und weit entfernt, vom Morgenwind verweht, das Lied meines Lieblingsvogels mit der traurigen Stimme: »Sine Mama, sine Baba naka peki jangu, tu, tu, tu, tu, tu ...«
Ich stehe auf, binde meinen Kanga um und gehe auf Entdeckungsreise. Von irgendwoher rauscht leise, aber unüberhörbar das Meer – das Geräusch verschmilzt mit den Vogelstimmen. Auf einem schmalen Pfad gehe ich dem Meeresrauschen entgegen. Der Weg führt steil bergab, vorbei am Gerippe eines gerissenen Büffels. Im Tal stehen zwei uralte Palmen dicht nebeneinander und bilden ein dunkles Tor. Geht man hindurch und klettert im tiefen Sand einen Hang hinauf, wird es wieder hell, und man steht auf hohen Dünen, mit einem prachtvollen Blick auf das offene Meer. Soweit das Auge reicht schneeweißer, menschenleerer Strand.
Es ist Ebbe, und man muß weit bis zum Wasser gehen, aber die Wellen sind stark und lauwarm und umfangen mich wie eine Umarmung.
Am Horizont taucht Terry auf, der ebenfalls ein morgendliches Bad nimmt. Als ich zurückgehe, bemerke ich rosa Winden, deren dicke saftige Triebe den Sand entlanglaufen. Die offenen Kelche leuchten in der Morgensonne, oft sieht man nur die Blüten aus dem Sand hervorragen. Zarte, einzelne Farbpunkte in einer morgendlich strahlenden Landschaft. Schnell zurück zum Camp, duschen, und schon wartet auf uns ein Frühstück, das sich sehen lassen kann: Tee und Kaffee, Saft und frisches Obst, Porridge und Eier mit Speck, Toast und Butter und Marmelade!
Dann gehen wir hinunter zum Flußufer. Auf dem Weg sind im feuchten Sand die Spuren zweier Löwen auszumachen. Das große Boot wird gerade repariert, so steigen wir in das kleine und fahren flußaufwärts, am Ufer entlang.

Reiher in allen Farben und Größen, Störche und Stelzvögel stehen bewegungslos am Ufer. Aus den steilen Dünen stürzen plötzlich zwei riesige Krokodile herab, dicht hintereinander schlängeln sie sich in S-Linien zum Wasser und verschwinden mit einem Rauschen. Terry erklärt, daß sie hoch oben im Sand ihre Eier gelegt haben, die sie bewachen. Wenn die frischgeschlüpften Jungen zum Wasser wandern, werden sie von Adlern oder Wasservögeln stark dezimiert.
Störche und kleinere Vögel stehen mit offenen Schnäbeln am Ufer und verharren regungslos, bis die Wellen ihnen kleine Krebse, die zu Tausenden über den Schlamm huschen, in den Schlund spülen. In die Ufer führen geheimnisvolle Gänge und Tunnels mit tiefem glänzendem Schlamm – sie weisen landeinwärts und verschwinden im dunklen Grün überhängender Äste. Im Schlamm sind tiefe Schleifspuren und große runde Fußabdrücke der Krokodile, die hier an Land kriechen, zu sehen. Würde man in so einen Tunnel geraten, wäre er eine tödliche Falle.
Mittagessen im Camp unter einem schattigen Baum. Die Hitze ist groß, und es herrscht atemlose Stille, die nur vom schrillen, aggressiven Summen der Fliegen unterbrochen wird. Siesta und ein Gang zum Meer, das sein Gesicht vollkommen verändert hat. Jetzt gibt es Flut; das Wasser ist viel näher gekommen, der Strand von einem feinen Dunstschleier umhüllt. Die Schatten zeichnen sich grell auf den hellen Sanddünen ab, und der Wind bläst Fahnen von feinen Sandkörnern, die wie Schleier um die Dünen wehen, den Hang hinauf. Die rosa Blüten sind verschwunden – sie warten auf die Feuchtigkeit der Nacht und den Kuß der Morgensonnenstrahlen, die sie zu neuem Leben erwecken werden. Am Strand liegen Muscheln und feine Scheiben, wie aus dünnem Ton, die in der Mitte eine zarte Blume gezeichnet haben – das Skelett des Seeigels. Wunder über Wunder.
Eine Tasse Tee, eine abendliche Fahrt im Boot, bis die Dämmerung einfällt. Die Dünen grüßen im Mondlicht, das Feuer brennt neben dem alten Baobab, dem Affenbrotbaum, der durch seine breiten Hüften aussieht wie eine gemütliche Marktfrau. Schon turnt man mit Leichtigkeit auf dem dünnen Steg, schon kennt man den Weg durch das dichte Gebüsch. Waschen, umziehen, am Feuer sitzen, den Geräuschen lauschen und seinen Gedanken nachhängen. Wieder ist das Abendessen von ausgesuchter Qualität – und es ist merkwürdig, wie wir alle zurückeilen in den Schutz der Zelte, obwohl es noch nicht spät ist. Am nächsten Morgen wollen wir Kipini erreichen. Ich wache in der Dämmerung auf, höre die ersten zögernden Vogelstimmen vom Flußufer, und Schmerz steigt in mir hoch, dieses Paradies verlassen zu müssen. Während ich meine Tasche packe, wird es hell. Der Himmel hat die Farbe hellen Weines. Frühstück und Abschied von den Boys, die alle winken, bis wir um eine Flußbiegung verschwunden sind. Es ist, als wollten uns all die Tiere am Ufer eine

Abschiedsvorstellung geben. Auf den schlammigen Uferbänken stehen sie alle: Reiher und Storch und Strandläufer und Stelzvögel, und die kleinen bunten Vögel taumeln wie fliegende Blumen durch die Luft. Über uns vollführen drei Fischadler tolle Kunststücke, ziehen Kreise, baumen auf, stürzen sich plötzlich senkrecht ins Wasser – ein kurzes Aufklatschen, und sie erheben sich aus dem Fluß, einen Fisch in den Fängen. Nilpferde heben – fast wie im Kasperletheater – plötzlich ihre riesigen Köpfe aus dem Wasser; sie scheinen einen Frühstücksplausch zu halten und prusten genüßlich. Und siehe da, genau an derselben Stelle der steilen Böschung gleiten in rasender Eile zwei große grünlichgelbe Körper hinunter in den Fluß.

Wir fahren einen Nebenarm des Tana flußabwärts und biegen dann in den Hauptarm, der zum Meer führt. Hier sind die Ufer flacher, die Wasseroberfläche ist weiter und bedeckt von Uferpflanzen, die von der Strömung losgerissen und dann wieder an einer anderen Stelle an das Ufer geschwemmt werden. Sie haben Form und Farbe von saftigem jungem Salat.

Allmählich ändert sich die Landschaft. Riesige Bäume, deren Äste tief ins Wasser hängen, tauchen auf. Auf den Sandbänken stehen dichtgedrängt, wie eine kompakte Masse, Hunderte von White Faced Tree Ducks (Baumenten) mit ihren Clownsgesichtern, die sich, wenn man nur einmal in die Hände klatscht, wie eine dunkle Wolke in den Himmel schwingen und auf der nächsten Sandbank niederlassen. Die Ufer sind tiefgrün und geheimnisvoll. Als wir in einen schmalen Nebenarm einbiegen, müssen wir uns bücken, um unter der üppigen Vegetation durchgleiten zu können. Weiße durchsichtige Blütendolden liegen im dunklen Schlamm. Hinter der undurchdringlichen Mauer aus Bäumen und Sträuchern hört man Menschenstimmen, das Gackern von Hühnern, die Geräusche von Rindern und Schafen, metallisches Hämmern. Einbäume liegen halb hinaufgezogen im Schlamm, und ab und zu starren Kinderaugen durch das Dickicht. Frauen beladen einen Einbaum. Aber durch die dichte Wand von Blättern und Ranken, durch die grüngoldene Dämmerung klingt alles gedämpft und irgendwie unwirklich, sogar der Schrei des Affen, der hoch über uns auf einer schlanken, graziös zum Fluß gebogenen Palme sitzt. Er setzt ein und verstummt abrupt, als wir unter ihm vorübergleiten.

Wir manövrieren unser langes Boot vorsichtig unter einer aus dünnen Ästen kunstvoll geflochtenen Brücke durch und sind am Ziel unserer Bootsfahrt. Zwei der Boys springen ans Ufer und versinken sofort bis an die Hüften im Schlamm. Unter großem Gelächter der anderen arbeiten sie sich heraus und legen zwei Bretter ans Ufer, damit es uns nicht ebenfalls so ergeht. Über diese Bretter turnen wir nun vorsichtig und hieven unser Gepäck ins Trockene.

Die Sonne ist heiß und stechend, von einer aggressiven Hitze – hier fehlt der Windhauch vom Fluß. Jeder nimmt ein Gepäckstück und wandert los. Nach einem halben Kilometer Fußmarsch sehen wir, noch einmal so weit entfernt,

Terrys Auto im Schatten eines Baumes warten – die Reise nach Kipini, die per Boot noch viele Stunden gedauert hätte, soll in seinem Fahrzeug weitergehen.
Zuerst bewegen wir uns auf einem Pfad, der sich durch kurzes Gras und einzelne Bäume schlängelt. Aber bald verliert er sich in einem von vielen Tierspuren durchfurchten Morast. In den Tritten der Herdentiere steht giftiggelbes Wasser. Wenn man hineintritt (es gibt kein Ausweichen), sinkt man zuerst durch eine hellgraue, dann durch eine rabenschwarze Schicht – manchmal knöcheltief, manchmal bis zu den Waden, und wenn man in ein Loch tritt, bis zum Knie.
Terry ist weit vorausgeeilt, Lindi, Sandra und ich arbeiten uns verbissen durch den Schlamm, immer in der Angst, auszurutschen, den Boden zu verlieren und mitsamt unseren Taschen kopfüber im Sumpf zu landen. Wie ein Versprechen steht in respektabler Entfernung der große Baum auf trockenem Boden und unter ihm Terrys Auto. Als wir das rettende Ufer unter Lachen und Kreischen fast erreicht haben, pflanzt sich Terry seitlich auf, zückt sein Notizbuch und liest uns laut die noch fehlenden, noch nicht eingetragenen Vogelarten, die wir am Vormittag beobachten konnten, vor. In unserer Angst, lang hinzuschlagen und mit dem Gesicht im Morast zu landen, geht uns sein kleiner Scherz erst später auf. Denn er zitiert als Abschluß unserer Birdwatching-Liste: Black footed Austrian Lily Trotter ... Erst als wir auf festem Boden stehen, können wir darüber lachen!
Beim Auto stehen zwei große Eimer mit sauberem Wasser, das sich alsbald in eine dunkle Brühe verwandelt, nachdem wir unsere schwarzen Beine hineingetaucht haben.
Aufbruch in Richtung Kipini. Schön ist dieses Landschaft, wie ein Park. Riesige Bäume, saftiges Grün, Gras und dichte Hecken. Sandwege, auf denen sich Menschen in bunten Kleidern und mit Lasten auf dem Kopf bewegen.
Nach einer halbstündigen Fahrt sind wir in Kipini, und natürlich denke ich an meinen Vater. Hier also hat er nach all den Abenteuern und Gefahren seine Reise beendet.
Das Dorf wirkt gottverlassen. Eine große, grell bemalte Moschee, Strohhütten, ein winziger Markt. Kinder eilen herbei, als wir aussteigen. Wir fragen nach dem Weg zum Fluß, kurven durch die schmalen Straßen, überqueren ein Stück Niemandsland, das von Müll, alten Bootsteilen und Schlingpflanzen, die sie malerisch verdecken, übersät ist, erreichen den Fluß – welch ein unvergeßlicher Anblick! Braun und mächtig fließt der Tana zum Meer, sepiafarben ist der Strand und sepiafarben der Himmel, tief und wolkenverhangen.
Boote liegen am Strand, sie haben die Farbe des Himmels und uralte schöne Formen. Ein Boot ist gerade vom Fischfang heimgekehrt, und es herrscht lebhaftes Getriebe. Menschen wimmeln um das Boot, silberglänzende Fische werden entschuppt, am Himmel kreisen Fischadler, und Marabus stehen

wachsam und würdevoll und warten auf Abfälle. Frauen, quasi verschleiert und in bunte Gewänder gehüllt, laufen zum Strand. Als ich das Fischerboot photographieren will, erhebt sich großes Protestgeschrei.
Hier lebt der Stamm der Wajun. Es sind Jäger und Fischer, sehr dunkel, von den Bantu abstammend und von eindrucksvoller Wildheit.
Zurück zum Dorf, wo sich alles um uns schart. In einem Rudel dunkler Kinder steht ein weißer Junge mit hellbraunen Haaren und blauen Augen, die Kleidung ebenso zerfetzt wie die seiner Spielgenossen.
Am Rande des Ortes erheben sich zwei große Gebäude, die wie Fremdkörper wirken: Eines ähnelt einer Burg, ist total verfallen und wird als »Carl Peters Prison« bezeichnet, denn in dieser Gegend wurde von den Deutschen Carl Peters und den Brüdern Denhard der Traum einer deutschen Kolonie, die von Uganda bis zum Tana River und vom heutigen Tansania südlich reichen sollte, geträumt. Es bestand damals das sogenannte Witu-Protektorat, dessen Ausdehnung durch ein Abkommen, in dem England für all diese Gebiete zuständig erklärt wurde, hinfällig wurde. Das zweite Gebäude ist ein villenartiges Haus in kolonialem Stil. Große zertrümmerte Fenster, am Dachfirst wachsen Pflanzen und Blumen, Bäume strecken ihre Äste aus den Fenstern. Ein schön gedrechselter Treppenaufgang, leere Räume, die Reste eines Badezimmers, kniehoher Fledermauskot. Ein einzelner Türflügel schlägt rhythmisch im Wind. Vor dem Haus eine Terrasse und zwei alte Kanonen, die auf das Meer gerichtet sind. Von der Terrasse aus führt ein verwilderter Weg in Richtung Meer. Man hört keinen menschlichen Laut, nur Vogelstimmen, das Mekkern einer Ziege, das Zirpen von Grillen und das Flüstern von Blättern in den großen Bäumen, die um das Haus stehen. Das war einmal der Sitz der District Officers, als Kenia noch eine Kolonie war. Terry erzählt, daß Kipini wegen seines malariaverseuchten Klimas und wegen seiner Einsamkeit als Selbstmordposten galt. Nicht weit vom Haus finden wir drei Gräber im dichten Gestrüpp. Zwei sind mit schönen Steinkreuzen versehen, eines mit einem verfallenden Holzkreuz, dessen Inschrift nicht mehr zu entziffern ist. Auf den Steinkreuzen stehen englische Namen, Namen von englischen Städten, Geburtsdaten, Sterbedaten – keiner ist älter als achtundzwanzig Jahre geworden. Als ich an den Gräbern stehe, spreche ich ein kurzes Gebet. Wie lange mag es her sein, daß jemand ein Gebet für diese jungen Männer, die auszogen, um ein Weltreich zu erobern, gesprochen hat?
Das war Kipini. Anstatt jetzt auf eine Dhow zu steigen und wie mein Vater nach Lamu zu segeln (der Wind bläst um diese Jahreszeit in die andere Richtung, und wir hätten kreuzend eine lange und stürmische Fahrt gehabt), klettern wir in Terrys Wagen und fahren auf einer wunderschönen, kaum befahrenen Strecke zum Landeplatz der Fähre nach Lamu.
Welch ein Gegensatz! Nach einer doch höchst angenehmen Reise mit Terry

und seinen Begleitern ändert sich die Szene schlagartig. Als wir am Landeplatz – einer bei der herrschenden Ebbe turmhoch wirkenden Betonrampe – ankommen, steht auf ihr ein buntbemalter Autobus, der unzählige Menschen ausspuckt. Terry treibt zur Eile an, denn wir scheinen die Fähre nach Lamu gerade noch zu erreichen. Wir reißen unser Gepäck aus dem Wagen, laufen zur Rampe und prallen beim Anblick der Fähre zurück. Ein klappriger Kahn – unsere »African Queen« erscheint dagegen wie eine Luxusjacht –, der bis zum Rand mit einer brodelnden Menschenmenge gefüllt ist. Kaum sind wir auf Deck, mehr hineingestoßen von nachdrängenden Menschen als aus eigenem Zutun, setzt die Fähre unter großem Getöse und Geschrei ab. Terry und sein Gefolge stehen hoch über uns und winken, aber da wir, eingekeilt zwischen Säcken, Bündeln, Hühnerkäfigen und Menschen, kaum das Gleichgewicht halten können, ist ein Antwortwinken gar nicht möglich. Ich stehe mit einem Fuß auf einem losen Brett, der andere baumelt über einem tiefen Loch im Boden, auf dessen Grund schwarzes öliges Wasser hin und her schwappt. Lindi geht es nicht viel besser. Die Fähre ist für achtundachtzig Menschen zugelassen, mindestens dreihundert befinden sich an Bord. Mir fallen alle Greuelgeschichten über untergegangene Fähren ein. Auch das Dach ist dicht besetzt. In der Mitte sitzt ein junges Mädchen, das aus der dunklen Menge heraussticht. Sie ist blond und rosig und sieht aus wie ein Internatszögling aus dem neunzehnten Jahrhundert. Auf dem Kopf trägt sie einen hellen Strohhut mit rosa Band, an den Füßen Spangenschuhe und weiße Söckchen. Das Mädchen wird von zwei kräftigen schwarzen Armen umschlungen, lange sehnige Hände liegen über ihrer Brust. Dieses Bild habe ich doch irgendwo schon gesehen – und jetzt fällt es mir auch ein: Mirella Ricciardi, die berühmte Photographin, die in Kenia lebt, hat vor ein paar Jahren ein Buch über ihre Familie herausgebracht, auf dessen Titelbild ihre hellblonde Tochter an der Brust ihres Swahili-Geliebten lehnt ...

Das Aussteigen ist ein Abenteuer und fast lebensgefährlich – doch unser Gepäck wird von freundlichen Passanten ausgeladen. Da stehen wir am Kai und lassen die Atmosphäre auf uns einwirken. Weiße Arkadenhäuser, kühl wirkende Schilfdächer über den offenen Dachterrassen, ein buntes Getriebe. Ein Stadtbild von großer Faszination, fremd, lärmend, freundlich und ganz ohne Frauen! Um so verwegener und selbstsicherer wirken die Männer.

Natürlich haben sich schon beim Aussteigen Gruppen gebildet, die uns ihre Dienste anbieten. Charly macht das Rennen! Er ist laut und fröhlich, mit platter Nase und einem atemberaubenden Outfit. Doch wie sich herausstellt, hätten wir keinen angenehmeren Fremdenführer finden können.

Wir gehen auf Zimmersuche, denn das von Freunden angeratene Hotel Peponi erscheint uns zu touristisch. In Petleys Inn gibt es keine Zimmer, das wäre hübsch und in Hafennähe gelegen gewesen. Charly verhandelt jedoch mit dem Portier, und dieser bietet uns Zimmer in seinem eigenen Haus an. Wir gehen durch enge Gassen, in denen magere Katzen im Schatten liegen und alte Männer in Gruppen diskutierend auf Steinbrüstungen sitzen. Ein hohes Haus mit steilen Treppen und ein großes, völlig leeres Zimmer, dessen einziges Mobiliar aus einem Bett von zweifelhafter Reinlichkeit besteht – als wir mit den Achseln zucken, sagt der Portier entzückt: »Wahrscheinlich suchen Sie ein Haus mit antiker Einrichtung – so was hätte ich auch, nur ist es ein bißchen teurer!« Wieder die engen Gassen, die Katzen, die alten Männer und die hohen Stiegen. Eine Terrasse mit herrlichem Blick auf das Meer, ein Zimmer »ganz antik« – ein großes Bett mit Kissen und Decken in wahrhaft unbestimmbarer Farbe – noch dazu ein exorbitanter Preis. Als wir die Treppen wieder hinuntersteigen, bemerken wir auf dem Treppenabsatz einen handgeschriebenen Hinweis: »Es wird gebeten, im Treppenhaus nicht Marihuana zu rauchen.«

Jetzt hat Charly eine neue Idee: »Wir gehen ins Marush – Sie werden sehen, das gefällt Ihnen sicher.« Das Hotel liegt am Ende der Hauptstraße von Lamu, der »Usita Wa Mui«. Hier gibt es drei Kategorien: Die erste Klasse hat eigenes Klo und Waschmöglichkeit, in der zweiten Klasse wohnt man unter Umständen mit Fremden zusammen, die dritte Klasse wagen wir nicht mehr anzuschauen ...

Wieder sind steile Treppen zu steigen. Unter dem Dach befindet sich ein kleines Zimmer mit annehmbaren Bad und Toilette, das wir sofort beziehen. Wir lassen noch ein drittes Bett bringen, ein Wunsch, dem bereitwillig Folge geleistet wird. Nach einer wahren Waschorgie, in der die letzten Reste unseres Sumpfspazierganges beseitigt werden, machen wir, schon ungeduldig von Charly, in neuen atemberaubenden Gewändern, erwartet, einen Stadtbummel. Moscheen, Markt, Museum, das alte Fort, und plötzlich merken wir, wie müde wir sind und welch tobenden Hunger wir haben. Wir landen in einem Restaurant am Hafen mit einer kleinen Veranda, die von zwei dicken weißen Säulen flankiert ist. Es erscheint ein freundlicher Wirt und nimmt unsere Bestellung entgegen. Über uns zwitschern Schwalben, die auf der Veranda ihre Nester haben. Es gibt Tee und herrlich frische Säfte sowie frisch gebackene Pfannkuchen mit Mangofüllung. Touristen wandern vorbei und stehen in ihrer Kleidung in merkwürdigem und recht unvorteilhaftem Gegensatz zu den Einheimischen. Diese sind bunt, voller Phantasie, Neues mit Altem verbindend gekleidet – die Männer von Lamu wirken, wenn sie vorüberschlendern, wie eine Kreuzung von Sindbad dem Seefahrer und Othello.

Als wir aufstehen, ist die Nacht hereingebrochen, aber in der Usita Wa Mui sind die höhlenartigen Läden einladend geöffnet und beleuchtet. Plötzlich sieht man eine Menge Frauen, die in plumpe Gewänder, die nur die Augen freilassen, gehüllt sind. Aber welch eine Koketterie im Gang, in den blitzen-

den dunken Augen! Gelächter, leises Kichern und auch lautes Feilschen in den engen Straßen.
Lindi hat uns feierlich zum Abendessen eingeladen – das Dachrestaurant im Marush hat vielversprechend ausgesehen. Es ist fast leer und von bunten Glühbirnen so spärlich beleuchtet, daß man die Speisekarte nicht entziffern kann. Aber der Kellner erklärt uns, daß es drei verschieden zubereitete Arten von Hummer gibt, die er alle empfehlen kann. Karim Ratan, der Rezeptionist, taucht aus dem Dunkel auf, setzt sich gemütlich an unseren Tisch, berät uns bei Speise und Trank und stellt uns feierlich den Koch des Hauses vor. Es kommt ein Essen, das exquisit schmeckt und äußerst preiswert ist – dazu Säfte, denn im Marush wird kein Alkohol ausgeschenkt.
Karim Ratan – er ist Ismaelit – erzählt uns von seinem Oberhaupt, dem Aga Khan, von seiner Familie, die nach Amerika und England ausgewandert ist, sowie vom wachsenden Einfluß der iranischen Fundamentalisten auf der Insel. Sie bauen mit unglaublichem Aufwand Spitäler, Moscheen und vor allem Schulen, wobei die dazugehörigen Lehrer gleich mitgeliefert werden.
Todmüde sinken wir in unsere eng beieinander stehenden Betten, öffnen Fenster und Jalousien, weil es drückend heiß ist, und gehen das Risiko ein, von Moskitos gestochen zu werden. Der Lärm von den Straßen und Innenhöfen dringt noch bis hier herauf, man hört Frauenstimmen, Kinderweinen, fernes Hundegebell, Küchengeräusche. Dann wird es stiller und endlich still, und plötzlich hört man ganz nah die lockende Stimme einer Katzenmutter und bald darauf die hauchzarten Antwortschreie ihrer Jungen – sie muß nahe am Fenster, unter dem ich liege, ihr Nest haben.
Am Morgen schlendere ich durch die Gassen und kann mich nicht satt sehen an herrlichen geschnitzten Türen, an den Formen der gemauerten Fenster und Nischen, an Möbeln, die nach jahrhundertealten Vorlagen aus kostbaren Hölzern wie Zeder und Mahagoni gefertigt werden. In den engen Gassen ist es schattig – sie sind mit Absicht so schmal und schluchtartig von hohen Häusern umgeben, daß nie die Sonne eindringt und es immer kühl ist. Entlang den Gassen laufen Kanäle, die, wenn die große Regenzeit kommt, allen Schmutz und Unrat in einer einzigen großen Welle ins Meer spülen. In den Straßen sieht man Karren, die von Menschen geschoben werden, für Autos ist hier kein Platz. Sie bewegen sich mit unglaublicher Geschwindigkeit und künden ihr Kommen durch lautes Rufen an. Fast gibt es eine Kollision zwischen schwer mit Säcken beladenen Eseln und einem Karren, auf dem frisch geschlachtete Ziegen und Kälber liegen. Ihre toten Augen starren zum Himmel.
Die Kinder von Lamu umgibt eine bezaubernde Aura von Würde und Wichtigkeit. Die Knaben tragen bodenlange Kaftane und weiße, kunstvoll gestickte Käppchen, unter denen große Augen hochmütig hervorschauen. Die kleinen Mädchen sind von Kopf bis Fuß verhüllt. Ich begegne zweien – sie sind höch-

stens sechs Jahre alt –, ganz in Rosa wie erwachsene Frauen gekleidet. Nur ihre lachenden Augen sind zu sehen, Augen, die jetzt schon weise blicken. Lamu besteht seit dem dreizehnten Jahrhundert, die Stadt wurde von königlichen Flüchtlingen aus den Kalifaten Persiens und Arabiens gegründet. Doch Lamu, das zwar architektonisch arabisch wirkt und wo der islamische Glauben sehr wichtig genommen wird, ist in seiner Heiterkeit afrikanisch, wie es afrikanischer nicht sein kann. Swahili ist die Sprache seiner Einwohner, und Swahili ist ihre alte Kultur – ihre Gedichte, ihre Lebensweise, ihre Musik. Charly erscheint, als wir uns im Hotel versammeln, und schleppt das Gepäck zum Kai. Als wir in das Fährboot klettern, müssen wir durch eine Dhow, die der Fähre vorgelagert ist und deren Ladung gerade gelöscht wird. Wie in alten Zeiten schleppen schweißbedeckte dunkle Gestalten riesige Lasten auf ihren Rücken aus der höhlenartigen Dunkelheit des Bootsleibes – es riecht nach allen Gewürzen Arabiens.

Mühsam ergattern wir einen Platz zum Stehen – wenigstens für das Standbein. Als die Fähre am Kai vorüberzieht, steht Charly in seiner phantastischen Kleidung am Ufer und winkt mit beiden Händen, bis seine Gestalt – bunt wie die Bienenfresser am Tana River – im Gewimmel der Menschen verschwindet.

Aus einem Brief des Missionars Pieper an die Missionsanstalt in Neukirchen

Lamu, am 15. November 1902

Ich höre jetzt noch etwas über die Wakorendile von dem österreichischen Grafen Wickenburg, der kürzlich von dort an den Tana und nach hier herunterkam . . . Dies war des Grafen dritte Reise durch Afrika. Er hat die ganze Welt bereist. Er ging von Djibuti aus nach der Hauptstadt in Abessinien, bekam Erlaubnis und reiste durch die Galläländer. Die abessinischen Soldaten sollen die Galla ganz unter haben und ihre Posten bis an die Somaligrenze haben. Er meint, die Abessinier seien längst in Lamu, wenn England nicht wäre. Der Graf will auch seine Route kartographisch festlegen. Ein zweitausend Meter hoher Berg soll für Europäer sehr gesund sein (im Norden der Wakorendile), aber die Menschen meiden ihn, er soll vulkanisch sein, aber ruhig. Der Graf will von hier wieder an den Tana, von dort quer hinüber zu den Wakamba und Massai an die Uganda-Bahn, dann nach dem Nil zu herauf nach Ägypten und nach Hause. Er reist als Sportsmann auf eigene Kosten.

Wir sitzen im Flugzeug in Richtung Malindi–Mombasa, und plötzlich kommt mir die Erkenntnis: Die Reise ist zu Ende! Zu Ende? Könnte ich es ertragen, Afrika, seine Menschen, seine grandiose Landschaft nicht wiederzusehen? Und wieder fällt mir der Satz meines Vaters ein, den er zu mir sagte, als ich noch ein Kind war: »Wenn du groß bist, Baby, dann mußt du nach Afrika. Und wenn du einmal dort warst, wirst du es immer vermissen.«

Blatt II.

GRAF EDUARD WICKENBURGS REISEROUTEN IN OST-AFRIKA 1901.

Maßstab 1:1000000

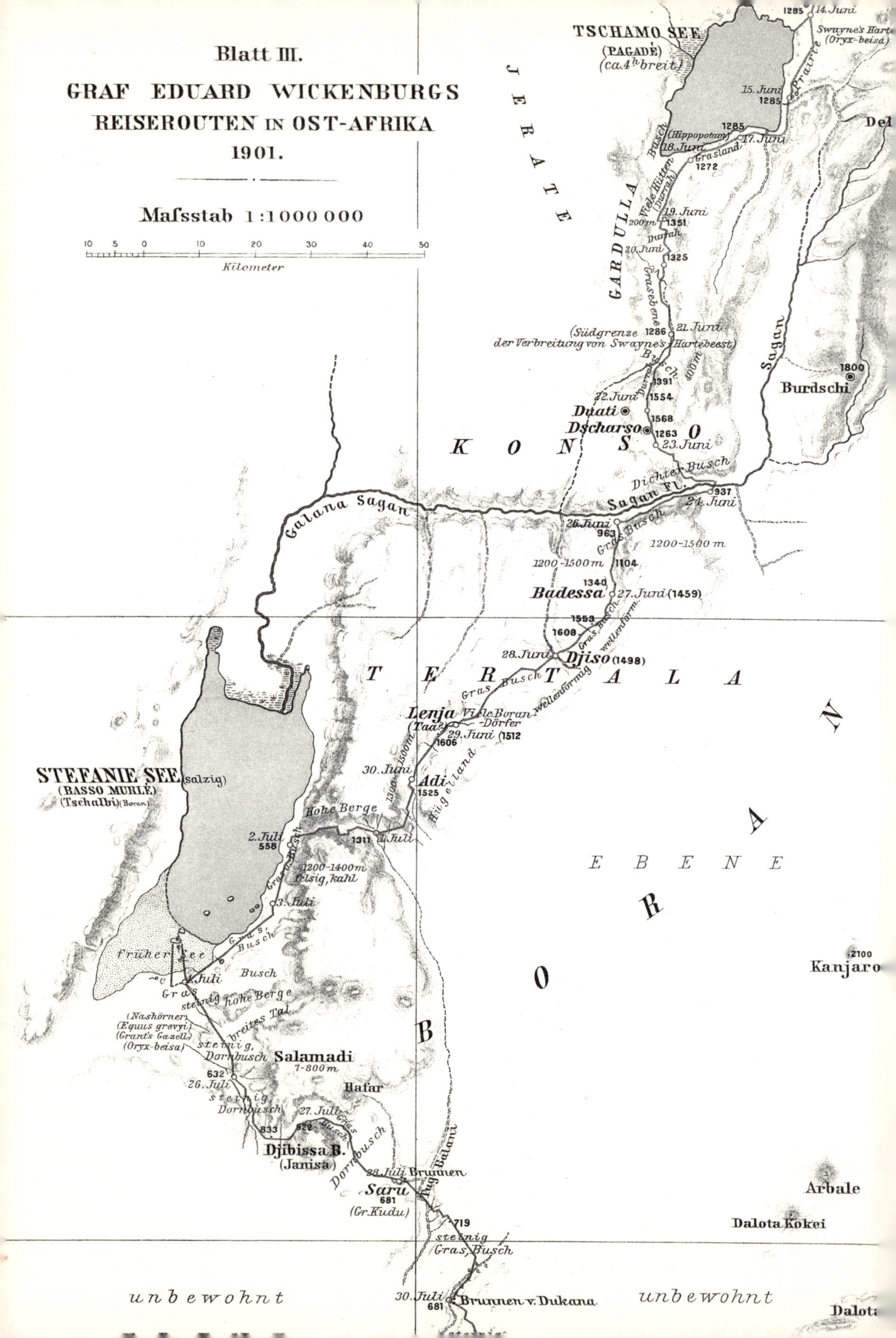

Blatt III.
GRAF EDUARD WICKENBURGS
REISEROUTEN IN OST-AFRIKA
1901.
Maſsstab 1:1000000
10 5 0 10 20 30 40 50
Kilometer
TSCHAMO SEE
(PAGADÉ)
(ca. 4h breit)
14. Juni
Swayne's Harte
(Oryx-beisa)
Prairie
15. Juni
1285
(Hippopotam)
18. Juni
17. Juni
Grasland
1272
JERATE
GARDULLA
Viele Hütten
(Durrah)
19. Juni
1351
200 m
Durrah
20. Juni
1325
Grasebene
(Südgrenze
der Verbreitung von Swayne's Hartebeest)
21. Juni
1286
Busch
400 m
Sagan
1800
Burdschi
1391
22. Juni
1554
Duati
1568
Dscharso
1263
23. Juni
K O N S O
Dichter Busch
937
Sagan Fl.
24. Juni
Galana Sagan
26. Juni
963
Gras Busch
1200-1500 m
1104
1340
Badessa
27. Juni (1459)
1553
1608
28. Juni
Djiso (1498)
T E R T A L A
Gras Busch
wellenförmig
Lenja
(Taa?)
Viele Boran -Dörfer
29. Juni (1512
1606
30. Juni
Adi
1525
1300-1500 m
Hügelland
STEFANIE SEE (salzig)
(BASSO MURLÉ)
(Tschalbi) (Boran)
Hohe Berge
1311
1. Juli
2. Juli
558
1200-1400 m
felsig, kahl
3. Juli
Gras Busch
Früher See
4. Juli
Busch
Gras
steinig
hohe Berge
breites Tal
(Nashörner)
(Equus grevyi)
(Grant's Gazell)
(Oryx-beisa)
steinig, Dornbusch
Salamadi
7-800 m
632
26. Juli
steinig, Dornbusch
Hafar
27. Juli
Gras Busch
833
922
Djibissa B.
(Janisa)
Dornbusch
Balana
28. Juli
Brunnen
Saru
681
(Gr. Kudu)
719
steinig
Gras, Busch
E B E N E
B O R A N
2100
Kanjaro
Arbale
Dalota Kokei
unbewohnt
30. Juli
681
Brunnen v. Dukana
unbewohnt
Dalota

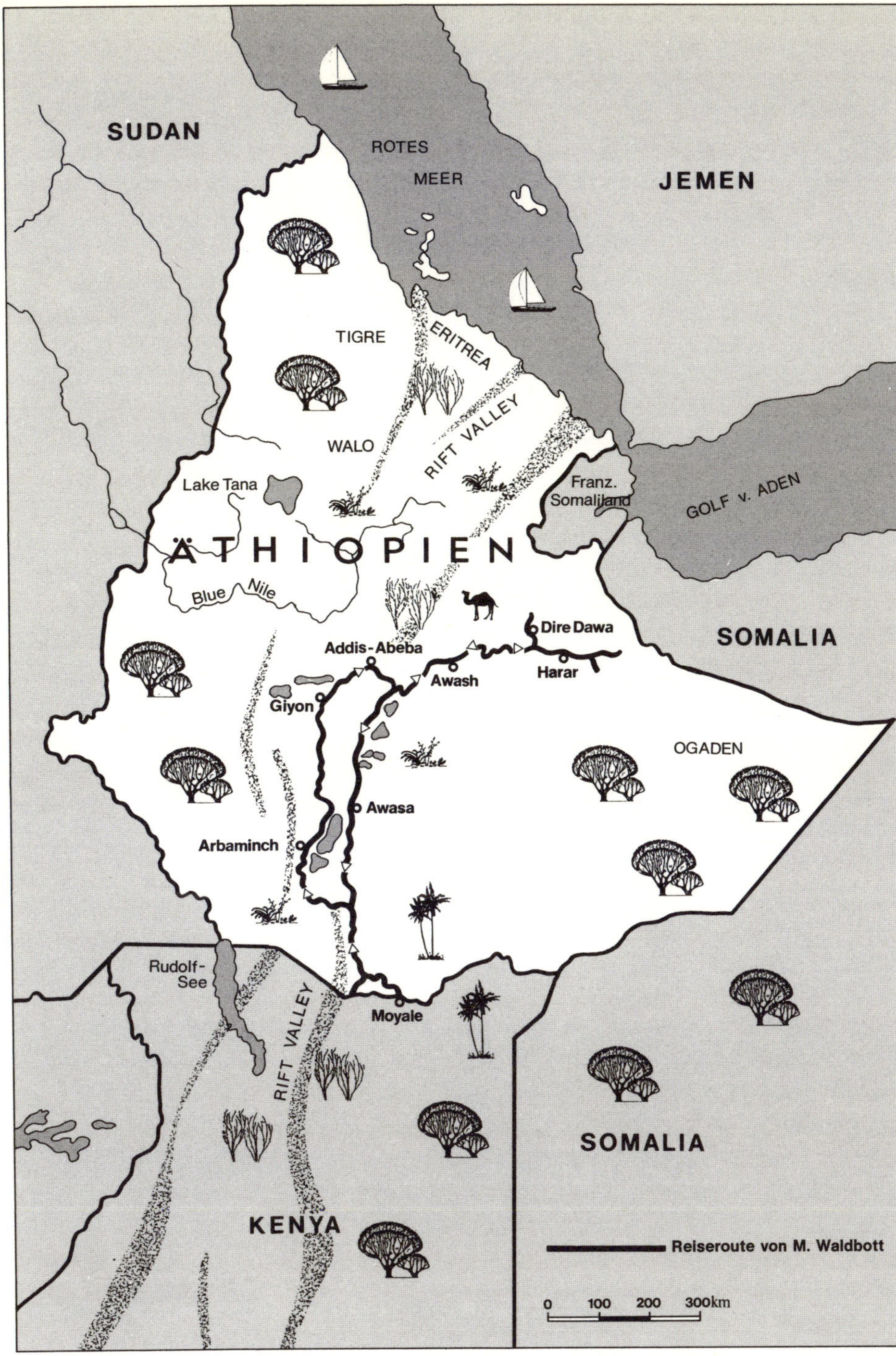
SUDAN
ROTES
MEER
JEMEN
TIGRE
ERITREA
WALO
RIFT VALLEY
Lake Tana
Franz.
Somaliland
GOLF v. ADEN
ÄTHIOPIEN
Blue Nile
Dire Dawa
SOMALIA
Addis-Abeba
Awash
Harar
Giyon
OGADEN
Awasa
Arbaminch
Rudolf-
See
Moyale
RIFT VALLEY
SOMALIA
KENYA
Reiseroute von M. Waldbott
0 100 200 300km

Blatt IV.
GRAF EDUARD WICKENBURGS
REISEROUTEN IN OST-AFRIKA
1901.
Mafsstab 1:1000000
Kilometer
Dalota diglo
Kadim
Badassa
ca. 2000
Dirre
Saki
Foroli
Tass
Brunnen v. Dukana
(Nashorne)
steinig niederes Gras
31. Juli
steinig, baumlos
wasserlos
E B E N E
Maher
Foroli
(Wickenburg Bg.)
Gura
Garbiti
Eledimtu
Kujal
Elebora
Bajna
Torb
Brunnen
Balensa
leicht wellenförmig
Ebene mit Lavablöcken u. Lavahügeln bedeckt, fast ungangbar.
früher teilweise v. d. Gabra bewohnt
Huri Kette
(Gagawa)
einzelne Hügel
Grasland
(Nashörner)
wenig Busch
(Oryx beisa)
(Giraffen Strauſse)
dichter Busch
Wasser
(nach Regen)
Kalatscho
Burgabu
wasserlos
(kein Wild)
sehr steinig
baumlose Gras
R E N D I L E
Medahat
(Wasser)
Seebecken Korole
Rendile Lager
Quelle
wellenförmig Wüste
Robi
Steinfeld, Lavablöcke fast ungangbar
Konjonjo
Dalota Hügel
Garbischege
Krater
Karinjar
Quelle
Krater
Saku
Marsabit
(Elephanten, viele Nashörner, Equus grevyi, Oryx beisa, Gr. Kudu, Büffel, Löwen)
Marsabit, von den Korre, Saku, von den Oromo, Haldaja, v. den Rendile genannt.
Bg. (Sil)
Loldibó Bg.
Wasser

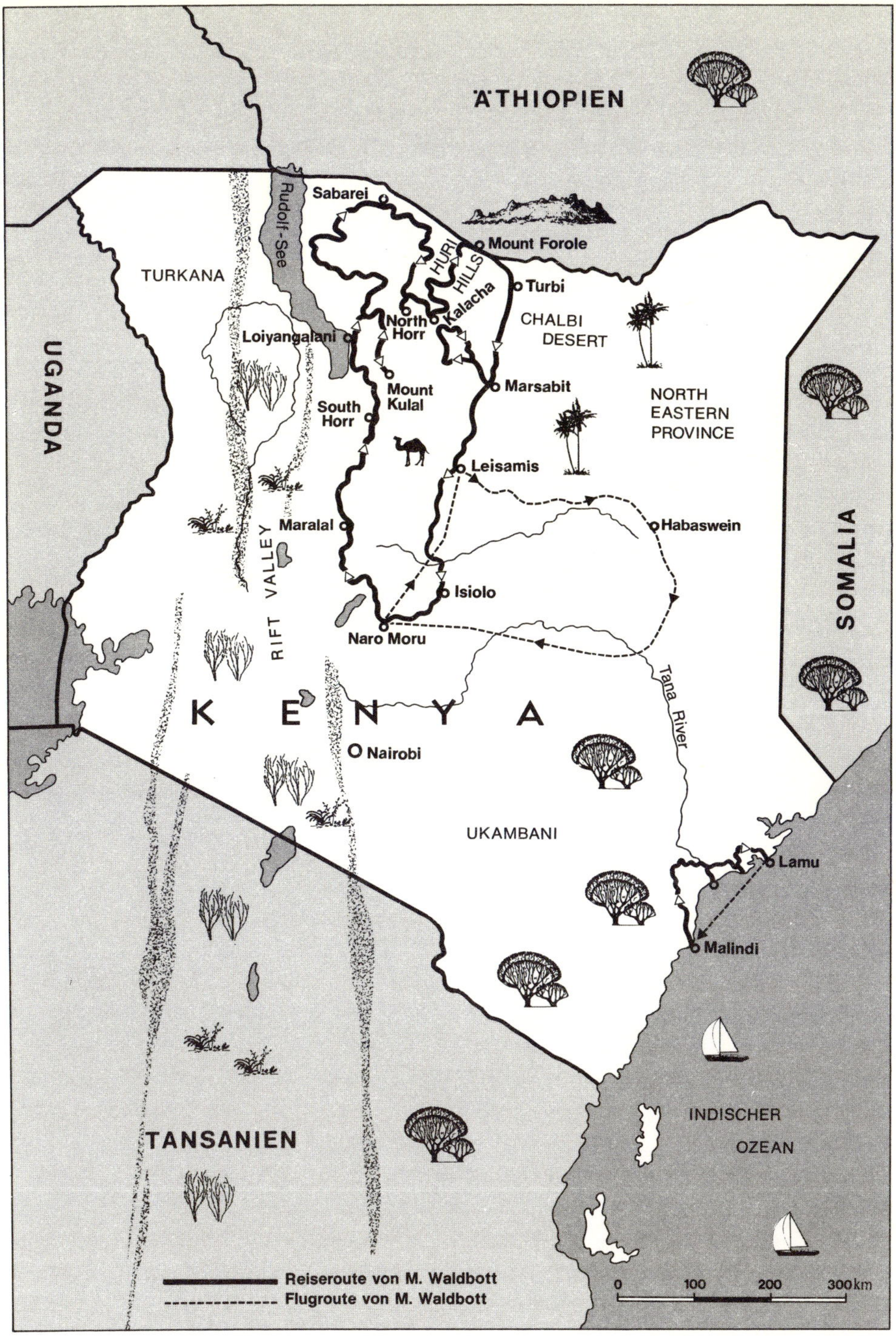
ÄTHIOPIEN
Rudolf-See
Sabarei
Mount Forole
HURI HILLS
TURKANA
Turbi
North Horr
Kalacha
CHALBI DESERT
Loiyangalani
UGANDA
Marsabit
Mount Kulal
South Horr
NORTH EASTERN PROVINCE
Leisamis
Maralal
Habaswein
SOMALIA
RIFT VALLEY
Isiolo
Naro Moru
Tana River
K E N Y A
Nairobi
UKAMBANI
Lamu
Malindi
INDISCHER OZEAN
TANSANIEN
Reiseroute von M. Waldbott
Flugroute von M. Waldbott
0 100 200 300 km

Blatt V.

GRAF EDUARD WICKENBURGS REISEROUTEN IN OST-AFRIKA 1901.

Mafsstab 1:1000000